청소년 사회 정서발달 핸드북

LEVEL 2

Daniel T. L. Shek 등 공저
박예린 · 김소의 · 김혜민 · 장상원 · 문현 · 박선웅 공역

P.A.T.H.S. to Adulthood:
A Jockey Club Youth Enhancement
Scheme Activity Handbook 2

학지사

P.A.T.H.S. to Adulthood: A Jockey Club Youth Enhancement Scheme
Activity Handbook 3 · 4
by Daniel T. L. Shek and Hing Keung Ma

Published by Centre for Innovative Programmes for Adolescents and Families,
The Hong Kong Polytechnic University,
Hung Hom, Kowloon, Hong Kong.

역자 서문

청소년기는 흔히 질풍노도의 시기로 일컬어진다. 독일어 'Strum and Drang'에서 유래한 이 표현은 청소년기의 빠르고 격렬한 변화와 혼란을 상징한다. 청소년기에 겪는 감정적 · 심리적 격동은 성인으로 성장하는 과정에서 발생하는 자연스러운 경험이다. 하지만 청소년기를 질풍노도의 시기로 규정하는 관점은 그들의 감정적 불안정성과 문제 행동들을 과도하게 부각하고, 자연스러운 변화를 통제 불능의 문제로 낙인 찍는 등 부정적인 인식을 강화한다.

한국에서는 '중2병'이라는 표현이 유행하면서 이러한 사회적 낙인이 더욱 심화되고 있다. 중2병은 중학교 2학년 정도의 나이에 있는 청소년을 자의식이 과도하고 반항적이며 감정적으로 미숙한 부정적인 모습으로 묘사한다. 언론은 하루가 멀다 하고 학생들의 비행, 폭력, 따돌림 등을 사건으로 전달하는 동시에 세계 순위권을 다투는 청소년 자살률을 다루고 있다. 처음에는 풍자적으로 쓰이던 중2병이라는 표현은 이제 중학생을 폄하하고 두려워할 존재로 규정하는 표현이 되었다.

청소년기의 여러 문제 행동이나 심리적 어려움들은 자연스러운 성장 과정으로 이해되어야 하고, 사회는 청소년이 이러한 어려움을 슬기롭게 극복할 수 있도록 도와야 한다. 그러나 문제를 해결하는 것만이 청소년 발달의 전부는 아니다. 청소년기는 많은 사회적 · 신체적 · 심리적 변화에 적응하며 조화로운 사회 구성원이 되기 위해 준비하는 중요한 발달 시기이다. 특히 중학생 시기에 해당하는 청소년 초기는 아동기에 비해 성숙해진 인지적 능력과 확장된 사회적 행동범위를 바탕으로 자신의 주변 환경에 대한 이해가 넓고 깊어지는 시기이다. 또한 점점 가까워지는 어른으로서의 삶을 준비하며 자신의 현재 모습과 앞으로의 모습에 대한 고민이 많아지는 시기이다. 저명한 심리학자인 에릭 에릭슨은 생애 주기별로 중요한 발달 과업들을 이론화하면서, 청소년기의 핵심 과업은 자신이 어떤 사람인지에 대해 이해하는 정체성 발달이며, 이는 개인적인 특성만이 아니라, 주변 사람들과 환경과의 관계, 사회에서의 역할과 위치 등 스스로에 대한 다면적이고 종합적인 이해라고 설명했다.

따라서 청소년기 발달의 핵심은 단순히 문제를 예방하고 해결하는 것에 있지 않고, 이후 한 사회의 일원으로서 사회에 긍정적으로 기여할 수 있는 능력을 기르는 데 있다. 청소년들의 문제가 아닌 강점과 능력에 집중해 이들을 긍정적 사회 구성원으로 키우기 위한 방법들을 제시하는 이론이 바로 본 교육과정의 기반이 되는 긍정적 청소년 발달(Positive Youth Development) 이론이다. 긍정적 청소년 발달 이론은 청소년들이 사회에 긍정적으로 기여하는 성인으로 성장하기 위해서는 자신감, 효능감, 도덕성, 타인과의 연결감 등을 키우는 것이 중요하다고 설명하며, 이러한 측면들을 발달시키기 위해 제공되어야 할 경험과 환경을 제시한다. 청소년 연구의 대가인 미국 Tufts University의 Richard M. Lerner와 Boston College의 Jacqueline V. Lerner가 대표적으로 주창한 이 이론은 현재까지 4-H, Boy Scouts, YMCA 등 미 전역의 여러 청소년 대상 교육 프로그램에 적용되었으며, UNICEF, USAID, World Bank 및 어린이 후원단체 Compassion International 등에서도 채택되어 전 세계 수많은 청소년들의 발달 환경에 긍정적인 영향을 미치고 있다. 하지만 대부분의 긍정적 청소년 발달 이론과 프로그램들이 미국으로 대표되는 서양 국가 환경에 맞춰 개발되었다. 문화마다 청소년의 발달 환경이 천차만별이기 때문에, 서양을 중심으로 개발된 프로그램들을 한국을 비롯한 동양 국가에 소개하고 적용하는 데에는 많은 한계가 있어 왔다.

동양권에서 최초로, 또 유일하게 개발된 긍정적 청소년 발달 프로그램은 홍콩 이공대학(Hong Kong Polytechnic University)의 Daniel Shek 교수의 주도로 개발된 PATHS Program (Positive Adolescent Training through Holistic Social Program)이다. Shek 교수는 『The Lancet』과 같은 세계 최고 학술지에 논문을 게재한 청소년 심리 및 교육 전문가로, 지금까지 집필한 학술논문은 1천 편이 넘는다. PATHS 프로그램은 2005년부터 2017년까지 4억 홍콩달러(한화로 약 700억 원)의 대규모 투자로 개발되었고, 성공적인 성과로 3억 5천만 홍콩달러(약 600억 원)의 추가적인 사업비까지 확보했다. 홍콩 교육부 및 사회복지부와의 협력으로 진행된 PAHTS 프로그램은 2019년까지 홍콩 내 총 230개가 넘는 학교에서 약 29만 명의 학생들을 대상으로 진행되어 엄청난 성공을 거두었는데, 이는 홍콩 전체 학교의 절반이 넘는 규모였다.

여러 효과성 연구에서 PATHS 프로그램을 경험한 청소년들은 배움 의욕이 증가하고, 가족 및 친구와의 긍정적인 관계를 형성하는 등의 긍정적 효과를 보였으며, 약물 중독, 인터넷 중독, 비행 등의 문제 행동도 감소한 것으로 나타났다. 최근 한국 청소년들의 심리적, 사회적 문제가 급증하고 있어, 한국에서도 청소년들의 긍정적 발달을 위한 프로그램이 절실한 상황이다. 이에 우리는 이미 학문적으로 효과가 검증된 PATHS 교육과정을 한국 실정에 맞게 번안하였다.

이 프로그램은 긍정적 청소년 발달에 핵심이 되는 역량들을 기르기 위한 14개의 대단원 아래 40개의 소단원으로 구성되어 있다. 각 소단원은 30분 분량의 교육 프로그램에 대한 교수법 및 교수 자료가 포함되어 있다(총 20시간 분량). 이 프로그램을 통해 우리는 청소년들이 다음과 같은 여러 효과를 누릴 것으로 기대한다.

(1) 능력 향상: 정서 조절, 인지적 · 행동적 · 도덕적 능력을 향상
(2) 관계 형성: 좋은 어른들, 좋은 친구들과 유대감 향상
(3) 자신감 향상: 스스로의 자기결정성, 자기효능감, 회복탄력성에 대한 자신감 향상
(4) 인성 개발: 명확한 정체성을 형성하고 도덕적 인성을 함양
(5) 배려: 다른 사람을 돌보는 방법 배우기

PATHS 프로그램을 통해 청소년들이 행복하고 조화롭게 사회에 기여하는 어른으로 성장할 수 있기를 기대한다. 나아가, 청소년기를 많은 문제로 골치 아픈 시기가 아니라 천진난만한 아이에서 성숙한 어른으로 발돋움하기 위한 변화의 시기로 인식하는 문화가 조성되기를 바란다.

– 역자들을 대표하여 박예린, 박선웅

추천사

부모, 교육자, 연구자, 정책 입안자뿐만 아니라 시민 사회의 구성원이라면 누구나 청소년들이 긍정적으로 성장하기를 바랄 것이다. 이러한 바람은 시대를 초월한 인류의 공통적인 소망이지만, 긍정적인 청소년 발달이 무엇을 의미하는지는 시대와 장소에 따라 다양하게 정의되어 왔다.

1970년대 미국에서 청소년 발달에 대한 연구가 시작되었을 당시, 청소년기는 흔히 '질풍노도의 시기'로 여겨졌다. 사춘기에 일어나는 다양한 변화는 청소년 본인뿐만 아니라 부모, 교육자 그리고 지역사회 구성원들에게까지 정서적 · 행동적 · 사회적 문제를 야기한다고 인식되었다. 당시의 청소년 문제는 가정과 사회의 안정을 위협하는 행동적 · 사회적 결함으로 간주되었고, 부모와 교사, 보건 종사자, 나아가 청소년을 연구하는 대부분의 과학자들조차 청소년기에 대한 지배적인 견해를 공유했다. 그 견해는 바로 '청소년들을 위해 할 수 있는 최선의 방법은 그들을 덜 나쁜 사람으로 만드는 것'이라는 생각이었다.

간단히 말해, 청소년은 관리해야 할 문제로 여겨졌으며, 어른들이 할 수 있는 유일한 일은 청소년과 사회에 대한 위험을 줄이는 것뿐이라고 여겨졌다. 결핍 모델이 지배적이던 시기에는 긍정적인 청소년 발달의 의미를 묻는다면, 청소년이 하지 말아야 할 행동들에 대한 설명이 답변으로 돌아왔을 것이다. 즉, 긍정적으로 발달한 청소년은 담배를 피우지 않고, 술을 마시지 않으며, 위험한 성관계를 하지 않고, 다른 사람을 괴롭히지 않는 것으로 정의되었다.

그러나 이러한 메시지는 청소년이 좋은 사람으로 여겨지는 기준이 오직 그들이 하지 않은 일로만 결정된다는 인식을 전달한다. 청소년이 가진 강점이나 이를 긍정적으로 활용해 할 수 있는 좋은 일들은 전혀 언급되지 않았다. 결핍 모델을 주장하는 사람들은 청소년의 강점을 인정하지 않았던 것이다.

그러나 모든 청소년은 상당한 강점을 지니고 있다. 결핍 관점에서는 유아기를 제외하고 청소년기가 인간의 전 생애에 걸쳐 신체적 · 생리적 · 정서적 · 인지적 · 행동적 · 사회적 기능에서 체계적이고 의미 있는 비교적 영구적인 변화를 가져오는 가소성의 잠재력이 가장 큰 시기라는 사실이 충분히 고려되지 않았다.

또한 청소년은 유아보다 더 큰 주체성을 지니고 있어 변화의 방향을 스스로 더 잘 통제할 수 있다. 즉, 청소년은 자기주도적으로 변화할 수 있는 능력을 갖추고 있다는 것이다. 이러한 역량은 발달된 인지 및 행동 능력과 사회적 기회에서 비롯된다. 청소년의 주체성은 그들이 유아보다 자신의 발달 내용과 방향을 더욱 잘 통제할 수 있도록 한다. 가소성과 주체성은 청소년기의 주요 강점이라 할 수 있다.

20세기 말부터 시작된 움직임은 가소성과 주체성을 포함한 청소년기의 강점에 대한 관심을 불러일으켰다. 한편으로는 청소년 발달 프로그램 실무자들이 청소년이 단순히 결핍 중심의 문제로만 가득 차 있지 않다는 사실을 발견했다. 대신 그들은 함께 일한 청소년들에게서 삶의 기술, 목적 그리고 성취를 목격했다. 다른 한편에서는 생물학자와 발달 과학자들이 인간의 생리적 시스템(예: 유전 및 신경계)과 인지적 · 사회정서적 · 행동적 특성과 관련된 인간의 엄청난 가소성을 밝혀냈다.

실무자들과 과학자들이 청소년에 대해 가진 지식이 결합되면서 청소년기에 대한 개념이 급격히 변화하기 시작했다. 2000년대 말부터 이 글이 쓰이는 현재까지, 청소년의 강점에 기반한 긍정적 청소년 발달(Positive Youth Development: PYD) 관점은 미국뿐 아니라 국제적으로도 급부상하며 발전을 거듭했다. 이러한 과정에서 여러 가지 긍정적 청소년 발달의 이론적 모델들이 등장했다.

이 모델들은 긍정적 청소년 발달을 정의하는 데 사용하는 관찰 가능한 요인들에서 차이를 보였다. 예를 들어, Damon은 긍정적 청소년 발달을 "긍정적이고 고귀한 목적, 즉 자아를 넘어 세상에 긍정적으로 관여하고 기여하기 위한 삶의 경로를 개발하는 것"으로 정의했다. 반면, 우리가 사용하는 '긍정적 청소년 발달의 5C 모델'은 C로 시작하는 다섯 가지 요인[역량(Competence), 자신감(Confidence), 관계(Connection), 인성(Character), 배려(Caring)]이 잘 발달하면, 여섯 번째 C인 '기여(Contribution)'가 가족, 학교, 지역사회 그리고 궁극적으로 시민사회에 대한 기여로 나타난다고 정의한다. 한편, Benson은 긍정적 청소년 발달과 번영이 청소년의 20가지 내재적 발달 자산과 20가지 환경적 자산이 일치할 때 이루어진다고 보았다.

각 모델이 강조하는 부분은 다소 다르지만, 긍정적 청소년 발달 모델의 공통적인 핵심은 청소년의 강점이 그들의 삶 속 다양한 발달 자원과 통합될 때 긍정적 발달이 이루어진다는 아이디어를 공유한다는 점이다. 긍정적 발달이 이루어지기 위해서는 물리적 · 심리적 · 사회적으로 안정적인 환경에서 청소년의 강점과 환경이 세 가지 측면에서 통합되어야 한다. 첫째, 부모, 멘토, 교육자, 코치, 종교 지도자, 청소년 프로그램 실무자 등 유능하고 배려심 있으며 지속적으로 신뢰할 수 있는 성인이 제공하는 멘토링과 지원이 필요하다. 둘째, 이러한 관계를 통해 청소년이 삶의 기술을 개발할 기회가 제공되어야 한다. 셋째, 가정, 학교, 지역사회 활동에 참여하거나 주도함으로써 이러한 삶의 기술을 실질적으로 활용할 기회가 제공되어야 한다.

요약하자면, 강점 기반 긍정적 청소년 발달 관점의 등장과 발전은 결핍 모델의 비관적이고 패배주의적인 관점을 넘어, 다학제적이고 과학적 증거에 기반한 낙관적 접근으로 전 세계 청소년들에게 적용되었다. 국제적인 긍정적 청소년 발달 연구는 다양한 청소년의 강점을 활용하며, 그들의 번영과 시민사회에의 기여를 촉진하기 위한 창의적인 방법들을 계속 창출해 내고 있다.

이 책은 청소년을 참여시키고 그들의 삶을 향상시키기 위해 시의적이고 중요한, 검증된 커리큘럼을 제시한다. 이를 통해 모든 청소년이 건강하고 의미 있는 삶을 만들어 나가는 동시에 세상과 다양한 사람들과 기관에 기여할 수 있도록 돕는다. 이 커리큘럼을 통해 청소년들이 자신의 미래와 타인의 복지, 지역사회 그리고 지구에 어떻게 기여할지 매우 기대된다.

– Richard M. Lerner와 Jacqueline V. Lerner

저자 서문

서구와는 달리 아시아에서는 학문적으로 검증된 긍정적 청소년 발달(Positive Youth Development) 프로그램이 거의 없다. 우리가 개발한 PATHS 프로젝트는 긍정적 교육과정을 통해 중학생들의 행복과 삶의 목적성을 향상시키기 위한 대응적이고 혁신적인 프로그램이다. PATHS 프로젝트는 여러 면에서 혁신적이다.

첫째, PATHS 프로젝트는 중·고등학생의 정신 건강을 다룬 홍콩 최초의 대규모 긍정적 청소년 발달 프로그램이다. 홍콩에서 청소년의 정신 건강 문제가 증가하는 상황을 고려할 때, 이는 필수적이고 시의적절한 대응이다.

둘째, PATHS 프로젝트는 긍정적 청소년 발달 접근 방식을 기반으로 청소년의 잠재력과 강점을 강조한다. PATHS의 교육 프로그램들은 청소년의 강점을 보고 모든 청소년이 빛나고 번성할 것이라는 믿음을 갖는 패러다임 전환의 산물이다.

셋째, PATHS 프로젝트는 체험적 교육 방식을 활용한 긍정적 교육의 중요성을 강조한다. 체험적 교육 방식을 채택한 것은 교사 중심 교육과 강의식 교육이 주를 이루는 아시아 국가들에서 새로운 시도이다. PATHS의 교육 프로그램들은 성찰적이고 협력적인 학습, 학생 중심의 교수 및 학습, 체계적인 교사 교육 및 e-러닝 자료 개발에 중점을 둔 새롭고 창의적 교육 접근 방식을 보여 준다.

넷째, PATHS 프로젝트의 비전은 학생의 행복과 전인적 발달을 향상시키는 것이다. 청소년들의 비인지적 역량과 21세기 역량에 대한 초점은 학업 성적을 청소년 번성의 유일한 기준으로 여기는 많은 아시아 국가의 사고방식을 흔드는 것이다. PATHS의 교육 프로그램은 청소년들이 사회를 더 나은 방향으로 이끄는 데 필요한 심리사회적 역량, 지식, 성찰을 개발하도록 돕는다. 나아가 청소년의 문제 행동에만 초점을 맞추는 대신 유대감, 회복탄력성, 사회적 역량과 같은 14가지 긍정적 청소년 발달 구성 요소를 통해 전인적 청소년 발달을 촉진하는 전체론적인 관점을 유지한다. 따라서 PATHS 프로그램은 21세기 역량 개발에 중점을 둠으로써 학생들이 'VUCA(Volatile, Uncertain, Complex, Ambiguous)'한 세계, 즉 변화하고, 불확실하며, 복잡하고, 모호한 세계에 나아갈 준비를 돕는다. 또한 이 프로그램은 교사의 지식과 기술을 향상시키고 반성적 실천을 촉진하여 교육의 발전에 기여한다.

다섯째, 우리는 혼합 연구 평가에 기초한 증거 기반 긍정적 청소년 발달 프로그램에 중점을 두고, 논문 출판을 통해 교수학습에 대한 연구를 시행한다. 프로그램의 효과성 분석 연구가 없는 많은 프로그램과 달리, 우리는 체계적인 평가 전략(예: 정량적 및 정성적 평가, 포커스 그룹 인터뷰)을 사용하여 효과를 평가하고 후속 실행을 개선했다. 우리는 또한 교수 및 학습 연구(Scholarship of Teaching and Learning: SoTL) 접근 방식을 채택했으며, 이 프로젝트를 통해 총 1,164편의 출판물을 발행했다. 출판물들은 445편의 학술지 논문, 182권의 책 및 특별호, 384편의 장, 153편의 학술 대회 논문 등 다양한 범주로 나뉜다. 또한 우리 프로젝트의 작업과 효과는 신문 및 잡지 기사, 정부 공식 문서, 다른 학자의 리뷰 논문에도 발표된 바 있다. 홍콩의 PATHS 프로그램은 증거 기반 프로그램으로 세계적인 학술지인 『The Lancet』에서 다뤄지기도 하였다.

여섯째, PATHS 프로그램은 시간이 지나도 지속 가능하며 다양한 맥락에서 적용될 수 있다. 우리는 홍콩 프로그램을 다른 환경에도 맞게 수정하여 Tin Ka Ping PATHS 프로그램과 농촌 버전의 PATHS 프로그램을 개발했다. 또한 대학생의 행복을 증진하기 위해 긍정적 청소년 발달 구성 요소를 활용한 리더십 교육 과목을 학점 인정 과목으로 개발했다. 현재는 초등학생들도 우리 프로그램의 혜택을 받을 수 있도록 초등학교 버전의 PATHS 프로그램을 개발 중이다.

마지막으로, PATHS 프로그램의 도달 범위는 광범위해서, 홍콩 및 기타 지역에서 각각 674,637시간 및 1,035,042시간의 수업 시간에 활용되었다. 11,000명이 넘는 교사, 사회복지사 및 관련 전문가가 교육을 받아 다른 교육 프로그램들의 약점을 해결하고 높은 영향력과 지속 가능성을 촉진했다. 홍콩에서는 2005년부터 현재까지 320개 이상의 학교와 284,400명의 학생(601,198시간)의 참여가 있었다. 또한 홍콩의 사회적 사건과 팬데믹에도 불구하고 2019년 9월부터 현재까지, PATHS 프로그램은 많은 학생(온라인 216,671명, 오프라인 89,732명)과 3,921명의 교사에게 혜택을 주었다. 나아가 연구팀은 2019~2020학년도부터 약 14,600명의 학생과 85명의 교사로부터 평가 데이터를 수집했다. 팬데믹 이후, 프로그램의 도달 범위는 더욱 엄청나다(306,403명의 학생 및 3,921명의 교사). PATHS 프로젝트는 큰 지정 기부금(홍콩 PATHS 프로젝트 미화 약 9700만 달러, Tin Ka Ping PATHS 프로그램 미화 약 80만 달러)을 유치하며 기부자들로부터 사회적 영향력을 인정받았다.

PATHS 프로젝트는 여러 면에서 사회에 큰 영향력을 끼친다. 첫째, 이 프로젝트는 홍콩 청소년의 행복을 증진시킬 도구 상자를 풍부하게 제공한다. 홍콩 외에도 스리랑카에서 유니세프가 PATHS의 스리랑카 버전을 개발하여 시행한 바 있다. 현재 우리는 아르헨티나에서 스페인어 버전과 말레이시아에서 말레이시아 버전을 개발 중이다. 또한 PATHS 프로그램의 농촌, 대학 및 초등학교 버전들은 교사 및 관련 전문가들이 어린이, 청소년, 성인의 정신 건강을 증진시키기 위해 사용할 수 있다.

둘째, PATHS 프로그램은 100만 명이 넘는 학생들에게 심리사회적 역량과 행복을 향상시킨다. PATHS 프로그램의 효과를 뒷받침하는 여러 증거가 있다. 첫째, 학생들이 프로그램에 참여한 후 객관적 평가에서 회복탄력성, 정서적 역량, 자기 효능감 및 긍정적 정체성 등 더 나은 심리사회적 역량을 보였다. 둘째, 주관적 평가에서 대부분의 교사와 학생들이 PATHS 프로그램을 통해 학생들의 심리사회적 역량을 향상시킬 수 있다고 인식했다. 셋째, 인터뷰와 포커스 그룹을 통한 정성적 평가에서 학생들이 프로그램에 참여를 통해 소프트 스킬(소통능력, 리더십 등)을 습득하고 심리사회적 역량이 향상되었다고 말했다. 넷째, 학생들은 일기에 그들이 심리사회적 역량, 자기 이해 및 대인 관계 기술을 얻었다고 적었다. 노동 시장에서 고용주들은 소프트 스킬이 뛰어난 직원들을 찾기 때문에 심리사회적 역량 향상은 고용 가능성 향상과 연결된다. 따라서 대학 버전 프로그램('내일의 리더' 프로그램)은 학습 결과와 고용 가능성도 향상시킨다.

셋째, PATHS 프로그램은 11,000명 이상의 교사에게 교육 및 프로그램 실행을 통해 전문적 역량과 심리사회적 역량을 향상시켰다. 아시아 사회에서의 교육은 일반적으로 강의식으로 이루어지며 교사들은 긍정적 청소년 발달 프로그램을 가르칠 긍정적인 태도와 기술이 부족한 경우가 많기 때문에 교사들에게 매우 유익하다. 체험적 학습은 아시아에서 일반적인 교육 방법이 아니다. 교사 교육을 통해 본 프로그램은 교사의 역량과 웰빙을 향상시킨다.

마지막으로, 우리는 긍정적 교육 및 체험적 교육 방법을 채택하고 촉진하여 고등학교 정신 건강 교육을 변혁하고 있다. 이 프로그램은 보다 학생 중심적이고 상호작용적인 대안적 정신 건강 프로그램을 소개하고 제공한다. 우리는 PATHS 프로젝트가 많은 청소년의 생명을 구할 수 있다고 믿는다.

홍콩 이공대학교와 고려대학교가 참여하는 이번 공동 연구 프로젝트를 수행하게 되어 매우 기쁘다. 박선웅 교수의 리더십 아래 교육 자료를 번역하고 한국 실정에 맞게 수정하였다. 한국 버전의 PATHS 프로그램이 한국에서 증가하는 청소년 정신 건강 문제에 대한 시의적이고 건설적인 대응이 되기를 진심으로 바란다.

저자들을 대표하여

Daniel T. L. Shek

차례

대단원 5 행동 역량

대단원 6 도덕적 역량

대단원 7 자기효능감

대단원 8 친사회적 규범

대단원 9 회복탄력성

대단원 1

유대감

들어가며

유대감이란 개인이 부모, 형제자매, 또래, 친구, 교사 등의 대상에게 느끼는 정서적 애착과 헌신을 의미한다. 한 연구자는 "애착 행동은 요람에서 무덤까지 인간을 특징짓는 요소로 작용한다."라고 했다. 선행연구에 따르면 청년들이 주변 사람들과 안정적으로 애착을 형성할 경우, 자존감, 자신감, 문제 해결 능력, 대인 관계 기술이 향상된다.

그러나 사회가 변화함에 따라 사람들은 서로로부터 고립되고 있다. 청소년이 긍정적으로 성장하는 데 필요한 환경적 지원이 부족할 경우 사회적으로 용납 불가한 행동이나 활동에 참여할 가능성이 높아진다. 따라서 성인 및 또래와의 유대감을 증진하고 긍정적인 생활 방식을 실천하는 것은 청소년의 건강한 발달에 매우 중요하다.

반면에 학생들에게 가족관계를 개선하고 긍정적인 의사소통을 할 수 있는 방법을 가르치는 것은 급변하는 사회 속에서 성장기에 있는 청소년들에게 특히 중요하다. 그렇지 않으면 가족 간의 관계가 소원해지거나 심지어 갈등이 발생할 가능성이 높다.

Level 2에서의 유대감 교육은 학생들의 가족관계를 향상시키기 위한 두 개의 소단원으로 구성된다. 소단원 1은 학생들이 가정에서 더 많이 기여하도록 장려하여 가족과의 관계를 강화하는 것을 목표로 하며, 소단원 2는 부모와의 원활한 의사소통을 위한 기술을 가르치는 것을 목표로 한다.

개관

소단원	소단원 목적	학습 목표
가족을 위해 무엇을 할 수 있나요 (30분)	가정을 위해 더 많이 기여하고 가족과의 관계를 강화한다.	1. 학생들이 부모님으로부터 돌봄을 받았던 경우를 떠올린다. 2. 가정에서 수행되는 역할을 탐색하고 가족을 위해 기여하려는 동기를 강화한다.
부모님의 말씀 (30분)	부모와 원활하게 소통하고 부모와의 관계를 강화하는 기술을 배운다.	1. 부모님의 말씀을 사람 중심 관점과 과업 중심 관점에서 분석한다. 2. 부모님의 말씀에 적절하게 응답하고 부모와 좋은 관계를 맺는다.

이 대단원에 포함된 모든 활동지 및 파워포인트 슬라이드와 영상 자료 등은 학지사 홈페이지(www.hakjisa.co.kr)에서 내려받을 수 있습니다.

소단원 1

가족을 위해 무엇을 할 수 있나요

1. 소단원 목적

가정을 위해 더 많이 기여하고 가족과의 관계를 강화한다.

2. 학습 목표

① 학생들이 부모님으로부터 돌봄을 받았던 경우를 떠올린다.

② 가정에서 수행되는 역할을 탐색하고 가족을 위해 기여하려는 동기를 강화한다.

3. 수업 내용

활동	절차
1. 준비 활동(5분) **▷ 교수자료** - [부록 1-1] 파워포인트 슬라이드: 가족앨범	1. 본 소단원은 설명 없이 파워포인트 슬라이드([부록 1-1])를 재생하는 것으로 시작한다. 잔잔한 배경음악을 함께 재생하는 것도 좋다. 2. 슬라이드 재생이 끝나면 학생들에게 질문한다. • 여러분에게 '가족'은 어떤 의미인가요? • 꿈꾸는 가족의 모습을 설명하세요. • 지난 몇 년 동안 가족으로부터 어떤 것들을 받았나요?
2. 학급 공유: 가족 앨범 **(7분)** **▷ 교수자료** - [부록 1-1] 파워포인트 슬라이드: 가족앨범	**목표: 부모님으로부터 보살핌을 받았던 경험을 떠올리며 가족을 위해 기여하려는 동기를 강화한다.** 1. 파워포인트 슬라이드를 다시 재생한다. 이 이야기는 15세 청소년의 가족 이야기에서 가져온 것이라고 설명한다. 2. 슬라이드가 재생되는 동안 학생들에게 다음을 요청한다. • 부모님으로부터 비슷한 보살핌을 받은 경험이 있는지 떠올려 보세요. • 인상 깊었던 경험을 적어 보세요. 3. 슬라이드 재생이 끝나면 학생들에게 옆자리의 친구들과 소감을 나누도록 지도한다. 4. 몇 명의 학생에게 인상 깊었던 경험을 학급 친구들과 공유해 달라고 요청한다. 이 경험은 가장 행복했던 경험이나 부모님의 관심과 사랑을 느꼈던 경험일 수 있다.

3. 자기 성찰: 가족을 위해 무엇을 할 수 있나요(10분) ▷ **교수자료** - [부록 1-2] 파워포인트 슬라이드: 가족을 위해 무엇을 할 수 있나요 - [부록 1-3] 활동지: 가족을 위해 무엇을 할 수 있나요	**목표: 학생들이 가정에서 할 수 있는 역할과 가족을 위해 할 수 있는 기여를 탐색한다.** 1. 활동지 [부록 1-3]을 나누어 주고 내용을 간략히 소개한다(필요한 경우 [부록 1-2] 파워포인트 슬라이드를 재생한다). 2. 사진은 여덟 가족이 살고 있는 한 건물의 모습이다. 학생들에게 자신이 도움을 줄 수 있다고 생각하는 가정 문제에 동그라미 표시를 하게 한다. 3. 2에서 선택한 문제 중 실제로 기여한 경험이 있는 문제는 다른 색으로 표시하도록 요청한다. 4. 학생들에게 다음 질문에 대해 생각하고 공유하도록 지도한다. • 학생들이 도울 수 있다고 생각한 가정 문제에 대해서 실제로 도움을 준 적 있는 학생은 몇 명이나 될까요? • 대부분 사물에 동그라미 쳤나요? 혹시 인물에 동그라미를 친 사람이 있나요? 보살핌과 관심을 주는 것도 가족에게 기여하는 방법이라고 제안한 사람이 있나요?
4. 결론(3분)	1. 가족은 우리가 태어났을 때부터 우리를 다양한 방법으로 돌봐 주었다. 2. 가족의 일원으로서 유형 또는 무형으로 기여할 수 있는 것이 무엇인지 생각해 본다.
5. 마무리 활동(5분) ▷ **교수자료** - [부록 1-4] 성장 확인 질문	1. 성장 확인 질문을 배포하고 학생들이 수업 내용과 스스로를 돌아볼 수 있도록 지도한다. 2. 수업 중 학생들의 참여도를 칭찬한다.

4. 세부 지도 사항

1) 가족 앨범

- 시간적 여유가 있다면 학생들에게 기억에 남는 가족 사진을 가져와서 전체 학급 또는 옆자리의 급우들과 공유하도록 요청한다.
- 학생들에게 해당 가족 사진이 중요한 이유를 설명하도록 안내한다.
- 일부 학생들의 경우, 부모님이 생존하지 않거나 함께 살지 않을 수 있다. 이혼, 별거, 사망, 부모 중 한 사람의 해외 장기 근무, 이민 제한으로 인한 별거 등 한부모 가정도 여기에 해당한다. 교수자는 이러한 학생의 정서적 반응에 특히 주의를 기울이고, 아버지, 어머니 또는 보호자가 자신에게 준 관심과 사랑에 대해 생각하도록 지도해야 한다.
- 수업 시간에 다소 조용하거나 '문제아'로 분류된 학생들이 자신의 경험을 공유하도록

격려한다. 이를 통해 학생들은 자신을 표현할 수 있는 기회를 얻게 되며, 감정적이고 민감한 이야기를 할 수 있다. 부정적이거나 매우 감정적인 반응이 있는 경우, 교수자는 인내심을 가지고 학생의 이야기를 경청하고 주변 학생들에게 격려해 줄 것을 요청해야 한다. 이는 서로를 지지하고 배려하는 학습 환경을 조성하는 데 도움이 된다.

- 시범 운영 결과, 특수한 가정의 학생들도 의도한 학습 목표를 달성할 수 있다는 점을 확인하였고 심지어 이들 중 다수는 어린 시절의 경험을 생생하게 기억할 수 있는 것으로 드러났다.

2) 가족을 위해 무엇을 할 수 있나요

- 한국인이 아닌 학생은 강의 내용이 자신의 문화 및 생활 환경에 적용되지 않는다고 생각할 수 있다. 이 경우에 교수자는 다음과 같은 질문을 던질 수 있다. "여러분의 가족과 다른 문화적 배경을 가진 반 친구들과 차이를 느끼나요?" 또는 "여러분의 가족과 한국 현지 가정을 비교해 본 적이 있나요?"와 같은 질문을 던질 수 있다. 그런 다음, 교수자는 학생들이 문화적 제약 없이 가족을 구성할 수 있다는 것을 알도록 유도할 수 있다.
- 여러 색깔의 펜이 없는 경우 학생들은 다양한 기호(예: 사각형, 체크 표시)를 사용하여 자신의 의견을 표시할 수 있다.
- 대부분 학생들은 사물에만 집중하는 경향이 있으므로 교수자는 등장인물에 더 많은 주의를 기울이도록 제안할 수 있다. 이를 통해 학생들이 개별 가족 구성원에게 더 많은 주의를 기울일 뿐만 아니라 '사람'(가족 구성원)과 '사건'(집안일)을 연결함으로써 후자에만 집중하지 않고 가족 구성원의 고충을 깨달을 수 있도록 한다.
- 학생들에게 자신이 "할 수 있는" 일과 "이미 해 온" 일의 차이를 알아차리도록 한다. 그 차이가 클수록 학생들이 가족에게 잠재적으로 더 많이 기여할 수 있다.
- 학생들이 성숙하다면, 교수자는 ① 부모님의 식사 준비 돕기, 동생에게 숙제 가르쳐 주기, 라디오를 꺼서 아빠를 도와주기, 부모님이 걱정하지 않도록 열심히 공부하기 등과 같은 유형의 과제, ② 아빠의 일에 관심 갖기, 엄마에게 도와줄 것이 있는지 물어보기 등과 같은 무형의 과제를 포함하여 등장인물을 도울 수 있는 방법을 더 탐색할 수 있다.
- 가족 중 누군가가 크게 아프거나 갑작스럽게 사망하는 등 큰 어려움을 겪은 학생의 경우 자신이 기여할 수 있는 일이 없다고 생각할 수 있다. 이 경우, 교수자는 학생들의 정서적 반응을 살피는 동시에 학생들이 돕고자 하는 의도 자체가 가족을 지원하는 방법

이라는 점을 상기시켜야 한다. 교수자는 학생들이 가족과 함께 어려움을 직면하고 극복하도록 격려할 수 있다.

- 학생들이 가장 기억에 남는 가족 경험을 학급과 공유하여 서로 더 친밀한 관계를 형성하도록 한다.

5. 보충 활동(선택 사항)

활동	내용	권장 사항
돕고 싶어요	**목표: 가족에게 기여하여 가족과의 관계를 개선한다.** 학생들이 "가족을 위해 무엇을 할 수 있나요([부록 1-3])"에서 기여할 수 있지만 기여한 적 없다고 표시한 것들을 행동으로 실천하도록 한다. 일주일 후에 학생들에게 자신의 기여에 대한 느낌, 가족들의 반응 또는 가족관계 개선 여부 등에 대해 발표하도록 요청한다.	학생들은 가족들이 어떤 기분을 느꼈는지 물어보고 결과를 학급과 공유한다.

부록 1-3

활동지: 가족을 위해 무엇을 할 수 있나요

이름: ____________________

이 수업에서 배운 것은 다음과 같습니다: ____________________

____

부록 1-4 성장 확인 질문

이름: ______________ 반: ______________ 날짜: ______________

1. 수업 과제

1) 가정에서의 의무와 책임은 무엇인가요?

2) 가정에서 자신의 의무와 책임을 잘 알고 있나요? 개선할 부분이 있나요?

3) 이상적인 가족은 어떤 모습인가요?

2. 숙제

1) 가장 고마운 가족 구성원은 누구인가요? 이유는 무엇인가요?

2) 가장 본받고 싶은 가족 구성원은 누구인가요? 이유는 무엇인가요?

3) 이 수업이 끝나면 앞으로 가족에게 어떻게 기여하고 싶은가요?

소단원 2

부모님의 말씀

1. 소단원 목적

부모와 원활하게 소통하고 부모와의 관계를 강화하는 기술을 배운다.

2. 학습 목표

① 부모님의 말씀을 사람 중심 관점과 과업 중심 관점에서 분석한다.

② 부모님의 말씀에 적절하게 응답하고 부모와 좋은 관계를 맺는다.

3. 수업 내용

활동	절차
1. 준비 활동(2분)	1. "부모님이 가장 자주 하시는 말씀이 무엇인가요?"라고 질문하며 이 단원을 시작한다. 2. 다음으로 "부모님과 더 잘 소통하는 방법을 알아봅시다"라고 말한다.
2. 모둠 토론: 부모님의 말씀(10분) ▷ **교수자료** - [부록 1-5] 파워포인트 슬라이드: 부모님의 말씀 - [부록 1-6] 교수자용 참고 자료: 부모님의 말씀 - [부록 1-7] 모둠 활동지: 부모님의 말씀	**목표: 사람 중심 및 과업 중심 관점으로 부모님의 말씀을 분석한다.** 1. 학급을 작은 모둠으로 나누고 활동지([부록 1-7])를 배포한다. 2. 음성 자료가 포함된 파워포인트 슬라이드([부록 1-5])를 재생한다. 부모님이 자주 하시는 말씀에 대한 8가지 시나리오가 있다. 3. 모둠별로 시나리오를 하나씩 고르고 활동지에서 다음 해당 부분에 표시해야 한다. • "사람 중심"에 부여되는 등급: 무관심/관심(1은 가장 낮음, 10은 가장 높음) • "과업 중심"에 부여되는 등급: 엄격성/관용성(1은 가장 낮음, 10은 가장 높음) • 그래프에서 등급을 파악하여 부모님의 말씀이 "명령" "요청" "제안" "무시" 중 어느 것에 해당하는지 파악한다. • 모둠별로 학급에 발표하도록 요청한다. • 요약하고 결론을 내린다. 4. 부모님 대부분은 자녀를 깊이 아끼고 자녀의 행복을 중요하게 생각합니다. • 상황에 따라 부모는 다양한 방식으로 생각을 표현합니다(세부 지도 사항 참조).

3. 교안: 나의 대답**(5분)** ▷ **교수자료** - [부록 1-8] 교수자용 참고 자료: "나 전달법" 예시	**목표: 부모님의 말씀에 적절하게 응답한다.** 1. 학생들이 "나 전달법"을 사용하여 부모에게 자신의 감정과 견해를 표현하도록 지도한다. 2. [부록 1-8]의 예시를 참조하여 학생들과 공유한다. 3. 학생들이 자신의 감정과 견해를 차분하게 표현하고 대화 분위기를 조성할 수 있도록 적절한 반응을 보인다.
4. 학급 공유: 직접 만들어 가는 가족관계**(5분)** ▷ **교수자료** - [부록 1-9] 파워포인트 슬라이드: 직접 만들어 가는 가족 관계 - [부록 1-10] 교수자용 참고 자료: "직접 만들어 가는 가족 관계" 내용	**목표: 부모와 좋은 관계를 맺기 위해 부모님의 말씀에 어떻게 반응해야 하는지 자세히 알아본다.** 1. 파워포인트 슬라이드([부록 1-9])를 재생하고 부모의 일반적인 표현을 보여준다. 2. 학생들에게 무관심/관심과 엄격함/관대함 수준에 맞게 소리 내어 읽어 보도록 한다. 3. 다른 학생들은 "나 전달법"을 사용하여 응답하도록 지도한다. 4. 이를 여러 번 반복하여 학생들이 "나 전달법"의 기술을 파악할 수 있도록 한다.
5. 결론(3분)	1. "싸우기"와 "침묵하기"는 부모님의 말씀에 대한 일반적인 반응이다. 두 반응 모두 우리의 진짜 생각을 숨겨 소통을 방해하기 때문에 부모님에게 솔직한 감정과 생각을 드러내고 공유해야 한다. 2. "효"는 한국 문화의 핵심 덕목으로, 학생들은 부모님의 말씀에 공감하는 반응을 보임으로써 효를 실천할 수 있다.
6. 마무리 활동(5분) ▷ **교수자료** - [부록 1-11] 성장 확인 질문	1. 성장 확인 질문을 배포하고 학생들이 수업 내용과 스스로를 돌아볼 수 있도록 지도한다. 2. 수업 중 학생들의 참여도를 칭찬한다.

4. 세부 지도 사항

1) 부모님의 말씀

- 시간적 여유가 있고 학생들이 충분히 성숙한 경우, 교수자는 학생들에게 다음 유형의 표현 뒤에 숨겨진 일반적인 의미에 대해 생각하도록 지도할 수 있다.

표현 유형	부모-자식 관계	의미
명령	부모의 지위가 자녀보다 높다.	긴급하고 심각한 느낌을 주고 자녀는 부모의 말을 무시한다.
요청	부모와 자녀는 비교적 동등한 지위를 가진다.	상황이 급박하지 않고 자녀는 부모의 말을 기꺼이 따른다.
제안	부모와 자녀는 동등한 지위를 공유하며 서로 잘 어울린다.	상황이 전혀 다급하지 않고 부모와 자녀 사이에 원활한 의사소통이 이루어진다.
무시	부모와 자녀 관계가 소원하다.	의사소통이 부족하고 부모와 자녀가 정서적으로 멀어져 있다.

- 학생들에게 부모와의 의사소통에서 "제안" 방식을 장려하려면 어떻게 해야 할지 생각해 보라고 한다.
- 학생들은 가정이 더 민주적으로 운영되어야 하는지 아니면 부모님에게 순응해야 하는지 토론한다. 각 방식이 모두 장점이 있는지, 둘 사이에 중간 지점이 있는지 물어본다. 학생들은 토론을 통해 부모님의 생각을 더 많이 이해할 수 있다.
- 일부 학생은 부모님이 대부분 자신을 "무시"한다고 말할 수 있다. 교수자는 이런 학생들에게 특별히 주의를 기울이고 가정 배경이 학생의 개인적, 정서적 발달에 부정적인 영향을 미칠 수 있는지 알아봐야 한다. 또한 학생에게 부모와의 관계를 개선하기 위해 무엇을 할 수 있는지 생각해 보도록 한다. 교수자는 필요한 경우 사회복지사 또는 상담사에게 도움을 요청하는 등 다른 지원 시스템을 찾아야 한다.
- 자주 방치되는 학생은 부적절하거나 비정상적인 행동(예: 절도, 반항, 괴롭힘 등)을 함으로써 관심을 끌려고 할 수 있다. 교수자는 이런 학생들에게 특히 주의를 기울이고 필요한 경우 사회복지사 또는 상담사에게 도움을 요청한다.

2) 나의 대답

- 선생님이나 친구 등 다른 사람과 소통할 때도 '나 전달법'을 사용할 수 있다는 점을 강조한다.
- 제시된 예시 외에도 교수자는 '부모님의 말씀([부록 1-5])'에 나온 예시를 활용하여 학생들이 '나 전달법' 사용을 터득하도록 할 수 있다.

3) 직접 만들어 가는 가족관계

- 교수자가 모든 학생의 참여를 원한다면 학생들이 나란히 앉아 연습하는 것을 추가할 수 있다. 짝을 이루어 한 명은 아버지/어머니 역할을, 다른 한 명은 자녀 역할을 맡아 '나 전달법'을 사용하여 부모에게 응답하는 연습을 한다.
- 학생에게 부모 역할을 연기할 때 시나리오에 따라 적절한 어조를 사용하도록 상기시킨다.

5. 보충 활동(선택 사항)

활동	내용	권장 사항
감사의 날	**목표: 부모님께 감사한 마음을 표현한다.** 학생들은 모둠을 이루어 부모님께 감사를 표현할 방법을 찾는다.	주말을 '감사의 날'로 정해 부모님을 학교로 초대한다. 그런 다음 학생들에게 부모님에 대한 감사의 마음을 표현하도록 요청한다. 감사 표현은 시, 노래, 그림 등으로 할 수 있다.

부록 1-6 교수자용 참고 자료: 부모님의 말씀

유형	아버지 / 어머니	시나리오
명령		"내일 아침에 학교 가야 하잖아! 게임하지 마! 당장 자러 가!"
요청		"나 요리하느라 바빠! 엄마 대신 할아버지께 전화해서 이번 주 토요일에 방문한다고 말씀드리는 거 도와줄래?"
무시		"귀찮게 하지 마라!"
제안		"지난 학기에는 노는 시간을 줄이고 시험 공부에 더 많은 시간을 할애했을 때 성적이 더 좋았잖아. 이 방법을 다시 시도해 보면 어떨까?"
명령		"몇 번이나 말해야 해? 이번 주 토요일에 할머니 댁에 저녁 먹으러 가는 거야!"
요청		"오늘 저녁 일찍 밥을 먹기로 했는데 7시 전에 집에 올 수 있겠니?"
무시		"그런 건 신경 안 써. 나와 상관없는 일이야."
제안		"동생이 영어 수업을 어려워 하네. 이 숙제를 도와줄 수 있겠니? 어떻게 생각해?"

부록 1-7 모둠 활동지: 부모님의 말씀

모둠: ______________________

선택한 시나리오:

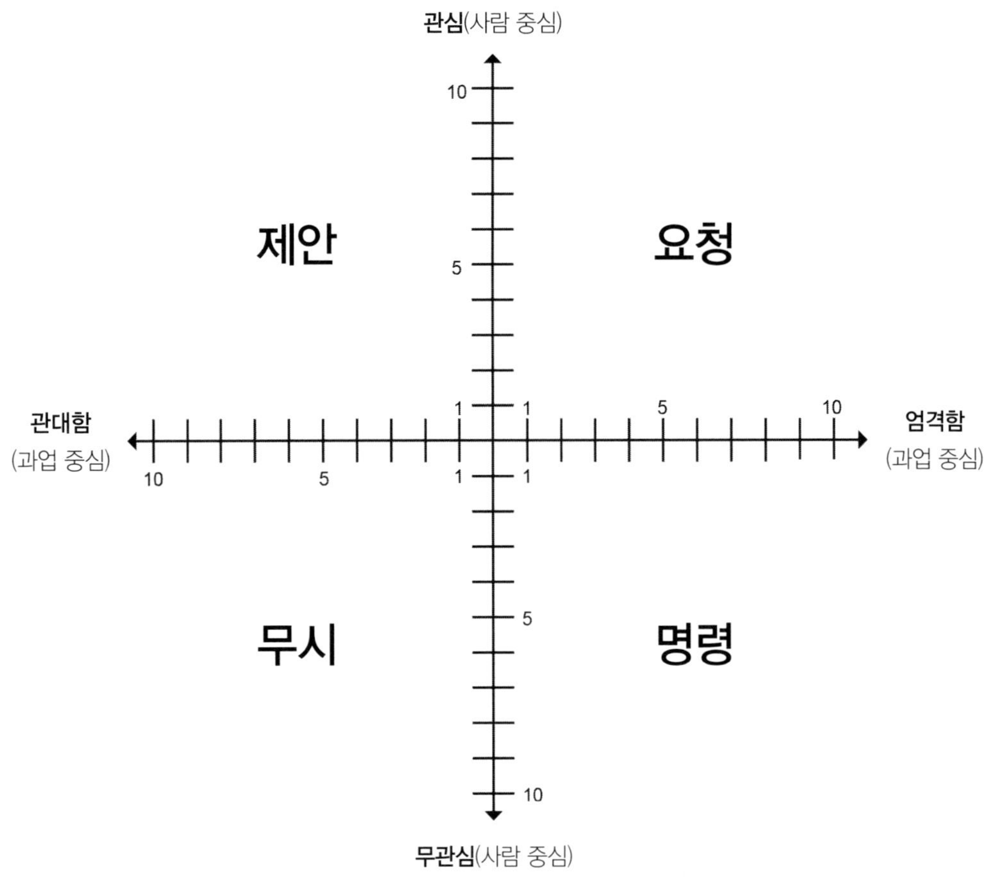

부록 1-8 교수자용 참고 자료: "나 전달법" 예시

예제 1

직장에서 퇴근한 아버지가 아들이 게임을 하는 것을 보고

"그만하고 공부하러 들어가!"라고 말할 때,

아들은 이렇게 대답할 수 있습니다.

"오후 내내 열심히 공부했어요. 피곤해서 잠시 쉬고 싶어요."(감정)

"15분만 게임하고 다시 공부하러 갈게요."(견해)

예제 2

어머니는 학교에서 걸려 온 전화를 받고 딸과 이야기를 나누기 위해 고개를 돌렸습니다.

"방금 담임 선생님께 전화가 왔는데 성적이 많이 떨어졌다고 하시는구나! 공부를 더 열심히 하는 게 좋을 거야."라고 말할 때,

딸은 이렇게 대답할 수 있습니다.

"사실 저도 제 점수가 걱정스럽고 실망스러웠어요!"(감정)

"이번 시험 문제가 정말 어려웠어요. 반 친구들과 선생님께 도움을 요청해야 할 것 같아요."(견해)

원칙 및 전략

1. 적극적으로 경청하고 차분한 태도로 응답하세요.
2. 평가하려는 태도나 대립적인 방식으로 응답하지 마세요.
3. 적절한 표현을 사용하고 생각을 명확하게 표현하세요.
4. 부모님이 여러분을 무시하거나 아무런 반응을 보이지 않는다면, 여러분의 감정에 대해 자세히 이야기하거나 문제를 해결할 수 있는 방법을 부모님과 논의할 의향이 있음을 보여 주세요.

부록 1-10 교수자용 참고 자료: "직접 만들어 가는 가족 관계" 내용

부모님의 말씀 예시	유형	관심 (무관심 지수)	엄격함 (관대함 지수)
1. "내일 아침 일찍 학교에 가야 하는데 일찍 자는 게 어때?"	제안	관심(7)	관대함(8)
2. "이모 집에 놓고 온 셔츠 당장 가져와!"	명령	무관심(6)	엄격함(9)
3. "TV 보고 싶은데 15분만 게임을 멈춰 줄래?"	요청	관심(9)	엄격함(5)
4. "나 좀 내버려 둬. 대신 아빠한테 물어봐."	무시	무관심(7)	관대함(7)

부록 1-11 성장 확인 질문

이름: ______________ 반: ______________ 날짜: ______________

1. 수업 과제

1) 부모님의 표현 스타일을 네 가지 유형으로 분류할 수 있나요? 유형 간 차이는 무엇인가요?

2) 부모님이 여러분과 어떤 유형으로 소통하길 바라나요? 그 이유는 무엇인가요?

3) "나 전달법"을 사용하여 응답할 때의 장점을 적어 주세요.

2. 숙제

1) 현재 부모님과의 소통에 만족하나요? 그 이유는 무엇인가요?

2) 여러분이 좋아하지 않는 표현 방식을 부모님이 사용할 때 어떤 기분이 드나요? 부모님께 어떻게 대응할 건가요?

3) 부모님과의 소통을 효과적으로 개선하려면 어떻게 해야 할까요? 예를 들어 자세히 설명해 주세요.

대단원 2

사회적 역량

소단원 1 한국에서 만나는 외국인

소단원 2 모든 직업은 가치가 있어요

들어가며

사회적 역량은 긍정적인 대인 관계를 구축하고, 대인 갈등을 해결하는 능력을 말한다. 또한 사회적 역량은 자신이 속한 집단에 대한 명확한 정체성을 발달시키는 것까지 포함한다.

좋은 대인 관계를 맺는 것은 아동과 청소년이 사회에 적응하는 데 중요하다. 한 연구진에 따르면 좋은 부모–청소년 관계가 친사회적 행동과 긍정적인 관련이 있고, 반사회적 행동과 부정적인 관련이 있는 것으로 나타났다. 마찬가지로 좋은 또래 관계를 가진 청소년들은 반사회적 행동의 빈도가 적다는 것을 발견했다. 또한 교사와 학생의 좋은 관계는 친사회적 행동의 빈도와 긍정적인 관계가 있었다. 일반적으로 좋은 대인 관계는 친사회적 행동의 발달로 이어지며, 이는 아동과 청소년이 다른 사람들과 더불어 행복하게 살아가기 위해 반드시 습득해야 하는 능력이다. 긍정적인 인간관계의 발달은 본 대단원뿐 아니라 다른 대단원(예: 유대감)에서도 다루고 있다.

이 단원은 긍정적인 대인 관계를 육성하는 것 외에도, 청소년이 국가정체성을 명확히 확립하도록 돕는 데 중점을 둔다. 자신이 속한 사회와 국가에 대한 확고하고 일관된 감각을 개발하는 것은 청소년의 정체성과 심리사회적 발달의 중요한 측면이다. 정체성을 탐색하는 것은 모든 청소년에게 중요한 발달 과제다. 서로 다른 정체성 상태에 있는 청소년의 친사회적 및 반사회적 행동 패턴은 다르게 나타난다. 예를 들어, 정체성이 안정적으로 형성된 그룹의 청소년은 친사회적 행동의 빈도가 높고 반사회적 행동의 빈도가 낮은 반면, 아직 자신의 정체성을 탐색만 하고 있는 그룹의 청소년은 친사회적 행동과 반사회적 행동의 빈도가 모두 상당히 높았다. 또한 자신이 속한 집단에 대한 정체성이 집단의 통합과 소속감을 촉진한다는 연구 결과도 있다. 따라서 명확한 집단정체성, 특히 국가정체성을 개발하는 것이 중요하다. 명확한 국가정체성은 애국심과 사회 안정을 위한 핵심적인 역할을 한다.

Level 2 사회적 역량 단원은 두 개의 소단원이 있다. 소단원 1은 학생들에게 다른 인종과 민족을 존중해야 함과 인종차별이 바람직하지 않다는 것을 가르친다. 소단원 2는 자신의 의무를 다함으로써 대한민국에 기여한다는 비전을 세우고, 서로 다른 직업을 가진 사람들이 똑같이 존중받아야 한다는 가치를 확립하도록 한다.

개관

소단원	소단원 목적	학습 목표
한국에서 만나는 외국인 (30분)	1. 인종차별이 바람직하지 않은 이유를 알도록 한다. 2. 한국에 거주 중인 다양한 인종과 민족에 대해 알도록 한다. 3. 다양한 인종을 받아들이고, 소중히 여기며, 존중하는 법을 배운다.	1. 한국 내 다양한 인종과 민족에 대해 알아본다. 2. 한국 내 다양한 민족의 긍정적인 특성을 설명하고, 그들을 가치를 높게 평가하고 소중하게 여기는 법을 배운다.
모든 직업은 가치가 있어요 (30분)	1. 자신의 의무를 다함으로써 한국에 기여할 수 있다는 비전을 세운다. 2. 다양한 직업은 동일하게 존중받아야 한다는 가치관을 세운다.	1. 다양한 직업이 한국 사회에 기여하고 있으며, 존중받아야 한다는 것을 이해한다. 2. 다양한 직업과 사회적 위치를 가진 사람들을 존중해야 한다는 원칙을 세우고, 자신의 의무를 다함으로써 한국 사회에 기여할 수 있다는 것을 배운다.

이 대단원에 포함된 모든 활동지 및 파워포인트 슬라이드와 영상 자료 등은 학지사 홈페이지(www.hakjisa.co.kr)에서 내려받을 수 있습니다.

소단원 1

한국에서 만나는 외국인

1. 소단원 목적

① 인종차별이 바람직하지 않은 이유를 알도록 한다.

② 한국에 거주 중인 다양한 인종과 민족에 대해 알도록 한다.

③ 다양한 인종을 받아들이고, 소중히 여기며, 존중하는 법을 배운다.

2. 학습 목표

① 한국 내 다양한 인종과 민족에 대해 알아본다.

② 한국 내 다양한 민족의 긍정적인 특성을 설명하고, 그들을 가치를 높게 평가하고 소중하게 여기는 법을 배운다.

3. 수업 내용

활동	절차
1. 준비 활동(5분) ▷ **교수자료** - [부록 2-1] 파워포인트 슬라이드: 한국에서 만나는 외국인	1. 학생들에게 서로 다른 배경을 가진 4명의 인물을 보여 준다([부록 2-1]). 학생들에게 투표를 통해 각 인물이 대한민국의 "거주자"인지 여부를 결정하도록 한다. 2. 모든 인물에 대해 투표를 완료하면 학생들에게 대한민국의 "거주자"의 정의를 토의해 보도록 한다. 3. 결론을 내리고, 대한민국 "거주자"의 정확한 정의를 알려 준다. • 대한민국의 "거주자"란 국내에 주소를 두거나, 183일 이상 거주하며 사는 곳이 있는 국내인 또는 외국인을 뜻합니다. 이들은 가족과 함께 살고 있기도 하며, 대한민국에서 직업을 가지고 일하기도 합니다. • 국적이나 인종과 관계없이 거주자 조건을 만족하면 모두 대한민국의 "거주자"로 간주됩니다. 인종과 국적이 다르다고 해서 외국인들이 그저 지나가는 사람이라는 뜻은 아닙니다. 모두 우리 사회를 함께 이루는 중요한 구성원입니다.

2. 수업: 기꺼이 하시겠습니까**(6분)**	**목표: 외국인에 대한 파별과 편견을 완화한다.** 1. "당신은 대한민국의 외국인 거주자와 어울릴 의향이 있나요?"라고 학급에 질문한다. • 외국인이 여러분과 같은 건물에 살거나, 같은 층에 살고 있다면 여러분은 어떤 기분이 들까요? 2. 학생들의 답변에 따라서 다음과 같은 수업 내용을 진행할 수 있다. • 우리는 피부색이 어두운 외국인의 경우 더 쉽게 받아들이지 못하는 경향이 있어 보입니다. 이런 감정은 어디서 온 것이며, 그 이유는 무엇일까요? • 만약 여러분의 피부색과 인종으로 인해 사회에서 거부당하거나 인종차별을 경험한다면 어떤 기분이 들까요? • 외국에 살면서 인종이 달라 거절감을 경험한다면 어떤 느낌일까요? 경험한 사람이 있다면 공유해 줄 수 있나요?
3. 모둠 토론: 모범 시민 상**(12분)** ▷ **교수자료** - [부록 2-2] 모범 시민 상 신청서 - [부록 2-3] 민족 카드	**목표: 대한민국에 거주 중인 다양한 민족의 긍정적인 특성을 설명하고 그들을 존중하는 법을 배운다.** 1. 학급을 모둠으로 나누어 토론을 진행한다. 2. 모범 시민 상 신청서([부록 2-2])와 다양한 민족 카드([부록 2-3])를 나누어 준다. 3. 모범 시민 상의 배경을 설명해 준다. • 현재 대한민국에서 '모범 시민 상' 프로그램이 진행되고 있습니다. 각 모둠은 한 민족을 대표하고 있습니다. 여러분의 민족이 이 상을 수상할 자격이 있는 이유를 신청서에 작성해 보겠습니다. 4. 5분 동안 토론할 시간을 준다. 핸드폰을 활용하여 정보를 찾아볼 수 있다. • 각 민족이나 국가와 관련된 긍정적인 특성과 장점은 무엇일까요? • 각 민족이 대한민국에 어떤 방식으로 기여할 수 있을까요? 5. 각 모둠은 발표를 진행한다. 6. 모범 시민 상 신청서를 요약하고 모든 민족이 고유한 강점과 대한민국에 대해 공헌을 하고 있다는 점을 상기시킨다. 따라서 모든 모둠에 상을 수여해야 한다. 7. 요약하고 결론을 내린다. • 대한민국에 거주하는 모든 민족은 긍정적인 특성을 가지고 있습니다. • 우리는 더 많은 존중과 이해를 갖고 더 수용적인 태도를 가져야 합니다.
4. 결론(2분)	학생들이 오늘 활동한 내용을 바탕으로 다양한 민족에 대해 수용적인 태도를 가질 수 있도록 독려한다. • 대한민국에는 다양한 민족이 살고 있습니다. 우리는 서로 다른 문화를 존중해야 하며, 그들을 단지 지나가는 사람으로 여겨서는 안 됩니다. • 우리는 다른 민족의 사람을 만나면 미소를 지으며 인사하거나, 먼저 다가가서 다정하게 말을 걸 수 있습니다. 다른 민족에 대해 더 수용적인 태도를 가질 수 있는 좋은 방법입니다. • 다양한 민족이 어울려 대한민국의 발전에 기여할 수 있습니다.

5. 마무리 활동(5분) ▷ **교수자료** - [부록 2-4] 성장 확인 질문	1. 성장 확인 질문을 공유하고 학생들이 소단원 활동을 돌아볼 수 있도록 유도한다. 2. 소단원 활동에 대한 학생들의 참여를 칭찬한다.

4. 세부 지도 사항

1) 준비 활동

- '대한민국 거주자'라는 용어를 정의하기 위해 토의를 시작할 때, 학생들은 한국인으로 태어나거나, 동양인처럼 생겼다거나, 한국식 이름을 가진 사람 등 다소 좁은 의미로 정의할 수 있다. 토의가 진행됨에 따라 교수자는 "대한민국에 정착한 사람" "대한민국에서 직업을 가지고 살고 있는 사람" 등과 같은 더 넓은 의미로 확장할 수 있다.
- 학생들이 특정 외국인을 비하하는 단어를 쓸 때, 교수자는 제지하고 상대방의 입장에서 다시 생각해 볼 수 있도록 유도한다.

2) 기꺼이 하시겠습니까

- 대한민국에 많이 살고 있는 외국인들은 중국, 베트남, 태국, 미국, 우즈베키스탄 순서로 많다. 이 중에 주로 차별받는 국가들은 아시아의 개발도상국들이다.
- 토론하는 동안 학생 중에 일부는 피부색, 인종 등에 대한 부정적인 고정관념을 가지고 있을 수 있다. 또한 종교적 신념으로 천을 두르고 생활하는 것을 부정적으로 바라보는 시선이 있을 수 있다. 교수자는 학생들에게 왜 그런 고정관념을 가지고 있는지, 그리고 그에 대한 근거가 있는지 물어볼 수 있다.
- 학생 중 국내에 거주 중인 외국인 거주자들을 환영하고 친절하게 대해 주어야 한다고 말하는 학생이 있다면 칭찬을 아끼지 말아야 한다.
- 최신 뉴스 등을 활용하여 국내에서 일어난 인종차별의 사례를 알려 주고, 어떻게 느끼는지 이야기를 나눌 수 있다.
- 학생 중에 인종으로 인해 차별받아 본 경험이 있는 학생의 이야기를 공유해 보고, 그 상황을 공감해 보도록 기회를 제공할 수 있다.

3) 모범 시민 상

- 국내에 거주 중인 외국인들은 모국어뿐만 아니라 한국어, 영어도 유창한 경우가 많다. 또한 이들을 통해 다양한 문화가 한국에 소개될 수 있다. 국내에 거주하는 외국인들이 가지는 특징이 한국 사회에 어떻게 도움이 될지 생각해 내도록 도울 수 있다.
- 모든 사람은 단순히 장점 때문에 존중받을 권리가 있다는 것이 아니라, 그 자체로 존중받을 권리가 있다는 것을 강조하는 것이 중요하다.

5. 보충 활동(선택 사항)

활동	내용	권장 사항
외국인 문화 행사 방문	**목표: 대한민국 내 외국인들의 모임을 찾아가 관심을 표현하고, 친분을 쌓아 본다.** 정부의 관계부서(외교부 등)에 문의하여 국내 외국인 거주자들 혹은 대사관이 주최하는 문화 행사에 방문하여 만나 보고, 교류해 본다.	여러 문화 행사를 방문한 후 학생들은 보고서를 작성하여 소책자를 발간할 수 있다. 이를 통해 더 많은 학생이 한국에 거주하는 외국인에 대해 관심을 가질 수 있다.

부록 2-2 모범 시민 상 신청서

모둠: ____________________

각 모둠은 한 민족을 대표하고 있습니다. 여러분의 민족이 이 상을 수상할 자격이 있는 이유를 신청서에 작성해 보겠습니다.

우리는 ______________________________ 을/를 대표합니다.

우리의 특성 및 장점	우리의 특성과 장점이 대한민국에 어떻게 기여할 수 있을까요?

부록 2-3 민족 카드

다음의 민족 카드를 잘라서 모둠별로 하나의 카드를 준다.

중국
베트남
태국
미국
우즈베키스탄

부록 2-4 성장 확인 질문

이름: ______________________ 반: ______________________ 날짜: ______________________

1. 수업 과제

1) 대한민국에서 흔히 만날 수 있는 외국인들의 국적을 세 가지 나열해 주세요.

2) 외국인들과 어울려 지낸 경험이 있나요? 어떤 상황에서 그들과 접촉하게 되었나요?

3) 외국인들과 어울림을 통해 무엇을 배울 수 있었나요?

2. 숙제

1) 수업을 통해 대한민국에 거주 중인 외국인에 대해 새롭게 가지게 된 생각이 있다면 적어 주세요.

2) 국내에 거주 중인 외국인들과 소통할 기회가 있다면, 그들과 어떤 이야기를 나누거나 어떤 활동을 같이 하고 싶나요?

소단원 2

모든 직업은 가치가 있어요

1. 소단원 목적

① 자신의 의무를 다함으로써 한국에 기여할 수 있다는 비전을 세운다.

② 다양한 직업은 동일하게 존중받아야 한다는 가치관을 세운다.

2. 학습 목표

① 다양한 직업이 한국 사회에 기여하고 있으며, 존중받아야 한다는 것을 이해한다.

② 다양한 직업과 사회적 위치를 가진 사람들을 존중해야 한다는 원칙을 세우고, 자신의 의무를 다함으로써 한국 사회에 기여할 수 있다는 것을 배운다.

3. 수업 내용

활동	절차
1. 준비 활동(3분)	학생들에게 다음의 내용을 질문한다. • 여러분이 태어나서 지금까지 우리나라가 여러분에게 제공한 것은 무엇이 있을까요? • 여러분들은 대한민국을 위해 어떤 기여를 할 수 있을지 생각해 본 적이 있나요?
2. 모둠 토론: 다양한 직업**(10분)** ▷ **교수자료** - [부록 2-5] 다양한 직업	**목표: 다양한 직업이 대한민국에 기여하고 있으며, 존중받아야 한다는 것을 이해한다.** 1. 학급을 모둠으로 나눈다. 2. 토론에 대해 간단히 소개하며, "다양한 직업" 카드([부록 2-5])를 배포한다. 3. 각 모둠은 한 장의 카드를 받는다. 학생들에게 5분 동안 다음 질문에 대해 토론하고 적어 볼 시간을 준다. • 만약 이 직업이 없다면 대한민국은 어떻게 되었을까요? 4. 각 모둠은 토론한 내용을 발표한다. 5. 결론을 내린다.

<table>
<tr><td></td><td>• 우리는 일부 직업의 중요성을 과소평가했을 수 있습니다.
• 서로 다른 직업 간에는 밀접한 연관성이 있습니다. 각자 의무를 다할 때 우리 모두는 사회에 기여하게 됩니다.</td></tr>
<tr><td>3. 수업: 직업 전망(10분)

▷ 교수자료
- [부록 2-5] 다양한 직업
- [부록 2-6] 파워포인트 슬라이드: 직업 전망
- [부록 2-7] 활동지: 직업 전망</td><td>목표: 각계각층의 사람들을 존중해야 한다는 원칙을 세우고, 우리의 의무를 다함으로써 대한민국에 기여할 수 있다는 것을 배운다.
1. 학생들에게 다음의 내용을 질문한다.
• 여러분이 앞으로 가지고 싶은 직업을 통해 한국 사회에 기여할 수 있는 일이 무엇인지 생각해 본 적이 있나요?
2. 직업 전망 파워포인트 슬라이드([부록 2-6])를 보여 준다. 1~42로 표시된 42개의 직업이 있다. 학생들에게 학급 번호에 따라 역할을 하도록 한다(예: 학급 번호가 1인 학생은 회계사, 34인 학생은 작가 역할을 한다).
3. 직업 전망 활동지([부록 2-7])를 배포하고 학생들에게 5분간 작성하도록 한다. 활동지에는 다음과 같은 질문들이 들어가 있다.
• 이 직업을 가지고 싶으신가요?
• 이 직업이 한국 사회에 어떻게 기여할 수 있을까요?
• 미래에 이 직업을 갖게 된다면 사회에 공헌하기 위해 어떤 자세를 가져야 할까요?
4. 희망하는 학생들에게 작성한 내용을 발표하도록 한다.
5. 우리가 우리의 의무를 다함으로써 한국 사회에 기여할 수 있으며, 모든 직종의 사람을 존중해야 한다는 점을 강조한다.</td></tr>
<tr><td>4. 결론(2분)</td><td>1. 현재의 삶에만 집중하지 말고 사회에 공헌하겠다는 포부를 가져야 함을 이야기한다.
2. 우리는 직업과 상관없이 사람을 존중해야 한다. 각자가 자신의 의무를 다할 때 사회에 기여할 수 있는 각자의 몫을 할 수 있다.</td></tr>
<tr><td>5. 마무리 활동(5분)

▷ 교수자료
- [부록 2-8] 성장 확인 질문</td><td>1. 성장 확인 질문을 공유하고 학생들이 소단원 활동을 돌아볼 수 있도록 유도한다.
2. 소단원 활동에 대한 학생들의 참여를 칭찬한다.</td></tr>
</table>

4. 세부 지도 사항

1) 준비 활동

• 학생들이 국가가 그들에게 제공한 것들을 생각해 내지 못하는 경우, 교수자는 교육, 의료 서비스, 치안, 국방 등 일상생활에서부터 시작할 수 있도록 안내할 수 있다.

2) 다양한 직업

- 일부 학생은 '전업주부'는 돈을 버는 것이 아니기 때문에 직업으로 인정할 수 있는지 의문을 제기할 수 있다. 교수자는 모든 직업이 반드시 금전적 보상을 받는 것은 아니라고 설명할 수 있다. 전업주부의 역할이 다른 직업만큼이나 중요하다는 점을 강조한다.
- 학생들에게 가족, 지역 사회, 경제, 교육 등의 관점에서 다양한 직업이 사회에 어떻게 기여할 수 있는지 생각해 보도록 지도한다.
- 이 주제에 관심을 더 보이는 학생이 있다면, 해당 직업이 더 이상 존재하지 않을 때 한국 사회에 미치는 즉각적인 영향과 장기적인 영향을 더 생각해 보도록 요청할 수 있다.
- 결론을 내릴 때, 불법적인 직업만 아니라면 자신의 의무를 다함으로써 한국 사회에 기여할 수 있다는 점을 강조한다.
- 일부 학생은 불법적인 직업이 무엇인지 물어볼 수 있다. 교수자는 지적재산물을 복제해서 판매하거나, 다른 사람을 속여 생계를 유지하는 법과 윤리를 벗어난 직업이라고 정의해 줄 수 있다.

3) 직업 전망

- 일부 학생들은 직업을 통해 기여하지 않고, 남에게 받는 것만 하면 안 되는지 의문을 가질 수 있다. 이때 교수자는 학생들에게 아무도 기여하지 않고 모두 받기만 하려 한다면 한국 사회가 어떻게 될지 상상해 보라고 할 수 있다.
- 직업마다 필요한 요건(학위, 실무경험)이 다르다. 그러나 이들 모두 한국 사회에 기여할 수 있다.
- 학생들의 관심사와 배경 및 미래 직업 전망에 따라 직업의 유형을 수정할 수 있다.

5. 보충 활동(선택 사항)

활동	내용	권장 사항
직업 탐색	**목표: 관심 있는 직업을 찾고, 우리 모두가 사회에 기여할 수 있다는 비전을 세운다.** 학생들에게 일주일 동안 신문을 읽으면서 신문에 나타나는 다양한 직업을 찾아보라고 한다. 관심 있는 직업을 발견하면 해당 기사를 오려서 종이에 붙이거나 인쇄한 뒤 다음 질문에 답을 적어 보게 한다. • 이 직업은 한국 사회에 어떤 기여를 하고 있나요? • 이 직업을 가질 수 있는 요건은 어떻게 되나요? • 향후 이 직업을 가지기 위해서는 지금 무엇을 해야 하나요?	• 학생들의 글을 읽고 계획을 칭찬하고 독려해 준다. • 학생들이 너무 높은 목표를 세우거나 너무 낮은 목표를 세우는 것은 아닌지 주의를 기울인다.

부록 2-5 다양한 직업

각 모둠에 다음의 카드를 잘라서 나누어 준다.

	교사
	전업주부
	작가
	신문 기자
	변호사
	건설 노동자
	경찰관
	의사

부록 2-7

활동지: 직업 전망

이름: ________________

아래의 빈칸을 채워 보세요.

나에게 주어진 직업은 ________________________________ 입니다.

이 직업을 가지고 싶으신가요?

☐ 네, 원합니다.

☐ 아니요, 원하지 않습니다.

이 직업이 한국 사회에 어떻게 기여할수 있을까요?

____

____

____

미래에 이 직업을 갖게 된다면 사회에 공헌하기 위해 어떤 자세를 가져야 할까요?

____

____

____

부록 2-8 성장 확인 질문

이름: ______________________ 반: ______________________ 날짜: ______________________

1. 수업 과제

1) 미래에 어떤 직업을 갖고 싶은가요? 그 이유는 무엇인가요?

2) 당신이 갖고 싶은 직업이 현재 한국 사회에 어떻게 기여하고 있나요?

3) 향후에 이 일을 하기 위해서 지금 어떤 준비를 할 수 있을까요?

2. 숙제

1) 어떤 직업을 가장 갖고 싶나요?

2) 만약 당신이 갖고 싶은 그 직업이 없다면, 한국 사회에 어떤 일이 일어날까요?

3) 모든 직업이 고유의 가치가 있다는 것을 어떻게 알 수 있나요?

대단원 3

정서적 역량

들어가며

정서적 역량(emotional competence)은 청소년 발달에 중요한 고려 요소이다. 정서적 역량은 청소년이 자신에 대한 긍정적 인상을 형성하는 데 영향을 미칠 뿐 아니라 청소년이 좋은 대인 관계를 만들어 가는 데도 영향을 미친다. 다수의 연구에 근거하면, 좋은 정서 역량을 가진 청소년은 삶에서 마주하는 역경에 더 능숙하게 대처할 수 있다. 한 연구자는 청소년의 정서적 역량을 증진시키기 위해서는 다음의 능력을 발달시키고 강화해야 한다고 제안했다.

1. 자신이 현재 경험하는 정서 파악하기
2. 다른 사람의 정서 이해하기
3. 다양한 단어와 방법을 사용해 정서 표현하기
4. 다른 사람의 정서 경험을 경청하고 공감하기
5. 내적으로 느끼는 정서와 외적으로 정서를 표현하는 방식의 차이를 인식하기
6. 부정적인 정서에 적절한 방식으로 대처하기
7. 상호 간 진솔한 정서 공유가 다른 사람과 친밀한 관계를 형성하는 하나의 방법이 될 수 있음을 이해하기
8. 정서적 자기 효능감 강화하기

청소년 발달 이론에 근거하면, 청소년은 자신의 정서를 식별할 수 있으며 자신의 정서 표현 방식이 대인 관계에 영향을 미친다는 것을 이해할 수 있다. 연구에 근거하면 문화적 배경에 따라 정서를 억제하도록 학습한 경우, 정서를 표현하는 데 서투를 수 있다. 이를 고려해, 본 교육과정은 청소년의 적절한 정서 표현을 증진하고 정서 통제에 대한 민감성을 높이는 데 도움이 되도록 고안되었다. 또한 연구에 따르면 여성들은 언어나 얼굴 표정을 통해 다양한 정서를 풍부하게 표현하는 반면, 남성들은 행동으로 정서를 표현하는 경향이 있다. 따라서 본 교육과정 또한 정서 표현에서의 성차를 고려해서 제작되었다.

Level 2 과정에서 대단원 '정서 역량'은 개인으로부터 시작해 대인 관계로 초점을 확장한다. 네 개의 소단원은 다른 사람들의 정서에 대한 학생들의 이해를 높이기 위해 고안되었다. 전체 소단원 활동을 진행하며 학생들은 정서와 대인 관계의 관련성과 대인 관계에서 정서를 잘 다루는 것의 중요성을 배운다. 소단원 1을 통해 학생들은 다른 사람의 정서와 감정을 이해하는 능력을 기른다. 소단원 2를 통해 학생들은 부정적 정서가 자신이 다른 사람들과 맺고 있는 관계에 미칠 수 있는 영향을 이해한다. 소단원 3을 통해 학생들은 부모님이나 가족 구성원에게 심리적 어려움을 공유하도록 권장받으며, 소단원 4를 통해서는 심리적 어려움을 친구들과 나누어 보도록 지도받는다.

개관

소단원	소단원 목적	학습 목표
알기 그리고 알리기 (30분)	다른 사람의 정서와 감정을 이해하는 능력을 함양한다.	1. 다른 사람의 감정에 공감한다. 2. 다른 사람의 정서를 존중하는 것의 중요성을 이해한다.
합리적인 반응 (30분)	부정적인 정서가 다른 사람과의 관계에 미치는 영향을 이해하도록 돕는다.	1. 부정적 정서의 부적절한 표출이 대인 관계에 미칠 수 있는 부정적 영향을 이해한다. 2. 부정적 정서를 적절한 방식으로 표현하는 것의 중요성을 인식한다.
하나보다 나은 둘 (30분)	학생들이 부모님과 가족 구성원들에게 심리적 어려움을 공유하도록 지도한다.	1. 부모-자녀 간 의사소통의 특성을 파악한다. 2. 부모님과 정서를 공유하는 적절한 기술을 이해한다.
완벽한 짝 (30분)	학생들이 친구들과 심리적 어려움을 공유하도록 지도한다.	1. 안정감 있는 정서 공유를 위해 친구로서 가져야 할 덕목과 정서를 공유하는 상황에서 유념해야 할 요소들을 파악한다. 2. 적극적으로 경청하고 반응하는 기초적인 능력을 개발한다.

이 대단원에 포함된 모든 활동지 및 파워포인트 슬라이드와 영상 자료 등은 학지사 홈페이지(www.hakjisa.co.kr)에서 내려받을 수 있습니다.

소단원 1

알기 그리고 알리기

1. 소단원 목적

다른 사람의 정서와 감정을 이해하는 능력을 함양한다.

2. 학습 목표

① 다른 사람의 감정에 공감한다.

② 다른 사람의 정서를 존중하는 것의 중요성을 이해한다.

3. 수업 내용

활동	절차
1. 준비 활동(3분)	학생들에게 감정을 표현하는 단어에 대해 얼마나 알고 있는지 질문한다. 현재 느끼고 있는 감정, 오늘 느낀 감정들, 이번 주에 느꼈던 감정 등을 질문함으로써 단어들을 더 쉽게 떠올리도록 안내할 수 있다.
2. 학급 게임: 내 감정을 맞혀 봐**(10분)** ▷ **교수자료** - [부록 3-1] 사전 준비 자료: 정서 카드	**목표: 다른 사람으로부터 이해받는 것의 중요성을 이해한다.** 1. 학생들에게 활동의 세부 사항을 설명한다. • 모든 학생은 각각 하나의 "정서 카드"([부록 3-1])를 받는다. 이때 각 정서 카드는 모두 다른 내용으로 구성되어 있다. 학생들은 다른 사람이 자신의 카드의 내용을 볼 수 없도록 해야 한다. • 제한 시간 동안, 학생들은 다른 학생을 선택하고, 선택을 받은 학생은 자신의 카드에 적힌 정서를 신체 동작을 활용해 표현한다. 만약 선택한 학생이 상대 학생의 카드에 적힌 정서를 맞힌다면, 정서를 표현했던 학생의 카드에 서명한다. 가장 많은 서명을 받은 학생이 승자가 된다. 활동을 진행하는 동안, 학생들은 서로 대화할 수 없고, 오직 신체 동작만 활용할 수 있다. • 제한 시간은 5분이다. 제한 시간 동안 학생들은 지속적으로 다른 학생들을 만남으로써 더 많은 서명을 받도록 노력해야 한다.

	2. 제한 시간이 끝나면, 학생들은 자신의 자리로 돌아간다. 교수자는 가장 많은 서명을 받은 학생이 누구인지 파악하고, 다음의 질문에 대한 답변을 학생들과 논의한다. • 어떤 단어들을 표현하는 게 상대적으로 더 어려웠나요? • 상대 학생이 여러분이 전달하는 의미를 이해하지 못할 때, 어떤 감정을 느꼈나요? • 일상생활에서 다른 사람이 여러분을 이해하지 못할 때, 여러분은 어떤 감정을 느끼게 될까요? 3. 모든 사람은 다른 사람들로부터 이해받기를 원하며, 따라서 모든 사람은 다른 사람의 입장이 되어 그들의 감정을 세심히 고려하는 방법을 배워야 한다는 점을 강조한다.
3. 모둠 토론: 연애 소문 **(10분)** ▷ **교수자료** - [부록 3-2] 영상 자료: 연애 소문 1부 - [부록 3-3] 영상 자료: 연애 소문 2부	**목표: 다른 사람의 감정에 공감한다.** 1. 학생들에게 영상 자료의 내용에 주의를 기울이도록 지시한다. 이후, 토론을 진행하기 위해 학생들을 여러 개의 모둠으로 나눈다. 2. '연애 소문' 영상 자료([부록 3-2])의 1부를 재생한다. 각 모둠에게 다음의 질문에 대한 답변을 논의하도록 지시한다. • 영상에서 등장인물인 서연이와 예준이는 어떤 정서와 감정을 느끼고 있나요? 어떤 단서를 통해 알 수 있었나요? • 만약 여러분이 서연이 또는 예준이었다면, 어떤 감정을 느꼈을까요? 3. 학생들로 하여금 논의 결과를 발표하도록 지시한다. 이후 '연애 소문' 영상 자료([부록 3-3])의 2부를 재생한다. 학생들에게 1부에서와 같은 질문에 대해 다시 답해 보도록 지시한다. • 영상에서 등장인물인 서연이와 예준이는 어떤 정서와 감정을 느끼고 있나요? 어떤 단서를 통해 알 수 있었나요? • 만약 여러분이 서연이 또는 예준이었다면, 어떤 감정을 느꼈을까요? 4. 1부와 대비해 영상의 내용과 학생들 간 답변의 차이를 비교한다. 학생들이 언어적 또는 행동적 단서를 모두 이용해 다른 사람의 감정에 공감할 수 있도록 주의를 준다.
4. 결론(2분)	1. 학생들이 다른 사람의 입장에 자신을 대입해 보도록 장려한다. 2. 학생들이 다른 사람과 어울릴 때 그들의 언어적 · 비언어적 반응에 주의를 기울임으로써 다른 사람의 감정과 정서를 인식해 보도록 장려한다. 3. 학생들이 자신의 말과 행동의 영향에 대해 주의를 기울이고 자신의 의도와 무관하게 다른 사람에게 상처를 줄 수 있다는 점을 생각해 볼 수 있도록 지도한다.
5. 마무리 활동(5분) ▷ **교수자료** - [부록 3-4] 성장 확인 질문	1. 성장 확인 질문을 공유하고 학생들이 소단원 활동을 돌아볼 수 있도록 유도한다. 2. 소단원 활동에 대한 학생들의 참여를 칭찬한다.

4. 세부 지도 사항

1) 준비 활동

- 교수자는 준비 활동을 경쟁 형식으로 진행할 수 있으며 적절하게 답변한 학생에게 작은 선물을 줄 수 있다.

2) 내 감정을 맞혀 봐

- 시간이 부족할 경우, 활동을 두 개의 큰 모둠으로 나누어 진행할 수 있다. 이 경우 '정서 카드'를 두 개의 세트로 나누고 각 모둠별로 대표자를 선정하도록 지시한다. 각 모둠별 대표자는 자신의 모둠 구성원들 앞에서 신체 동작을 통해 카드에 적힌 단어를 연기하고, 모둠 구성원들은 카드에 적힌 단어가 무엇인지 맞힌다. 제한 시간 내에 가장 많은 정답을 맞힌 모둠이 승리한다.
- 게임을 시작하기 전에 규칙을 명확히 설명해, 학생들이 규칙을 잘 이해하고 게임을 더 원활하게 진행할 수 있도록 돕는다.
- 단어를 제대로 맞히지 않았음에도 서명을 하는 등의 부정행위가 발생하지 않도록 게임의 진행 상황을 관찰한다.
- 학생들이 정서 단어에 이미 친숙하다면, 교수자는 활동의 재미를 끌어올리기 위해 영화나 노래의 제목 등을 추론해 보도록 지시할 수 있다.

3) 연애 소문

- '연애 소문'에 대한 논의는 학생들이 경험하는 실제 상황과 유사하기 때문에, 학생들로부터 강한 정서적 반응을 끌어낼 수 있다.
- 몇몇 학생들은 다른 학생들 간의 관계에 대한 소문을 이용해 급우들을 놀리거나 괴롭힐 수 있다. 교수자는 이런 상황을 능숙하게 통제해야 한다. 만약 괴롭히는 학생이 나쁜 의도는 없었다고 주장한다면, 교수자는 이 상황을 추가 논의를 위한 기점으로 삼아 괴롭힘을 당한 학생들로 하여금 자신의 감정을 공유하도록 요청할 수 있다.
- 학생들에게 나쁜 의도가 없는 농담일지라도 다른 사람에게 상처를 줄 수 있음을 상기

시킨다. 학생들에게 "절대 자신의 즐거움을 위해 다른 사람을 희생시켜서는 안 됩니다."라고 강조한다.

- 남학생으로만 또는 여학생으로만 구성된 학급에서 활동이 진행된다면, 교수자는 '연애 소문' 영상을 학생들의 주의를 환기하는 목적으로 활용하는 동시에, 논의의 중점을 급우들에 대한 부정적인 소문, 다른 사람의 체형에 대해 놀리는 것 등으로도 바꿀 수 있다.

5. 보충 활동(선택 사항)

활동	내용	권장 사항
단짝 친구 되기	**목표: 다른 사람에게 공감하는 능력을 기른다.** 각 학생은 급우 한 명을 선택해 3일 동안 자신의 '단짝 친구'로 삼는다. 이 기간 동안, 학생들은 단짝 친구의 정서에 주의를 기울여야 하며, 다음 소단원 활동 시간에 다음의 질문에 대한 답변을 학급에 공유한다. • 3일 동안 특별한 정서를 관찰한 적이 있나요? • 단짝 친구의 정서에 대해 어떻게 반응했나요?	교수자는 학생들이 관찰 내용을 적을 수 있는 소책자를 준비한다. 학생들이 체계적으로 시간의 흐름에 따라 단짝 친구의 정서를 기록하고, 각 정서 상태에 대한 단서들을 기록하도록 지시한다.
등장인물의 감정	**목표: 다른 사람의 정서에 공감하고 그를 이해하는 능력을 기른다.** 학생들을 여러 모둠으로 나누고 특정 영화, 또는 문화나 교육 주제의 TV 프로그램을 보도록 지시한다. 학생들에게 영화나 프로그램의 등장인물에게 이입해 보고서를 작성하도록 요청한다. 이 활동은 학생들이 다른 사람의 감정을 이해하고 배려하도록 돕고자 고안되었다.	교수자는 영화 또는 문화나 교육 주제의 TV 프로그램의 리스트를 학생들에게 제공한다.

부록 3-1 사전 준비 자료: 정서 카드

신체 동작을 사용해 아래 정서를 표현해 주세요.

좌절스러운

만약 상대 학생이 단어를 정확하게 추리한다면, 하단에 서명을 요청하세요.

신체 동작을 사용해 아래 정서를 표현해 주세요.

무력한

만약 상대 학생이 단어를 정확하게 추리한다면, 하단에 서명을 요청하세요.

신체 동작을 사용해 아래 정서를 표현해 주세요.

죄책감을 느끼는

만약 상대 학생이 단어를 정확하게 추리한다면, 하단에 서명을 요청하세요.

신체 동작을 사용해 아래 정서를 표현해 주세요.

사랑에 빠진

만약 상대 학생이 단어를 정확하게 추리한다면, 하단에 서명을 요청하세요.

신체 동작을 사용해 아래 정서를 표현해 주세요.

지친

만약 상대 학생이 단어를 정확하게 추리한다면, 하단에 서명을 요청하세요.

신체 동작을 사용해 아래 정서를 표현해 주세요.

실망스러운

만약 상대 학생이 단어를 정확하게 추리한다면, 하단에 서명을 요청하세요.

신체 동작을 사용해 아래 정서를 표현해 주세요.

불만스러운

만약 상대 학생이 단어를 정확하게 추리한다면, 하단에 서명을 요청하세요.

신체 동작을 사용해 아래 정서를 표현해 주세요.

벅차오르는

만약 상대 학생이 단어를 정확하게 추리한다면, 하단에 서명을 요청하세요.

신체 동작을 사용해 아래 정서를 표현해 주세요.

혐오스러운

만약 상대 학생이 단어를 정확하게 추리한다면, 하단에 서명을 요청하세요.

신체 동작을 사용해 아래 정서를 표현해 주세요.

당황스러운

만약 상대 학생이 단어를 정확하게 추리한다면, 하단에 서명을 요청하세요.

신체 동작을 사용해 아래 정서를 표현해 주세요.

긴장한

만약 상대 학생이 단어를 정확하게 추리한다면, 하단에 서명을 요청하세요.

신체 동작을 사용해 아래 정서를 표현해 주세요.

억울한

만약 상대 학생이 단어를 정확하게 추리한다면, 하단에 서명을 요청하세요.

신체 동작을 사용해
아래 정서를 표현해 주세요.

걱정스러운

만약 상대 학생이 단어를 정확하게
추리한다면, 하단에 서명을 요청하세요.

신체 동작을 사용해
아래 정서를 표현해 주세요.

행복한

만약 상대 학생이 단어를 정확하게
추리한다면, 하단에 서명을 요청하세요.

신체 동작을 사용해
아래 정서를 표현해 주세요.

편안한

만약 상대 학생이 단어를 정확하게
추리한다면, 하단에 서명을 요청하세요.

신체 동작을 사용해
아래 정서를 표현해 주세요.

희망찬

만약 상대 학생이 단어를 정확하게
추리한다면, 하단에 서명을 요청하세요.

신체 동작을 사용해
아래 정서를 표현해 주세요.

평온한

만약 상대 학생이 단어를 정확하게
추리한다면, 하단에 서명을 요청하세요.

신체 동작을 사용해
아래 정서를 표현해 주세요.

거부감을 느끼는

만약 상대 학생이 단어를 정확하게
추리한다면, 하단에 서명을 요청하세요.

신체 동작을 사용해
아래 정서를 표현해 주세요.

성취감을 느끼는

만약 상대 학생이 단어를 정확하게
추리한다면, 하단에 서명을 요청하세요.

신체 동작을 사용해
아래 정서를 표현해 주세요.

외로운

만약 상대 학생이 단어를 정확하게
추리한다면, 하단에 서명을 요청하세요.

신체 동작을 사용해
아래 정서를 표현해 주세요.

자만심을 느끼는

만약 상대 학생이 단어를 정확하게
추리한다면, 하단에 서명을 요청하세요.

신체 동작을 사용해
아래 정서를 표현해 주세요.

신난

만약 상대 학생이 단어를 정확하게
추리한다면, 하단에 서명을 요청하세요.

신체 동작을 사용해
아래 정서를 표현해 주세요.

충격적인

만약 상대 학생이 단어를 정확하게
추리한다면, 하단에 서명을 요청하세요.

신체 동작을 사용해
아래 정서를 표현해 주세요.

모멸감을 느끼는

만약 상대 학생이 단어를 정확하게
추리한다면, 하단에 서명을 요청하세요.

신체 동작을 사용해
아래 정서를 표현해 주세요.

창피한

만약 상대 학생이 단어를 정확하게
추리한다면, 하단에 서명을 요청하세요.

신체 동작을 사용해
아래 정서를 표현해 주세요.

우울한

만약 상대 학생이 단어를 정확하게
추리한다면, 하단에 서명을 요청하세요.

신체 동작을 사용해
아래 정서를 표현해 주세요.

심드렁한

만약 상대 학생이 단어를 정확하게
추리한다면, 하단에 서명을 요청하세요.

신체 동작을 사용해
아래 정서를 표현해 주세요.

겁에 질린

만약 상대 학생이 단어를 정확하게
추리한다면, 하단에 서명을 요청하세요.

신체 동작을 사용해
아래 정서를 표현해 주세요.

화난

만약 상대 학생이 단어를 정확하게
추리한다면, 하단에 서명을 요청하세요.

신체 동작을 사용해
아래 정서를 표현해 주세요.

공포에 휩싸인

만약 상대 학생이 단어를 정확하게
추리한다면, 하단에 서명을 요청하세요.

신체 동작을 사용해
아래 정서를 표현해 주세요.

지루한

만약 상대 학생이 단어를 정확하게
추리한다면, 하단에 서명을 요청하세요.

신체 동작을 사용해
아래 정서를 표현해 주세요.

만족스러운

만약 상대 학생이 단어를 정확하게
추리한다면, 하단에 서명을 요청하세요.

신체 동작을 사용해
아래 정서를 표현해 주세요.

안심한

만약 상대 학생이 단어를 정확하게
추리한다면, 하단에 서명을 요청하세요.

신체 동작을 사용해
아래 정서를 표현해 주세요.

질투심을 느끼는

만약 상대 학생이 단어를 정확하게
추리한다면, 하단에 서명을 요청하세요.

부록 3-4 성장 확인 질문

이름: ______________________ 반: ______________________ 날짜: ______________________

1. 수업 과제

1) 다른 사람이 나의 감정을 이해하지 못한다면, 어떤 감정을 느낄까요?

2) 나의 생각과 감정을 가장 잘 이해하는 사람은 누구인가요?

3) 다른 사람의 감정을 잘 이해하기 위해서 나는 2번 질문에서 응답한 사람의 어떤 특성들을 배우면 좋을까요?

2. 숙제

1) 다른 사람의 언어적 또는 비언어적 반응을 통해 그들의 감정이나 정서를 관찰했던 적이 있나요? 예시를 적어 주세요.

2) 누군가가 다른 학생을 놀리는 상황을 보며 못마땅함이나 짜증을 느꼈던 적이 있나요? 이 경험을 통해 무엇을 배울 수 있을까요?

소단원 2

합리적인 반응

1. 소단원 목적

부정적인 정서가 다른 사람과의 관계에 미치는 영향을 이해하도록 돕는다.

2. 학습 목표

① 부정적 정서의 부적절한 표출이 대인 관계에 미칠 수 있는 부정적 영향을 이해한다.
② 부정적 정서를 적절한 방식으로 표현하는 것의 중요성을 인식한다.

3. 수업 내용

활동	절차
1. 준비 활동(3분)	1. 학생들에게 다음의 내용을 질문한다. • 다른 사람에게 별명으로 불린 경험이 있나요? • 여러분의 별명에 대해 어떻게 느꼈나요? 2. 다른 사람을 별명으로 부르는 데 악의가 없을지라도, 별명으로 불리는 사람은 기분이 나쁠 수도 있음을 언급한다. 친구들이나 급우들 간에 별명을 사용하는 것은 친밀감을 보여 주는 긍정적인 행동이기도 하지만, 악의가 담긴 인신공격이 될 수 있다고 덧붙인다. 3. 다른 사람을 놀리거나 괴롭히기 위해 별명을 사용하는 것은 용인될 수 없음을 강조한다. 4. 다른 사람에게 별명을 붙이는 이유와 별개로, 별명으로 불리는 사람의 감정을 고려해야 한다는 점을 강조한다. 5. 학생들에게 "별명으로 불릴 때 경험할 수 있는 부정적인 정서를 어떻게 다뤄야 할까요?"라고 질문한다.

2. 역할 놀이: 나의 반응 **(10분)** ▷ **교수자료** - [부록 3-5] 역할 놀이를 위한 정보: 내 별명은 XXX입니다 - [부록 3-6] 모둠 활동지: 나의 반응	**목표: 부정적 정서의 부적절한 표출이 대인 관계에 미칠 수 있는 부정적 영향을 이해한다.** 1. 학생 A, B, C의 역할에 대해, 각 학생들은 모두 다른 사람들에 의해 별명으로 불리지만 서로 다른 반응을 보인다고 소개한다. 2. 학생들을 작은 모둠으로 나눈다. 각 모둠은 다른 학생을 별명으로 부르는 학생들을 나타낸다. 3. [부록 3-5]를 연기할 세 명의 학생을 지정해 각각 학생 A, B, C의 역할을 연기하도록 지시한다. [부록 3-5]의 정보는 이 세 명의 학생만 볼 수 있다. 4. 역할 놀이를 마친 이후, 각 모둠이 "만약 여러분이 누군가에게 별명을 붙여 불렀는데, 학생 A, B, C와 같은 반응을 보이면, 각각에게 어떻게 반응할 것 같나요?"의 질문에 대한 답변을 생각해 보도록 지도한다. 5. 각 모둠은 논의를 통해 활동지([부록 3-6])를 완성한다. 이후 각 모둠이 선정한 대표자가 학생 A, B, C에 대한 반응을 연기하고, 답변의 이유를 설명한다. 6. 별명으로 불리는 것에 대한 학생 A, B, C의 반응에 대해 해석한다. 구체적으로 학생 A, B, C는 모두 자신의 별명에 대해 부정적인 감정을 가지고 있으며, 각각 다음과 같은 방식으로 반응했음을 언급한다. • 학생 A는 '눈에는 눈, 이에는 이'로 반응했습니다. • 학생 B는 '감정을 표현하는 합리적인 방법'으로 반응했습니다. • 학생 C는 '침묵과 회피'로 반응했습니다. 7. 부정적 정서를 부적절한 방식으로 표출하는 것은 다른 사람으로부터 더욱 부정적인 반응을 이끌어 낼 수 있으며, 이는 대인 관계에 악영향을 미칠 수 있음을 강조한다.
3. 모둠 경험 공유: 현실로 돌아가기**(10분)** ▷ **교수자료** - [부록 3-7] 참고 자료: 소림의 비법	**목표: 부정적 정서를 적절한 방식으로 표현하는 것의 중요성을 인식한다.** 1. 학생들에게 "만약 다른 사람이 여러분을 별명으로 부를 때 그 별명이 여러분을 화나거나 짜증 나게 한다면, 어떻게 반응할 것 같나요?"라고 질문하고, 몇몇 학생의 답변을 듣는다. 이후 학생들의 답변에 대한 다른 학생들의 의견, 또는 더 적절한 반응에 대한 제안을 듣는다. 2. 부정적인 감정을 통제하는 것이 침묵하는 것을 의미하지는 않음을 설명한다. 만약 부정적인 감정을 적절한 방식으로 표출한 이후에도 감정이 해소되지 않았다면 어떻게 해야 할지 학생들에게 질문하고, 답변을 듣는다. 3. 부정적 정서를 다룰 때 "소림의 비법"([부록 3-7])에 소개된 방법을 사용할 수 있음을 언급한다. 학생들이 참고할 수 있도록 자료를 배부한다.
4. 결론(2분)	다음의 결론을 학생들에게 전달한다. • 급우들 간의 관계에서는 예상치 못한 불편한 상황들이 발생할 수 있습니다. 만약 이런 상황에서 '눈에는 눈, 이에는 이'의 대처 방식을 사용한다면, 더욱 부정적인 결과가 나타날 수 있습니다. • 갈등 상황에서 옳고 그름과 무관하게, 자신의 정서를 조절하고 적절하게 표현하는 것은 부정적 결과를 피할 수 있도록 돕습니다. 또한 정서를 잘 조절하고 적절하게 표현하는 것은 심리적 성숙으로 나아가는 하나의 방법입니다.

5. 마무리 활동(5분) ▷ **교수자료** - [부록 3-8] 성장 확인 질문	1. 성장 확인 질문을 공유하고 학생들이 소단원 활동을 돌아볼 수 있도록 유도한다. 2. 소단원 활동에 대한 학생들의 참여를 칭찬한다.

4. 세부 지도 사항

1) 준비 활동

• 이 주제는 몇몇 학급에서는 예민한 주제일 수 있다. 교수자는 소단원 활동을 시작하기 전 교실 내 역동에 대해 이해하고 있어야 한다. 만약 학급 내 몇몇 학생들이 다른 학생들에 의해 악의적으로 붙여진 별명으로 불리고 있다면, 교수자는 활동을 시작하기 전에 별도의 규칙을 설정해 학생들이 서로를 존중할 수 있도록 유도해야 한다.

• 준비 활동은 '다른 사람으로부터 별명으로 불린 경험'을 질문하는 것이 아닌, '다른 사람을 별명으로 부른 경험' 또는 '별명으로 불리는 것을 좋아하는지 여부'와 같은 주제로 변경될 수 있다.

• 상황에 따라 교수자는 자신의 개인적인 경험을 공유하는 것으로 준비 활동을 대체함으로써 학생들이 긍정적 또는 부정적 경험을 서로 나누도록 유도할 수 있다.

• 준비 활동은 전체 토론의 방향성을 설정하는 데 중요하다. 활동을 시작할 때, 교수자는 활동의 초점이 '별명으로 불릴 때 경험하는 부정적 정서를 적절하게 다루는 방법 알아보기'라는 점을 명시한다.

2) 나의 반응

• 학생 A, B, C의 특성과 답변에 대해 자세히 설명한다.

학생 A	눈에는 눈, 이에는 이	A는 정서에 휩쓸려 감정을 효과적으로 표현하지 못했다. A는 다른 사람의 약점을 공격하는 등 부정적인 방식으로 정서를 표출했다. 이는 A의 대인 관계에 악영향을 미쳤다.

학생 B	감정을 표현하는 합리적인 방법	B는 자신의 정서를 적절하게 통제하고 합리적인 방식으로 표현했다. 이는 B가 자신의 감정과 생각을 명확하게 표현할 수 있도록 도움으로써 대인 관계에서 발생할 수 있는 부정적 결과들을 예방했다.
학생 C	침묵과 회피	C는 개인적 감정을 표현하지 않고 의사소통을 회피했다. 이런 상황에서는 오해나 원망이 발생하기 쉽다. 이는 대인 관계에 심각한 악영향을 미칠 가능성이 높다.

- 역할 놀이를 할지의 여부는 학급의 규율과 학생들의 역량에 따라 달라질 수 있다.
- 이 활동을 진행할 때는 개방적인 태도를 취하여 학생들이 자신의 진실한 감정과 반응을 드러낼 수 있도록 유도해야 한다.
- 몇몇 학생들은 별명을 붙여 부른 사람이 갈등의 원인임을 주장하고, 이에 따라 부정적인 감정으로 반응하는 건 당연하다고 주장할 수 있다. 이 경우, '눈에는 눈, 이에는 이' 대처 방식의 부정적인 영향에 더 초점을 맞춘다.
- 누군가의 옳고 그름이나 상황에 전제된 동기가 무엇인지에 관계없이 가장 좋은 해결책은 자신의 부정적인 정서를 먼저 잘 다루고 '눈에는 눈, 이에는 이'의 대처 방식을 사용하지 않는 것임을 강조한다.

3) 현실로 돌아가기

- 자신의 개인적인 경험과 감정을 공유하려는 학생들을 격려하고 칭찬한다.
- 만약 학생들이 '감정을 표현하는 합리적인 방법'을 이해하는 데 어려움을 느낀다면, 부정적 정서를 잘 조절하는 방법에 대한 논의를 중점적으로 진행한다. 이 경우, 학생들은 모둠 단위로 "소림의 비법"([부록 3-7])에 소개된 방법들을 연습해 볼 수 있다.
- 학생들이 다른 학생들에 대해 불평하거나 인신공격을 하는 등의 문제가 발생해 논의가 효과적으로 진행되지 않을 수 있다. 이 경우 교수자는 활동을 마친 후 해당 문제에 대해 대처할 것임을 명확하게 언급함으로써 갈등을 줄일 수 있다. 필요할 경우 문제 해결을 위한 후속 조치를 고려한다.
- '나 전달법(I-messages)'을 사용함으로써 학생들이 자신의 개인적 감정을 적절히 표현하도록 도울 수 있다.
- 논의를 진행하는 동안 나타날 수 있는 학생들의 정서와 반응에 주의를 기울여야 한다.

5. 보충 활동(선택 사항)

활동	내용	권장 사항
스스로 해 보기	**목표: 부정적 감정을 적절하게 표현하는 능력을 기르고, 그 중요성을 인식한다.** 소단원 활동을 진행한 후 일주일 이내에 학생들에게 관계에서 발생한 상호작용에 주의를 기울여 보도록 지시한다. 만약 부정적 정서를 느낀다면, '감정을 표현하는 합리적인 방법'을 적용해 볼 수 있다. 다음 소단원 활동에서 학생들에게 관련된 경험을 공유해 보도록 지시한다.	
역할 놀이 대회	**목표: 부정적 정서에 대한 부적절한 표현 방식이 대인 관계에 미치는 악영향을 이해한다.** 부정적 정서에 대한 부적절한 표현이 대인 관계에 악영향을 미치는 이야기를 만들어 연기하는 학급 간 대회를 개최한다.	교수자는 더 나아가 학생들이 부정적인 정서를 적절하게 표현하는 것의 중요성을 강조하는 이야기를 만들도록 지도할 수 있다.

부록 3-5 역할 놀이를 위한 정보: 내 별명은 XXX입니다

표정

학생 A의 반응: 격하게 소리치기

정서: 화남

말투: 무례하고 공격적

대사: 야! 나 왜 XXX라고 불러? 넌 뭐냐? 넌 진짜 YYY같이 생겼다? 난 이제 너 YYY라고 부를 거야. 나 놀려 먹느라 재밌었냐? 꺼져!

표정

학생 B의 반응: 자신의 관점을 명확하게 설명하기

정서: 짜증 남

말투: 단호하고 차분함

대사: 난 정말 그렇게 불리는 게 싫어. 다시는 나를 그렇게 부르지 마.

표정

학생 C의 반응: 조용히 아무 말도 하지 않기

정서: 혐오감

말투: 말하지 않음

대사: 침묵(못마땅한 표정만 보일 뿐 아무 말도 하지 않음.)

부록 3-6 모둠 활동지: 나의 반응

모둠: ______________________

여러분은 학생 A에게 어떻게 반응할 것 같나요?

A에 대한 반응

정서 상태:

A에게 할 말(말투를 명확히 표현해 주세요):

동반되는 행동:

모둠: ____________________

여러분은 학생 B에게 어떻게 반응할 것 같나요?

B에 대한 반응

정서 상태:

B에게 할 말(말투를 명확히 표현해 주세요):

동반되는 행동:

모둠: ____________________

여러분은 학생 C에게 어떻게 반응할 것 같나요?

C에 대한 반응

정서 상태:

C에게 할 말(말투를 명확히 표현해 주세요):

동반되는 행동:

부록 3-7

참고 자료: 소림의 비법

소림의 비법

다른 사람의 말은
어찌할 수 없지만,
자신의 정서는
통제할 수 있다.

전략 1:
깊게 숨쉬기

사부께서
말씀하시길,
한 번의 깊은
들숨과
날숨만으로도
우리에게 이롭다.

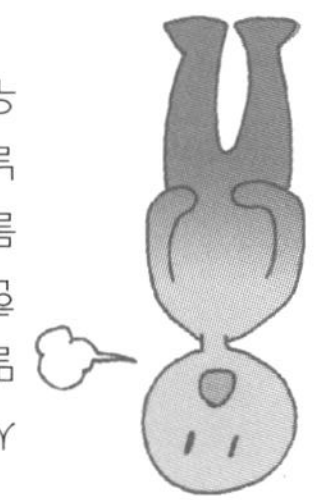

전략 2:
자기 성찰

사부께서 말씀하시길,
내가 먼저
잘못한 것은 없었는지
생각해 보자.

전략 3:
다른 사람에게 말하기

사부께서 말씀하시길,
신뢰할 수 있는
사람과 대화하고,
마음의 평화를 찾자.

전략 4:
운동하기

사부께서 말씀하시길,
운동과 평안한 마음은
쌍둥이처럼 닮았다.

전략 5:
긍정적으로 생각하기

사부께서 말씀하시길,
우리의 상황은
그렇게까지
나쁘지는 않다.

부록 3-8 성장 확인 질문

이름: ______________ 반: ______________ 날짜: ______________

1. 수업 과제

다음과 같은 형태의 반응은 각각 어떤 결과를 초래할 수 있을까요? 그리고 각 방법의 한계점은 무엇일까요?

1) 눈에는 눈, 이에는 이

2) 감정을 표현하는 합리적인 방법

3) 침묵과 회피

2. 숙제

'눈에는 눈, 이에는 이'의 방법이나 '침묵과 회피'의 방식을 제외하고, 다음의 상황에서 어떻게 반응하는 것이 가장 합리적인 방식이라고 볼 수 있을까요?

1) 밤이 되어 놀이공원이 문을 닫을 시간이 되었습니다. 어머니는 어린 사촌 동생에게 출구로 가자고 설득하지만, 동생은 놀이공원을 떠나기 싫다며 말을 듣지 않고 있습니다.

2) 누군가 학생회가 뇌물을 받는 상황을 목격했지만, 학생회는 그런 적이 없다며 부인하고 있습니다.

소단원 3

하나보다 나은 둘

1. 소단원 목적

학생들이 부모님과 가족 구성원들에게 심리적 어려움을 공유하도록 지도한다.

2. 학습 목표

① 부모-자녀 간 의사소통의 특성을 파악한다.

② 부모님과 정서를 공유하는 적절한 기술을 이해한다.

3. 수업 내용

활동	절차
1. 준비 활동: 마음의 소리에 귀 기울이기**(3분)**	1. 학생들에게 다음의 내용을 질문한다. • 화가 나거나 힘든 일이 있을 때, 누군가에게 이야기해 본 적이 있나요? • 여러분의 심리적 어려움을 부모님(또는 보호자)께 이야기해 본 적이 있나요? 2. 학생들에게 얼마나 자주 심리적 어려움을 부모님(또는 보호자)께 이야기하는지, 그리고 그 이유는 무엇인지에 대해 질문한다. 3. 학생들이 자발적으로 부모님(또는 보호자)께 자신의 심리적 어려움을 이야기했던 경험을 전체 학급에 발표하는 시간을 가진다.
2. 모둠 경험 공유: 부모님의 마음**(10분)** ▷ **교수자료** - [부록 3-9] 영상 자료: 부모님의 마음	**목표: 부모님(또는 보호자)의 상황을 그들의 관점으로 바라보고 이해한다.** 1. 학생들의 의견을 바탕으로, 학생들이 부모님께 자신의 심리적 어려움을 공유하기를 망설이는 이유를 정리한다. 이후 학생들에게 다음의 내용을 질문한다. • 부모님은 자녀들이 어떤 심리적 어려움을 경험하는지 알고 있을까요? 그렇다면 또는 그렇지 않다면, 그 이유는 무엇일까요? • 만약 자녀들이 부모님에게 자신의 심리적 어려움에 대해 이야기하지 않는다면, 부모님은 어떤 감정을 느끼게 될까요?

	2. 영상 자료 "부모님의 마음"([부록 3-9])을 재생한다. 이후 학생들에게 "부모님이 자녀에 대해 더 알고 싶어 할지라도, 자녀들은 부모님에게 자신에 대해 잘 이야기하지 않는 경우가 많습니다. 이와 같은 부모-자녀 간 의사소통에서 나타날 수 있는 문제점은 무엇일까요?"라고 질문한다. 몇몇 학생들이 자발적으로 자신의 의견을 발표할 수 있는 시간을 가진다. 3. 학생들의 의견을 정리한다. 그리고 부모님은 대개 자녀들에게 깊은 관심을 가지고 있지만, 자녀들은 다음의 이유를 근거로 부모님의 관심을 잘 알아채기 어렵다고 강조한다. • 시간의 문제: 부모님은 직장에서의 일과 개인적인 문제들로 인해 바쁩니다. 그들은 경제적인 문제나 대인 관계 문제 등으로 인해 발생하는 스트레스를 감당해야 합니다. 따라서 그들은 자녀들의 삶에 주의를 기울일 시간적 여유가 부족합니다. • 방법의 문제: 부모님들은 자녀들에 대한 관심과 걱정을 표현할 때, 때때로 적절하지 않은 방법을 사용함으로써 자녀들을 불편하게 만듭니다. • 심리적 여유의 문제: 부모님은 자신이 경험하는 삶의 문제들과 심리적 어려움을 자녀들에게 거의 이야기하지 않습니다. 부모님은 자신이 심리적 여유가 없고 지쳐 있을 때, 자녀들의 심리적 어려움에 주의를 기울이지 못합니다. 4. 부모님이 자녀들에게 부적절한 방식으로 반응하거나 부정적 정서를 표출한다면, 자녀들이 속상함을 느끼고 더 이상 부모님에게 심리적 어려움을 털어놓지 않게 될 수 있음을 언급한다. 현재 자녀의 입장에 있는 학생들이 부모님의 관점에서 상황을 바라보며, 부모님이 경험하는 복잡한 삶의 문제들과 심리적 어려움을 이해할 수 있도록 장려한다. 또한 의사소통의 기회를 잘 활용함으로써 부모님을 더 잘 이해하게 될 수 있음을 강조한다.
3. **개인 활동:** 열린 대화를 위한 마법의 도구 **(10분)** ▷ **교수자료** - [부록 3-10] 활동지: 열린 대화를 위한 마법의 도구	**목표: 부모님과 부정적 정서에 대해 이야기 나눌 수 있는 적절한 시간, 상황, 방법을 탐색한다.** 1. 학생들에게 활동지([부록 3-10])를 배부한다. 학생들에게 부모님과 언제, 어디에서, 어떤 방식으로 심리적 어려움에 대해 대화를 나누는 게 좋을지 생각해 보도록 지시한다. 2. 몇몇 학생이 활동지에 적은 내용을 발표할 수 있는 시간을 가진다. 이후 학생들이 활동지에 적은 내용을 일상생활에 적용해 볼 수 있도록 독려한다.
4. **결론(2분)**	다음의 결론을 학생들에게 전달한다. • 모든 가정은 나름의 방식으로 운영되며 나름의 관계성을 가지고 있습니다. 가족 구성원 간의 상호작용에서 의도치 않게 분쟁이나 오해가 발생할 수 있으며, 이는 자연스러운 현상입니다. 가족 구성원과의 일상적인 상호작용에서 어려움이나 문제가 발생하는 것을 피할 수는 없습니다.

	• 가정은 신뢰를 기반으로 운영되는 공동체이며 가족 구성원들은 항상 서로를 지지해야 합니다. 때때로 사람들은 가족 구성원들이 자신을 이해하지 못한다는 생각에 속상함을 느낄 수 있습니다. 그러나 이때 나 자신이 가족들에게 자신을 이해할 수 있는 충분한 기회를 제공했는지 생각해 보아야 합니다. 사람들은 또한 부모님 외에 다른 가족 구성원들에게도 심리적 어려움을 공유할 수 있습니다. • 때때로 다른 사람들의 반응은 기대에 미치지 못할 수 있습니다. 그럼에도 사람들은 가족 구성원들이 자신을 이해할 수 있다는 희망을 놓지 말아야 합니다. 사람들은 자신의 좌절감 또한 서로에게 공유하고, 서로가 서로를 더 잘 이해할 수 있도록 경청하는 기술에 주의를 기울여야 합니다.
5. 마무리 활동(5분) ▷ **교수자료** - [부록 3-11] 성장 확인 질문	1. 성장 확인 질문을 공유하고 학생들이 소단원 활동을 돌아볼 수 있도록 유도한다. 2. 소단원 활동에 대한 학생들의 참여를 칭찬한다.

4. 세부 지도 사항

1) 준비 활동

- 교수자와 학생 간의 신뢰를 기반으로 한 좋은 관계의 형성은 활동의 효과에 긍정적인 영향을 미칠 수 있다. 몇몇 학생들은 모든 어른들이 대개 비슷하다고 생각하기 때문에 교수자의 의견을 받아들이는 데 거부감을 느낄 수 있다. 또는 학생들은 교수자가 자신이 활동 중에 털어놓은 이야기를 부모님께 이야기할까 봐 불안해할 수 있다. 따라서 교수자는 자신의 역할을 정의하고 자신의 입장을 명확히 함에 있어 주의를 기울여야 한다.
- 만약 학생들 중에 한부모 가정의 자녀이거나 부모님과 함께 살지 않는 학생이 있는 경우, 그들의 보호자가 논의의 중점이 될 수 있다. 이런 상황에 있는 학생들의 반응에는 더욱 주의를 기울여야 한다. 필요하다면 후속 조치도 고려해 볼 수 있다.
- 만약 학생의 가정이 심각한 문제를 겪고 있는 중이라면, 부모님에게 심리적 어려움을 공유하는 것은 불가능할 수 있다. 교수자는 이 학생들의 상황을 수용하고 진정으로 이해해야 한다. 교수자는 교수자료가 몇몇 상황에서는 적용되기 어려울 수 있다는 점을 명시하는 동시에, 미래에 부모님과 대화하는 상황을 준비하는 데 유용하게 활용될 수 있음을 언급한다. 교수자는 학생들이 자신의 가정 내 상황들을 긍정적으로 마주할 수

있도록 독려하고, 미래에 행복한 가정을 만들어 갈 수 있는 기반을 마련하는 데 중점을 두어야 한다.

- 이 활동은 부모님에 대한 생각을 논의해 보도록 장려함으로써, 학생들이 부모님과 의사소통하는 데 느끼는 거부감을 줄이기 위해 고안되었다. 만약 학생들이 이미 부모님과 대화하는 데 열린 자세를 가지고 있다면, 대화를 잘 이끌어 가는 기술적인 측면에 주의를 기울일 수 있다.
- 학생들이 진심 어리고 존중을 담은 태도로 대화할 수 있도록 지도한다. 논의 중에 절대적으로 맞거나 틀린 답은 존재하지 않는다. 활동에서 가장 중요한 것은 학생들이 자신의 진실한 감정과 생각을 이야기하는 것이다.
- 개방적이고 존중을 담은 태도로 학생들의 이야기를 듣는다. 학생들은 부모님에 대한 자신의 불만을 이야기할 수도 있다. 부모님의 관점에서 학생들을 몰아붙이기보다는, 학생들이 자신의 의견을 진심으로 표출할 수 있도록 독려해야 한다. 교수자는 중립적인 관점을 유지해야 한다.

2) 부모님의 마음

- 교수자는 부모님의 입장이나 자녀의 입장에서 자신의 개인적 경험을 학생들에게 공유함으로써, 학생들이 부모-자녀 간 의사소통의 한계점이나 부모님의 어려움을 현실적인 시각에서 바라보도록 도울 수 있다.
- 몇몇 학생들은 가정에서 경험하는 의사소통의 문제들로 인해 이 주제에 거부감을 느낄 수 있다. 이 주제는 몇몇 학생들에게 부정적인 감정을 유발할 수 있다. 예를 들어, 어떤 학생은 의도치 않게 가정 내 문제들을 공개하게 되며 불편감을 느낄 수 있다. 교수자는 학생들의 정서를 다룰 수 있도록 대비하고, 적절하게 걱정과 존중을 표현해야 한다. 필요시 후속 조치를 고려할 수 있다.

3) 열린 대화를 위한 마법의 도구

- 이 활동은 학생들이 부모님과 건강한 대화를 나누는 데 필요한 기술을 학습하도록 돕고자 고안되었다. 학생들이 이 기술을 일상생활에 적용해 볼 수 있도록 장려한다.
- 시간 여유가 있다면, 학생들이 부모님께 심리적 어려움을 이야기하는 상황을 체험해

보도록 역할 놀이를 진행할 수 있다. 이때 역할 놀이를 하지 않는 다른 학생들은 역할 놀이에 대한 의견을 제안할 수 있다.

- 활동을 마친 후, 학급 내 게시판에 학생들의 활동지를 부착할 수 있다. 이는 학생들이 다른 학생의 방법과 의견을 참고하는 데 도움이 될 수 있다.

5. 보충 활동(선택 사항)

활동	내용	권장 사항
가족 구성원에게 편지 쓰기	**목표: 가족 구성원과 건강한 의사소통을 진행해 본다.** 학생들에게 가족 구성원 중 한 명에게 편지를 써 보도록 지시한다. 편지의 주제는 심리적 어려움이나 좌절감을 느꼈던 경험으로 정한다. 학생들은 가족 구성원에게 자신의 편지에 대한 답장을 요청한다. 편지의 길이나 형식에는 제한을 두지 않는다. 가족 구성원으로부터 답장을 받으면, 학생들에게 이 경험을 다른 급우들과 공유해 보도록 지시한다.	이 활동은 손편지가 아닌, 이메일로도 진행될 수 있다.
나의 부모님	**목표: 부모님의 어려움에 대한 이해를 높인다.** 학생들을 몇 개의 모둠으로 나눈다. 각 모둠은 최소 다른 한 모둠 학생들의 부모님을 방문하고 최소 반나절 동안 부모님의 직장 생활을 관찰한다. 관찰을 마친 후, 학생들은 관찰 대상이 된 부모님에게 가정이나 직장에서 경험하는 스트레스나 어려움들을 주제로 인터뷰를 요청한다. 교수자는 학생들에게 관찰에 대한 생각과 감정을 담은 모둠 보고서를 제출하도록 지시한다. 만약 부모님의 직장을 방문해 관찰하는 것이 어려울 경우, 부모님과 인터뷰를 진행하는 것으로 전체 활동을 대체한다.	• 교수자는 학생들이 다른 모둠 학생들의 부모님께 연락할 수 있도록 돕는다. • 학생들의 역량을 고려해 적절한 관찰 지침을 제공한다. • 모둠 보고서 제출이 마무리된 이후, 발표를 위한 시간을 마련한다. 이는 학생들이 부모님의 어려움에 대해 더 잘 이해하도록 도울 수 있다.

부록 3-10 활동지: 열린 대화를 위한 마법의 도구

이름: ____________________

마법 1
대화의 주제 정하기

어떤 주제로 부모님과 대화하고 싶나요?

마법 2
대화할 사람 정하기

아버지와 대화하고 싶나요?
어머니와 대화하고 싶나요?
두 분 부모님과 함께 대화해 보고 싶나요?

마법 3
적절한 방법 사용하기

어떤 말투와 화법으로 대화하고 싶나요?

마법 4
적절한 장소 선택하기

어디서 대화를 시작하고 싶나요?
(예: 침실, 공원)

마법 5
적절한 시간 선택하기

어떤 시간에 대화를 시작하고 싶나요?
(예: 잠들기 직전, 식사 중)

부록 3-11 성장 확인 질문

이름: ______________ 반: ______________ 날짜: ______________

1. 수업 과제

1) 부모님과 대화할 때 겪었던 어려움들을 적어 주세요.

2) 더 편안한 대화를 위해 내가 할 수 있는 일들을 적어 주세요.

3) 더 편안한 대화를 위해 나는 부모님이 어떤 일을 해 주셨으면 하는지 적어 주세요.

2. 숙제

부모님이 자녀를 돌볼 때 경험할 수 있는 어려움들을 생각해 보세요. 구체적으로 어떤 상황들이 다음 문제들의 사례가 될 수 있을지 적어 주세요.

1) 시간의 문제:

2) 방법의 문제:

3) 심리적 여유의 문제:

소단원 4

완벽한 짝

1. 소단원 목적

학생들이 친구들과 심리적 어려움을 공유하도록 지도한다.

2. 학습 목표

① 안정감 있는 정서 공유를 위해 친구로서 가져야 할 덕목과 정서를 공유하는 상황에서 유념해야 할 요소들을 파악한다.
② 적극적으로 경청하고 반응하는 기초적인 능력을 개발한다.

3. 수업 내용

활동	절차
1. 준비 활동(3분)	1. 학생들에게 부드러운 어조로 이번 활동에서는 '완벽한 단짝'을 찾게 될 것이라고 안내하고, 학생들에게 '완벽한 단짝'은 어떤 사람인지에 대해 생각해 보게 한다. 2. 학생들에게 토론해 볼 수 있는 시간을 잠시 제공한다. 활동의 주제가 심리적 어려움을 공유할 수 있는 친구를 찾는 것임을 명시한다. 학생들에게 친구들에게 심리적 어려움을 공유해 본 경험이 있는지 묻는다. 한두 명의 학생으로부터 심리적으로 어려울 때 이야기를 잘 들어주는 친구들은 어떤 특징을 가지고 있는지 의견을 듣는다.
2. 모둠 창작 활동: 완벽한 단짝**(5분)** ▷ **교수자료** - [부록 3-12] 모둠 활동지: 나의 완벽한 단짝	**목표: 심리적 어려움을 이야기할 수 있는 친구의 특성을 탐구한다.** 1. 학생들을 작은 모둠으로 나누고, "완벽한 단짝" 활동지([부록 3-12])를 각 모둠에 배부한다. 학생들에게 3분 동안 심리적 어려움을 겪을 때 함께 있고 싶은 친구의 특징을 떠올리고, 그 모습이 표현된 그림을 그려 보도록 지시한다. 2. 몇몇 모둠으로부터 이와 같은 친구를 선택한 이유에 대한 발표를 듣는 시간을 갖는다. 학생들이 자신의 관점을 뒷받침하는 예시를 함께 발표하도록 지도한다. 3. 모둠 발표의 핵심을 정리하고, 심리적 어려움을 마주했을 때 그것을 다른 사람과 이야기하는 것의 중요성을 강조한다. 학생들이 심리적 어려움을 겪을 때 그것을 공유할 수 있는 좋은 친구를 찾도록 장려한다.

3. 모둠 토론: 24시간 함께하기**(20분)** ▷ **교수자료** - [부록 3-13] 모둠 활동지: 24시간 동안 함께하기 - [부록 3-14] 토론 자료: "24시간 동안 함께하기" 매뉴얼 - [부록 3-15] 교수자용 참고 자료: 기본적인 경청과 반응의 기술	**목표: 경청하고 관심을 표현하는 적절한 방법을 배운다.** 1. 심리적 어려움을 공유할 수 있는 적절한 사람들을 선택하는 것도 중요하지만, 스스로 다른 사람을 위해 좋은 청자가 될 수 있도록 준비하는 것 또한 중요하다고 언급한다. 따라서 적절한 경청의 기술을 배우는 것이 필수적임을 강조한다. 2. 활동지[부록 3-13의 네 개 중 하나]와 토론 자료([부록 3-14])를 각 모둠에 배부한다. 모둠 단위로 활동지에 나열된 사건에 대해 다음의 기준으로 토론하고, [부록 3-13] 활동지를 작성하도록 지시한다. 대처 방법은 [부록 3-14] 토론자료에서 선택하고, 선택한 대처 방법에 있는 부속 질문에도 답해 보게 한다. • 심각도 • 대처 방법 3. 토론을 위한 5분의 시간을 제공한다. 각 모둠의 대표자에게 토론 내용을 발표하도록 지시한다. 4. 각 모둠의 발표를 간단히 요약한다. 이후, 친구가 심리적 어려움에 대해 이야기하고자 할 때, 다음 사항에 주의를 기울여야 함을 강조한다. • 인내심을 가지고, 존중과 진정성을 담아 다른 사람의 말을 경청합니다. 그리고 말과 행동을 통해 이런 태도를 표현합니다. • 심리적 어려움의 심각성에 주의를 기울입니다. 만약 스스로 다룰 수 없는 정도라고 느껴진다면, 다른 사람의 도움을 구합니다.
4. 결론(2분)	다음의 결론을 학생들에게 전달한다. • 사람들은 역경이나 좌절을 경험할 때 친구로부터의 지지와 도움을 필요로 합니다. 어려움에 대해 이야기 나눌 친구를 찾을 때, 사람들은 그 친구와의 관계와 그 친구가 신뢰할 만한 사람인지에 대해 생각해 보아야 합니다. • 다른 사람에게 심리적 지지를 보내고자 할 때는 존중의 태도를 갖고 경청해야 한다. 또한 사람들은 필요할 때 다른 사람으로부터 지지를 구할 수 있습니다.
5. 마무리 활동(5분) ▷ **교수자료** - [부록 3-16] 성장 확인 질문	1. 성장 확인 질문을 공유하고 학생들이 소단원 활동을 돌아볼 수 있도록 유도한다. 2. 소단원 활동에 대한 학생들의 참여를 칭찬한다.

4. 세부 지도 사항

1) 준비 활동

• 학생들이 '완벽한 짝'의 의미에 대해 추론할 때, 학생들은 이를 연애의 문제와 연관 지을 수 있다.

• 만약 학생들의 반응이 지나치게 고양되면, 상황을 통제하고 학생들이 논의에 집중할 수 있도록 지도한다. 만약 '완벽한 짝'이 학생들의 토론 주제로 적절하지 않다고 느껴진다면, 바로 주제를 전환해 심리적 어려움을 이야기할 수 있는 친구의 특성을 직접적으로 다룬다.

2) 완벽한 짝

• 학생들의 논의로부터 도출된 '완벽한 짝'의 특성을 요약한다. 예를 들어, 완벽한 짝은 합리적으로 반응하는 편인지, 감정적으로 반응하는 편인지 정리한다. 이 과정은 학생들의 어떤 특성들이 대화에서의 경청과 신뢰에 어떤 영향을 미치는지 이해할 수 있도록 돕는다.

3) 24시간 동안 함께하기

• 학생들의 필요에 따라 적절한 사건을 선택한다. 예를 들어, 만약 학생들이 정서를 다룸에 있어 자기 파괴적인 반응을 보인다면, 교수자는 부정적인 정서를 잘 다루는 기술을 주제로 선택한다.
• 자살과 관련해, '비밀 유지'와 '다른 사람으로부터 도움 구하기' 사이에는 모순이 존재하는 것처럼 보일 수 있다. 교수자는 '비밀 유지'가 삶과 죽음의 문제 앞에선 상대적으로 덜 중요한 문제임을 명시한다. 한 사람의 안녕을 위해 도움을 요청하는 것은 그 사람에 대한 배신이 아니며, 사람이 삶과 죽음의 문제를 직면할 때 어른에게 도움을 구하는 것은 책임감 있고 용감한 행동임을 강조한다. 학생들에게 자살을 생각하는 친구에게는 걱정 어린 태도를 보여야 하며, 그들이 선생님이나 사회복지사 등 어른의 도움을 받을 수 있도록 격려해야 한다고 지도한다.
• 활동을 진행하는 동안 학생들과 신뢰를 기반으로 한 단단한 관계를 형성한다. 이는 이후 학생들이 필요시 교수자에게 도움을 청할 가능성을 높일 수 있다.
• 학생들에게 기본적인 경청과 반응의 기술을 '교수자용 참고 자료'에 기반해 가르친다. [부록 3-15]의 복사본을 만들어 학생들에게 배부한다. 만약 교수자들이 참고 자료가 학생들의 필요에 맞지 않다고 생각한다면, 학생들로부터 직접 참고 자료를 만들어 보도록 지도할 수 있다.

5. 보충 활동(선택 사항)

활동	내용	권장 사항
마음에서 마음으로 전달하는 카드	**목표: 다른 학생들과 심리적 지지를 주고받는다.** 학생들은 자신의 연락처와 진심 어린 메시지를 적어 친구에게 카드를 전달한다. 학생들이 필요할 때 친구들과 심리적인 어려움을 공유할 수 있도록 장려한다.	교수자는 카드를 미리 준비하고 학생들에게 배부한다.
완벽한 짝을 가까이서 살펴보기	**목표: 노년 세대와 심리적 지지를 주고받는다.** 학생들을 몇 개의 모둠으로 나누고 교내 노년 근로자(예: 사회복지사, 교사, 청소부, 경비원 등) 중 자신의 속마음을 나누고 싶은 사람을 인터뷰하도록 지시한다. 이 인터뷰를 교내 신문에 칼럼으로 게재해 그 사람을 고민을 나누기 적합하고 경청해 주는 사람으로 소개하며, 그 사람의 특성과 성격에 대한 설명을 첨부할 수 있다.	여러 모둠이 인터뷰를 종합해 교내 신문에 게재함으로써, 다른 학생들에게도 관련된 내용을 알린다.

부록 3-12 모둠 활동지: 나의 완벽한 단짝

모둠: ______________________

■ 심리적 어려움에 대해 이야기 하고 싶은 사람을 그려 주세요.

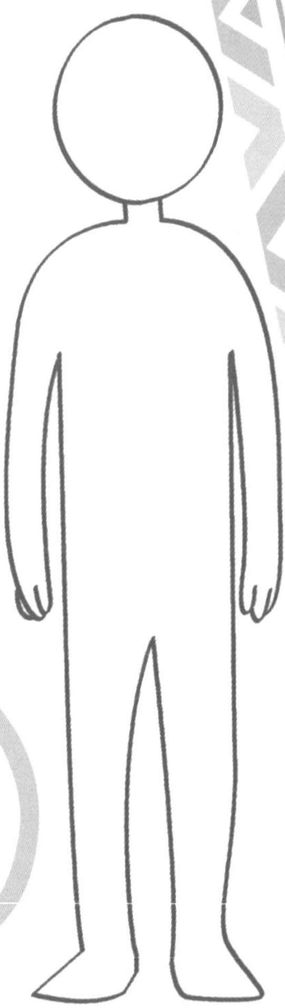

■ 내가 심리적 어려움에 대해 이야기하고 싶은 사람은…….

성별: □남 □여 □상관 없음 나이: ____________

가장 적절한 숫자에 동그라미 표시를 해 주세요.
10점이 가장 높은 점수이며, 1범이 가잔 낮은 점수입니다.

■ 친밀도(얼마나 가까운 사람입니까, 지인입니까 혹은 가장 친한 친구입니까?)

아는 사이 1 2 3 4 5 6 7 8 9 10 가장 친한 친구

■ 신뢰할 만한 정보(비밀을 지키는 능력)

신뢰하기 어려움 1 2 3 4 5 6 7 8 9 10 신뢰할 만함

■ 성격

감정적 1 2 3 4 5 6 7 8 9 10 이성적

■ 다른 특성

예: 나를 잘 이해해 준다

조건 없이 지지해 준다

부록 3-13 모둠 활동지: 24시간 동안 함께하기 (1)

모둠: ________________________

1. 친구 A가 남자친구/여자친구와 헤어지고, 좌절감과 자살 충동을 느끼고 있다.

상황

심각도
(아래에 동그라미로
표시해 주세요.)
가장 심각한 경우 = 1
가장 덜 심각한 경우 = 10

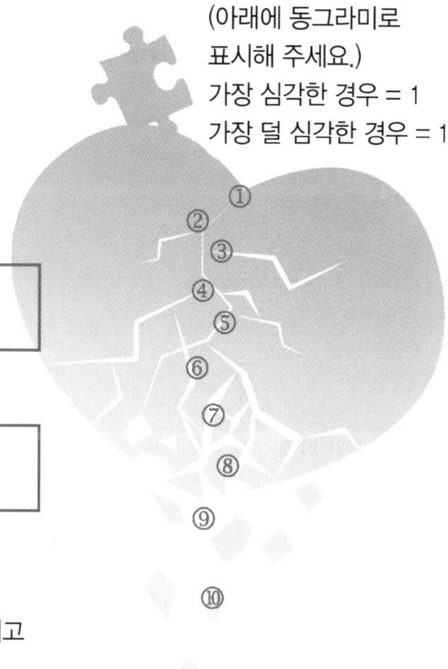

생명에 위협이 될 수 있나요?
(✓ 또는 ×표시를 해 주세요.) ☐

대처 방법:
(토론 자료에서 선택해 주세요.) ☐

선택한 방법에 따라,
상대를 바라보는 얼굴 표정을 그려 주시고
상대에게 어떤 말을 할지 적어 주세요.

부록 3-13 모둠 활동지: 24시간 동안 함께하기 (2)

모둠: ______________________

2. 친구 A가 가족들과 다툰 다음 가출하고 싶다고 말하고 있다.

상황

심각도
(아래에 동그라미로
표시해 주세요.)
가장 심각한 경우 = 1
가장 덜 심각한 경우 = 10

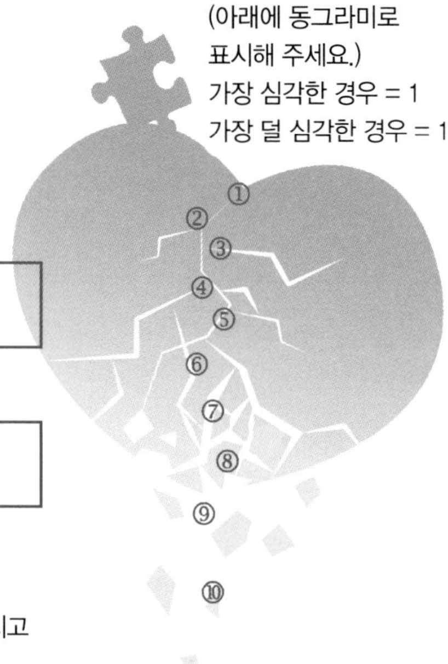

생명에 위협이 될 수 있나요?
(✓ 또는 ×표시를 해 주세요.) ☐

대처 방법:
(토론 자료에서 선택해 주세요.) ☐

선택한 방법에 따라,
상대를 바라보는 얼굴 표정을 그려 주시고
상대에게 어떤 말을 할지 적어 주세요.

부록 3-13

모둠 활동지: 24시간 동안 함께하기 (3)

모둠: ____________________

3. 친구 A가 반에서 왕따를 당하는 것 같아 더 이상 학교에 가고 싶지 않다며 울고 있다.

상황

심각도
(아래에 동그라미로
표시해 주세요.)
가장 심각한 경우 = 1
가장 덜 심각한 경우 = 10

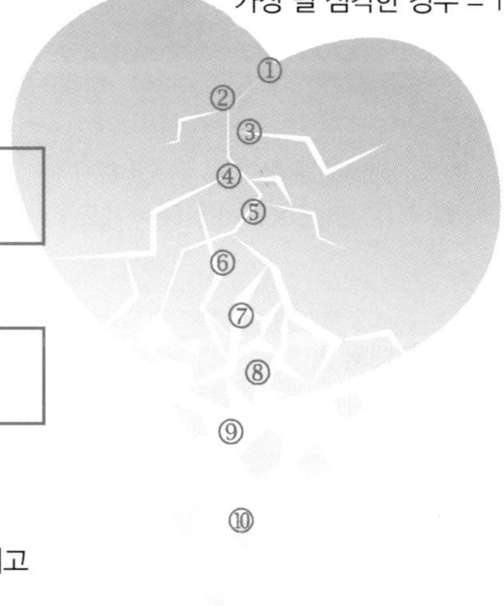

생명에 위협이 될 수 있나요?
(✓ 또는 ×표시를 해 주세요.) ☐

대처 방법:
(토론 자료에서 선택해 주세요.) ☐

선택한 방법에 따라,
상대를 바라보는 얼굴 표정을 그려 주시고
상대에게 어떤 말을 할지 적어 주세요.

부록 3-13 모둠 활동지: 24시간 동안 함께하기 (4)

모둠: ______________________

상황

4. 친구 A가 시험을 망쳤다고 말하며, 결과를 걱정하고 있다.

심각도
(아래에 동그라미로
표시해 주세요.)
가장 심각한 경우 = 1
가장 덜 심각한 경우 = 10

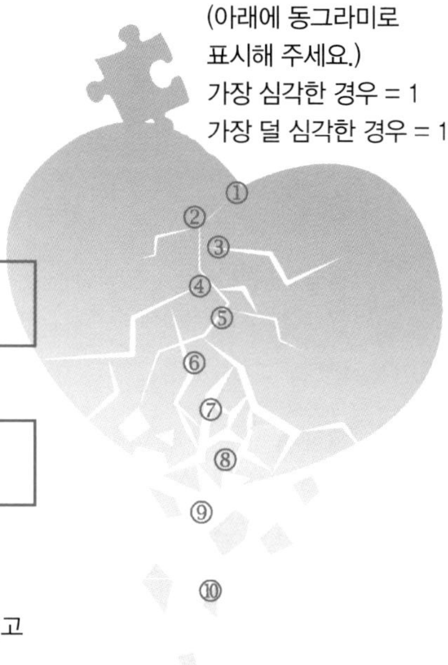

생명에 위협이 될 수 있나요?
(✓ 또는 ×표시를 해 주세요.) ☐

대처 방법:
(토론 자료에서 선택해 주세요.) ☐

선택한 방법에 따라,
상대를 바라보는 얼굴 표정을 그려 주시고
상대에게 어떤 말을 할지 적어 주세요.

부록 3-14

토론 자료: “24시간 동안 함께하기” 매뉴얼

1 **친구에게 문제를 말하고 도움을 요청한다.**
어떤 친구인가요? 어떤 방식으로 이야기를 전달할까요?

2 **어른에게 문제를 말하고 도움을 요청한다.**
어떤 어른인가요? 어떤 방식으로 이야기를 전달할까요?

3 **세부사항을 정리한다.**
친구 A와는 어떤 방식으로 이야기할까요?

4 **친구 A의 이야기를 듣는다.**
어떻게 반응해야 할까요?

5 **친구 A를 위로한다.**
친구 A에게 어떤 말을 해야 할까요?

6 **친구 A의 상황에 대한 걱정을 표현하고, 도움이 필요할 때 언제든 곁에 있을 것임을 알린다.**
친구 A에게 어떤 말을 해야 할까요?

7 **친구 A에게 정서를 다루는 방법에 대해 조언한다.**
친구 A에게 어떤 말을 해야 할까요?

부록 3-15 교수자용 참고 자료: 기본적인 경청과 반응의 기술

해야 하는 것

- **몸 동작**: 지속적으로 눈 맞추기, 고개 끄덕이기, 서로를 마주보기, 몸을 앞쪽으로 기울이기, 진지한 표정 유지하기 등
- **태도**: 존중, 진심, 인내, 걱정, 주의 집중 등
- **반응 방법**: "그랬구나." 등의 표현 사용해서 경청하고 있음을 표현하기, 답변하기 전에 깊이 생각하기

하지 말아야 하는 것

- **몸 동작**: 친구가 아닌 다른 데 둘러보기, 팔짱 끼고 쳐다보기, 가만히 서 있기
- **태도**: 무시, 무관심, 진정성 없이 거짓말하기
- **반응 방법**: 끈질기게 추궁학시, 비꼬기, 말하는 중간에 끊기, 잔소리하거나 가르치려 들기, 끝없이 자기 말만 하기

부록 3-16 성장 확인 질문

이름: ______________ 반: ______________ 날짜: ______________

1. 수업 과제

1) 내가 우울할 때, 이 감정을 가장 털어놓고 싶은 사람은 누구인가요?

2) 앞의 질문에 이어서, 나는 어떤 이유로 그 사람과 대화하고 싶나요?

3) 앞의 질문에 이어서, 동시에 나는 그 사람의 어떤 점으로 인해 걱정이 될 것 같나요?

2. 숙제

최근에 내가 경험한 불행한 사건을 예시로 떠올리고, 가장 신뢰할 수 있는 사람에게 이 경험을 어떻게 털어놓을지에 대해 생각해 보세요.

1) 사실을 설명한다.

2) 사실로 인해 경험한 감정을 설명한다.

3) 감정을 넘어 사건이 어떻게 해결되었으면 좋겠는지, 혹은 앞으로 어떻게 되었으면 좋겠는지를 설명한다.

대단원 4

인지적 역량

들어가며

인지적 역량은 인지구조, 인지 과정, 외현적 행동으로 구성된다. 인지구조는 개인의 속성, 신념 및 가치 체계를 의미하고, 인지 과정은 자기평가, 사고방식, 추론, 정보 분석 및 처리 기술을 의미한다. 외현적 행동은 반응 및 표현과 같은 관찰 가능한 행동을 말한다. 본 단원은 학생들의 창의적이고 비판적인 사고를 촉진하고 궁극적으로 인지적 역량을 증진하는 것을 목표로 한다. 이 과정에서 창의적 사고와 비판적 사고를 지칭하기 위해 '인지적 역량'이라는 용어를 사용했다.

1. 창의적 사고란 참신하고 가치 있는 아이디어를 만들어 내는 사고를 말한다. 사람들은 일반적으로 문제를 해결할 때 창의적 사고를 적용하며, 창의적 사고에는 다음과 같은 사고 능력이 필요하다. ① 새로운 방식으로 문제를 재정의하고, ② 작업의 전반적인 측면과 세부적인 측면 모두에 주의를 기울이며, ③ 정보를 처리하기 위한 규칙과 절차를 개발한다.
2. 비판적 사고란 적절하고 신뢰할 수 있는 정보를 바탕으로 무엇을 믿고, 무엇을 해야 할지 결정하는 추론 과정을 의미한다. 비판적 사고에는 객관적인 결론에 도달하기 위해 다양한 관점을 조정하는 능력인 합리적 사고도 포함된다. 자신의 관점을 비판적으로 평가하고 적절하게 조정하기 위해서는 반성적 사고 기술도 필요하다.

문제 해결과 의사 결정에 있어 학생들의 창의적 사고를 키우는 프로그램이 리더십 기술과 능력을 향상시키는 데 도움을 줄 수 있음이 밝혀졌다. 청소년의 창의적 사고 발달은 가정과 학교 환경의 영향을 받으며, 홍콩에서 진행된 연구에 따르면 자녀가 부모에게 복종할 것을 기대받고, 고도로 구조화되고 경쟁적인 교육 시스템에서는 청소년들의 창의적 사고 발달이 불리한 것으로 나타났다. 따라서 홍콩과 마찬가지로 권위주의적이고 경쟁적인 한국 사회 환경에서 청소년의 창의적 사고 능력을 함양하는 데 중점을 두고자 했다.

Level 2 과정의 인지적 역량 단원은 두 개의 소단원으로 구성되어 있다. 소단원 1에서는 학생들이 다양한 사고방식 유형의 특징을 파악하고 이를 적용하는 방법을 배운다. 소단원 2에서는 학생들이 일상생활의 어려움에 대해 다양한 사고방식을 적용하여 대처하도록 가르친다.

개관

소단원	소단원 목적	학습 목표
사고방식 소개 (30분)	다양한 유형의 사고방식을 배우고 창의적 사고력을 함양한다.	1. 다양한 사고방식 유형의 특징을 파악한다. 2. 다양한 직업과 관련된 사고방식 유형을 파악한다.
새 시대의 발명가 (30분)	창의적 사고력을 키운다.	창의적인 문제 해결을 위해 다양한 사고방식을 적용한다.

이 대단원에 포함된 모든 활동지 및 파워포인트 슬라이드와 영상 자료 등은 학지사 홈페이지(www.hakjisa.co.kr)에서 내려받을 수 있습니다.

소단원 1

사고방식 소개

1. 소단원 목적

다양한 유형의 사고방식을 배우고 창의적 사고력을 함양한다.

2. 학습 목표

① 다양한 사고방식 유형의 특징을 파악한다.

② 다양한 직업과 관련된 사고방식 유형을 파악한다.

3. 수업 내용

활동	절차
1. 준비 활동(1분)	학생들에게 "반 친구들과 대화하거나 모둠 활동을 하는 동안 견해가 달라 부정적인 감정을 느낀 적이 있나요?"라고 질문한다. 학생들은 원하는 대로 자유롭게 대답할 수 있다. 그런 다음, 학생들에게 "다음 이야기에서 세 학생에게 무슨 일이 있었는지 들어 봅시다."라고 말한다.
2. 모둠 토론: 사고방식 소개**(13분)** ▷ **교수자료** - [부록 4-1] 파워포인트 슬라이드: 크리스마스 파티 - [부록 4-2] 교수자용 참고 자료: 크리스마스 파티 - [부록 4-3] 파워포인트 슬라이드: 사고방식 소개	**목표: 다양한 사고방식 유형의 특징을 파악한다.** 1. 파워포인트 슬라이드([부록 4-1])를 재생하고 학생들에게 이야기를 주의 깊게 듣도록 요청한다. [부록 4-2]의 대본을 이용해서 학생들이 직접 상황을 재연하도록 할 수도 있다. 2. 파워포인트 재생이 끝난 후, 학생들에게 주변 급우들과 함께 이야기 속 세 인물의 사고방식을 파악하고 자신과 가장 닮은 인물이 누구인지 찾도록 한다. 학생들이 자신의 의견을 말한 다음에 각 인물의 사고방식을 알려 준다. • 재희: 발명가 • 희진: 관리자 • 종수: 비평가 3. 의견 불일치의 주요 원인 중 하나는 인물의 사고방식이 서로 다르기 때문이라는 점을 강조한다. 4. 파워포인트 슬라이드([부록 4-3])를 보여 준다. 각 사고방식의 특징을 소개한다.

	5. '발명가' 사고방식이 창의적 사고를 유도한다는 점을 부각하고 학생들이 이를 적극적으로 활용하도록 장려한다. 단, 세 가지 사고방식은 각각 장단점이 있음을 강조한다. 학생들이 각 사고방식을 적절히 활용한다면 효율과 성과를 향상시킬 수 있다.
3. 학급 게임: 사고방식 추측하기**(9분)** ▷ **교수자료** - [부록 4-4] 토론 자료: 사고방식 참고 자료 - [부록 4-5] 파워포인트 슬라이드: 사고방식 추측하기 - [부록 4-6] 교수자용 참고 자료: 사고방식 추측하기 권장 답변	**목표: 다양한 직업과 관련된 사고방식 유형을 파악한다.** 1. 학생들을 작은 모둠으로 나누어 게임을 시작한다. 사고방식 참고 자료([부록 4-4])를 각 모둠에 배포한다. 2. 게임 규칙: 앞서 소개한 다양한 사고방식을 바탕으로 학생들에게 각 직업에 어떤 사고방식이 필요한지 추론하고 그 이유를 말하게 한다. 정답을 맞힐 때마다 1점이 부여된다. 가장 높은 점수를 얻은 팀이 게임에서 승리한다. 모든 직업에는 여러 사고방식이 함께 동원되어야 한다는 점을 강조하여 학생들이 한 직업에 쓰이는 여러 가지 사고방식에 대해 이야기할 수 있도록 한다. 3. 파워포인트 슬라이드([부록 4-5])를 재생하여 게임을 시작한다.
4. 결론(2분)	1. 우리 모두는 한 가지 이상의 사고방식을 사용하고 어떤 사고방식을 더 많이 사용하거나 적게 사용할 수 있다. 자신의 평소 사고방식을 이해하고 다양한 유형의 사고방식을 활용함으로써 사고의 유연성을 향상하는 데 도움이 될 수 있다. 2. 사고방식은 학습과 새로운 경험을 통해 변화하고 발전할 수 있다. 3. 일상에서 공부하거나 다양한 과제를 수행할 때 더 나은 결과를 얻기 위해 다양한 사고방식을 적용할 수 있다.
5. 마무리 활동(5분) ▷ **교수자료** - [부록 4-7] 성장 확인 질문	1. 성장 확인 질문을 배포하고 학생들이 수업 내용과 스스로를 돌아볼 수 있도록 지도한다. 2. 수업 중 학생들의 참여도를 칭찬한다.

4. 세부 지도 사항

1) 사고방식 소개

- 파워포인트 슬라이드에 언급된 세 가지 유형의 사고방식인 '발명가' '관리자' '비평가'는 창의성 이론(Robert J. Sternberg)을 참고하여 분류하였고 자신의 정신을 관리하는 역할을 한다. "발명가" 유형이 창의적 사고에 가장 도움이 된다.

- 음성파일에 등장하는 세 인물의 특징은 다음과 같다.
  - 재희: 항상 자신만의 아이디어가 있고 창의적이다.
  - 희진: 다른 사람의 의견을 참고하고 명확한 지침을 따라 작업하는 것을 선호한다.
  - 종수: 다른 사람의 작업과 의견을 분석하고 판단하는 데 중점을 둔다.
- 학생에게 자신과 가장 비슷한 인물을 생각해 보라고 하는 목적은 학생들이 자신이 어떤 사고방식을 선호하는지 탐색하는 것을 돕기 위함이다. 교수자는 학생들에게 "문제를 해결할 때 여러분은 누구를 닮았나요?"라고 질문하여 학생들이 생각하도록 유도할 수 있다. 이러한 성찰을 통해 학생들은 자신이 어떤 사고방식을 더 많이 사용하면 좋을지 발견할 수 있으며, 상황의 요구에 맞게 여러 방식을 자유롭게 넘나들며 보다 포괄적이고 유연한 사고를 할 수 있다. 예를 들어, '관리자' 사고방식을 일상적으로 사용하는 사람은 문제에 접근할 때 다른 사람의 의견이나 제안을 구하는 대신 우선 스스로 해결책을 모색해 볼 수 있다. 이 연습은 학생들이 자신을 깊이 있게 이해하고 의식적으로 개선하는 데 도움이 될 수 있다.
- 교수자는 [부록 4-1] 내용을 참조하여 우리가 다른 사람과 겪는 갈등은 서로 다른 사고방식에서 비롯된 서로 다른 관점 및 작업 유형 때문일 수 있음을 강조할 수 있다. 교수자는 학생이 다른 사람의 의견을 존중하고, 다른 사람의 사고방식과 관점을 이해하고, 더 효과적으로 작업하기 위해 서로 협력하는 방법을 배우도록 장려해야 한다.
- 시간적 여유가 있는 경우 교수자는 학생들과 세 유형의 사고방식의 장단점에 대해 토론할 수 있다.

2) 사고방식 추측하기

- 활동을 시작할 때 학생들은 직업에 필요한 사고방식을 추측하는 데 어려워할 수 있다. 교수자는 학생들이 최선을 다하도록 격려해야 한다. 또한 교수자는 학생들이 일상에서 다양한 사고 스타일을 적용하도록 장려해야 한다. 이는 학생들이 학습 과제와 일상생활 문제를 더 유연하게 대처하는 데 도움이 될 수 있다.
- 교수자는 수업 시간에 따라 직업의 예시를 추가하거나 뺄 수 있다.
- 시간적 여유가 있는 경우 학생들에게 희망 직업과 그 직업에 필요한 사고방식을 생각해 보라고 한다. 학생들에게 미래를 위해 해당 사고방식을 기르도록 격려한다.

5. 보충 활동(선택 사항)

활동	내용	권장 사항
게임 만들기	**목표: 게임을 발명함으로써 창의적 사고를 키운다.** 학생들에게 모둠을 구성하도록 요청한다. 각 모둠은 청소년의 긍정적 성장을 촉진하는 게임을 디자인하고 게임에 필요한 규칙이나 장비 등을 구상한다. 학급의 다른 학생들에게 게임의 목표와 규칙을 소개한다.	시간과 공간적 여유가 있다면 다른 모둠이 개발한 게임을 학생들이 직접 해 보며 창의적 아이디어를 공유하도록 한다.

부록 4-2 교수자용 참고 자료: 크리스마스 파티

희진: 2주 후에 크리스마스 파티가 열려. 좋은 아이디어 있니?

재희: 파티가 매년 똑같아. 이번에는 좀 더 창의적으로 해 보자!

종수: 창의적으로? 어떻게?

재희: 매년 선물 교환, 식사, 장기자랑을 하니까 너무 지루해! 그리고 파티 장식도 이상하고 크리스마스 분위기가 전혀 나지 않아! 크리스마스 트리를 세우고, 멋진 음식도 주문하고, 교실을 '화이트 크리스마스' 테마로 꾸미고, 반 친구들에게 크리스마스 선물을 직접 만들어서 교환해 달라고 부탁하면 좋을 것 같아. 그리고 '고요한 밤' 같은 노래 대신 케이팝 스타들의 크리스마스 앨범을 틀자. 춤추고 노래하며 파티를 무도회처럼 만들면 멋질 거야!

희진: 좋은 생각인데……. 선생님께서 눈 스프레이는 환경 오염 문제 때문에 사용을 금지하셨어. 눈이 없어도 괜찮을까?

재희: 눈 스프레이 외에도 다른 방법이 있어!

종수: 흠……. 크리스마스 트리의 크기는 얼마나 될까? 그리고……. 비용을 감당할 수 있을까? 하루가 지나면 다 치워야 해.

재희: 무슨 상관이야? 네가 트리를 옮기는 것도 아니잖아! 트리가 없으면 크리스마스 분위기도 안 난다고.

희진: 그럼 우리는 트리를 하는 거야?

재희: 여기 세 사람 중에 한 명은 트리를 원하고 한 명은 원하지 않아. 희진이 너한테 달렸어!

희진: 글쎄……. 난 잘 모르겠어. 다른 사람들이 원한다면 괜찮아. 반 친구들 몇 명에게 의견을 물어보는 건 어떨까?

재희: 그래. 희진이 네가 다른 사람들에게 물어보고 다음 회의에서 알려 줘.

종수: 아까 재희가 선물을 직접 만들어서 교환하자고 했는데 너무 번거롭지 않을까? 이제 2주밖에 안 남았고 숙제랑 시험도 준비해야 하잖아. 시간도 부족할 것 같고 다른 사람들은 재희만큼 창의적으로 선물을 준비하기 어려울 것 같아. 평소처럼 선물을 주고받자.

희진: 동감이야. 재희의 아이디어는 훌륭하지만 직접 선물을 만드는 것은 어려울 거야. 누가 알려 줘야지만 만들 수 있을 것 같아.

재희: 둘 다 왜 이렇게 불평이 많은 거야? 희진이는 항상 누군가가 무엇을 어떻게 해야 하는지 알려 주기를 원해. 종수는 도움이 될 만한 제안과 해결책은 제시하지 않고 다른 사람의 아이디어를 비판만 해. 내 아이디어는 모두 무시하고 나한테 원하는 게 뭐야?

종수: 사람마다 일하고 생각하는 방식이 달라. 너는 비현실적인 상상만 한다고 할 수 있어. 때때로 우리는 너의 생각을 이해하기 어렵거든.

재희: 참나…….

희진: 알았어, 알았어……. 그만하자! 더 이상 싸우지 말고 계획을 세우자!

종수 & 재희: 아……. 알았어!

부록 4-4 토론 자료: 사고방식 참고 자료

발명가

- 자신만의 규칙과 방식대로 일을 처리하는 것을 좋아합니다.
- 스스로 일을 처리하고 문제 해결 방법을 알아내는 것을 좋아합니다.
- 답이 정해지지 않은 문제를 선호합니다.
- 창의성이 필요한 업무를 선호합니다.
- 프로젝트를 수행하고 글을 작성하는 것을 선호합니다.
- 암기 및 객관식 시험을 싫어합니다.

관리자

- 명확히 설정된 규칙과 가이드라인을 따라 일을 처리하는 것을 좋아합니다.
- 미리 구조화된 문제를 선호합니다.
- 수식이나 주어진 방법을 사용하여 문제를 해결하는 것을 선호합니다.
- 다른 사람의 의견을 참고하여 작업을 실행합니다.
- 객관식 시험이나 암기가 필요한 강의를 선호합니다.

비평가

- 분석, 비판, 의견 표현을 좋아합니다.
- 규칙과 절차를 평가하고 판단하는 것을 좋아합니다.
- 분석 및 평가할 수 있는 문제를 선호합니다.
- 분석하는 글쓰기를 선호합니다.
- 객관식 및 빈칸 채우기 시험을 선호하지 않습니다.

부록 4-6 교수자용 참고 자료: 사고방식 추측하기 권장 답변

다음은 각 직업에 필요한 사고방식의 예입니다.

직업	발명가	관리자	비평가
작가	이야기 창작	다양한 형식에 맞추어 글 쓰기	완성된 작품의 인기도를 분석하고 평가하기
건축가	건물의 외관과 내부 공간 디자인	역학 원리를 기반으로 구조와 재료 구성 계산	건물 안전 분석
기자	사건 취재 절차 기획	사건이 발생한 그대로 보고	뉴스에 댓글 달기
경찰	사건 해결 방법 찾기	직무 수행 시 상사에게 복종	사례 분석 및 연구
교사	혁신적인 교수법 개발	학교 규율 준수	학생 성과 평가
주부	새로운 요리 만들기	요리책 레시피 따라 하기	각 요리의 인기도에 따라 가족 구성원의 선호도를 분석
판사	피고인에 따라 적절한 평결 작성	법률에 따라 판결 작성	판결문 분석 및 연구
상인	고객 유치 방법 고안	시장의 수요와 공급에 따라 가격 조정	시장 수요와 고객의 선호도를 분석하고 평가하여 판매 제품 결정
해설자	의견을 표현하는 방법 찾기	사실에 근거한 해설	분석 및 평가
미용사	새로운 헤어스타일 디자인	고객의 요구에 따라 헤어스타일 디자인하기	고객의 외모를 분석하여 적합한 헤어스타일 디자인
휴대폰 판매원	혁신적인 영업 기법 개발	회사의 판매 목표를 달성하기 위해 노력	고객의 요구와 선호도를 분석하여 적합한 제품 소개

부록 4-7 성장 확인 질문

이름: ______________________ 반: ______________________ 날짜: ______________________

1. 수업 과제

1) '발명가' '관리자' '비평가' 이 세 가지 사고방식의 특징은 무엇인가요?

2) 본인의 사고방식과 가장 가까운 것은 무엇인가요?

3) 이런 사고방식들을 최대한 활용할 수 있는 방법은 무엇일까요?

2. 숙제

1) 여러분은 어떤 사고방식을 길러야 하나요?

2) 이러한 사고방식을 어떻게 키울 수 있을까요?

3) 이러한 사고방식을 키우는 데 누구를 본받을 수 있을까요?

소단원 2

새 시대의 발명가

1. 소단원 목적

창의적 사고력을 키운다.

2. 학습 목표

창의적인 문제 해결을 위해 다양한 사고방식을 적용한다.

3. 수업 내용

활동	절차
1. 준비 활동(8분) **▷ 교수자료** - A4 용지	1. 학생들을 작은 모둠으로 나누고 각 모둠에 A4 용지를 배포한다. 2. 3분 동안 A4 용지를 사용하여 유용한 물건을 최대한 많이 만들도록 한다. 3. 각 모둠은 자신들이 만든 물건의 개수를 보고하고 물건의 용도를 소개한다. 4. 학생들의 창의력을 칭찬하고, 창의력을 발휘하면 원래의 용도에 구애받지 않고 평범한 재료로 다양하게 유용한 물건을 만들 수 있다는 점을 강조한다.
2. 모둠 토론: 21세기 인터넷 중독**(15분)** **▷ 교수자료** - [부록 4-8] 파워포인트 슬라이드: 21세기 인터넷 중독 - [부록 4-9] 교수자용 참고 자료: 21세기 인터넷 중독 - A3 용지, 색깔 펜, 접착 테이프	**목표: 창의적인 문제 해결을 위해 다양한 사고방식을 적용한다.** 1. 음성 자료가 포함된 파워포인트 슬라이드([부록 4-8])를 재생한다. 2. 파워포인트 재생이 끝나면 학생들을 작은 모둠으로 나누고 각 모둠에 A3 용지를 한 장씩 배부한다. 3. 학생들에게 3분 동안 청소년 인터넷 중독 문제를 정의하고 해결책을 찾도록 한다. A3 용지에 최대한 많은 해결책을 적는다. 4. 활동을 완료하면 모둠에게 비폭력적이고 합리적, 합법적이며 안전과 사생활을 존중하는 실용적인 해결책들을 골라 표시하도록 요청한다. 색깔 펜을 사용하여 실용적인 해결책에 동그라미 표시를 하도록 한다. 5. 각 모둠은 칠판에 종이를 붙이고 모둠원에게 가장 효과적인 해결책을 소개하도록 요청한다. 6. 학생들이 해결책을 분석하고 의견을 제시하도록 지도한다. 제안된 해결책이 효과적이고 실용적이며 요구 사항에 부합하는지 평가한다.

	7. 활동 요약: 창의적 사고는 혁신적이고 유용한 아이디어를 창출한다. 창의성을 발휘하려면 창의적 사고방식('발명가')을 자주 사용하는 것이 필수적이다. 아이디어의 창의성 외에도 실용성, 효과성, 요구 부합성을 평가해야 한다.
3. 결론(2분)	1. 효과적인 해결책을 발명하려면 다양한 유형의 사고방식, 특히 창의력을 발휘하는 데 중요한 요소인 "발명가" 방식을 사용해야 한다. 2. 다양한 사고방식을 사용하여 일상 속 문제에 접근한다. 지속적인 연습을 통해 다양한 사고방식을 적용하여 더 나은 결과를 얻을 수 있다.
4. 마무리 활동(5분) ▷ **교수자료** - [부록 4-10] 성장 확인 질문	1. 성장 확인 질문을 배포하고 학생들이 수업 내용과 스스로를 돌아볼 수 있도록 지도한다. 2. 수업 중 학생들의 참여도를 칭찬한다.

4. 세부 지도 사항

1) 준비 활동

- 이 활동의 핵심은 학생들이 창의적인 문제 해결을 하는 데 도움이 되는 '틀에서 벗어난 사고'의 중요성을 경험하는 것이다. 학생들은 종이에 자신이 발명한 '물건'을 그려도 되는지 물어볼 수 있다. 이 활동의 목적은 학생들이 글쓰기, 그림 그리기, 선물 포장 등 종이의 다양한 활용 방법을 발견하고, 많은 제품이 '원래' 용도에 국한되지 않는다는 것을 이해하도록 돕는 것이다. 예를 들어, 어떤 디자이너는 종이로 옷과 의자를 만든다. 교수자는 활동을 마무리할 때 학생들에게 이러한 예시 사진을 보여 주며 창의성이 실제로 어떻게 발휘되는지 알려 줄 수 있다.
- 다음은 학생의 창의적 사고를 개발하는 본 단원을 가르칠 때 필수적인 기술이다.
  - 학생 작품의 창의성은 교수자가 학생의 아이디어에 동의하는지 여부와 상관없다는 점을 학생에게 알려 주어야 한다. 중요한 것은 학생들의 아이디어와 설명이 독창적인 생각을 표현하고 있는지 여부이다. 학생은 이미 존재하는 다른 사람의 아이디어를 발전시킬 수 있다. 따라서 교수자가 창의성을 평가할 때 해당 분야의 최신 제품과 비교하지 말고 반드시 학생의 관점에서만 작품과 아이디어를 평가해야 한다.
  - 학생들의 창의성을 효과적으로 키우려면 성취도뿐만 아니라 창의적인 노력에 대한 보상이 중요하다. 교수자는 학생의 성취를 칭찬하기 위해 다양한 상을 수여할 수 있

지만, 그보다 학생의 노력을 칭찬하고 긍정하는 것이 더 중요하다.

– 본보기를 보여 주는 것은 학생들의 창의적 사고를 개발하는 가장 강력한 방법 중 하나다. 학생들의 창의력 개발은 교수자의 말보다 교수자가 보여 주는 것에 더 많이 좌우된다. 교수자는 A4 용지에 유용한 결과물을 만드는 과정을 보여 줌으로써 창의적인 행동의 본보기가 될 수 있다.

2) 21세기 인터넷 중독

- 이 활동의 목적은 학생들이 소단원 1에서 배운 세 가지 유형의 사고 스타일인 "발명가" "관리자" "비평가"를 적용하여 문제에 대한 효과적이고 실현 가능한 해결책을 찾는 것이다. 시간적 여유가 있다면 세 가지 사고방식을 간단히 복습하여 학생들의 학습과 적용을 고취할 수 있다.
- 활동의 3번째 단계를 소개할 때, 학생들에게 A3 용지에 상상력을 발휘할 수 있는 제안을 적도록 유도한다. 이 단계에서는 제안이 실용적인지 여부를 고려할 필요 없이 어떤 아이디어라도 적을 수 있다. 목표는 학생들이 창의력과 상상력을 최대한 활용하여 문제에 대한 해결책을 찾도록, 즉 "틀에서 벗어난" 사고를 하도록 장려한다. 제안의 실현 가능성은 4번째와 6번째 단계에서 평가된다.
- 틀에서 벗어난 사고에 익숙하지 않은 학생은 자신만의 규칙을 만들고 자신만의 방식으로 문제를 해결하라는 요청을 받으면 어려움을 느끼거나 심지어 좌절감까지 느낄 수 있다. 교수자는 "인터넷에 접속하는 동안 자제력을 키우려면 어떻게 해야 할까요?" "인터넷 사용 시간이 줄어들면 무슨 활동을 하며 시간을 적절히 활용할 수 있을까요?" 등의 질문을 던져 학생들이 해결책을 모색하도록 도움을 줄 수 있다. 즉각적이고 직접적인 해결책을 제시하는 것은 학생들의 창의적 사고 발달을 저해하므로 피해야 한다.
- 4번째 단계에서 해결책에 동그라미를 칠 때 학생은 해결책의 실행 가능성과 효과성 정도를 나타내기 위해 다양한 색상을 사용할 수 있다(예: 빨간색은 실행 가능성이 높고 효과적인 해결책, 녹색은 실행 가능하고 효과적인 해결책). 요구 사항에 위배되는 제안에는 동그라미를 칠 필요가 없다.
- 학생들이 해결책을 평가할 때 실현 가능성과 비실용성을 균형 잡힌 시각으로 분석하도록 지도한다. 토론 과정에서 학생들을 당황하게 하거나 좌절하게 하지 말고 격려하는 언어와 어조를 사용해야 한다. 합리적인 위험을 감수하는 것을 장려하고 실수를 허용

하는 것은 학생들의 창의적 사고를 키우는 데 중요하다.

- 학생의 참여도를 높이기 위해 교수자는 활동을 시작하기 전에 각 모둠 구성원에게 번호를 부여할 수 있다. 학생이 발표할 준비가 되면 숫자를 뽑아 해당 숫자를 가진 학생이 발표해야 한다. 따라서 모든 학생이 활동에 집중하도록 만들 수 있다. 이 외에도 '최고의 제안상' '가장 창의적인 아이디어상' 등 다양한 상을 수여할 수 있다.

5. 보충 활동(선택 사항)

활동	내용	권장 사항
발명가	**목표: 다른 사람의 창의성을 배운다.** 학급 간 포스터 디자인 대회를 진행한다. 학생들이 수업 중에 브레인스토밍한 아이디어를 바탕으로 인터넷 중독에 대한 효과적인 해결책을 홍보하는 포스터를 디자인하고 제작한다. 학생들은 대회를 통해 다른 학생들의 창의성을 보고 배울 수 있다.	모든 포스터를 게시하여 학생들이 포스터를 통해 다양한 점을 배울 수 있도록 한다. 수상하지 못한 포스터라도 창의적인 요소가 있다면 높이 평가할 수 있다. 수상작 선정은 교수자가 1차로 좋은 작품 몇 개를 선정하고 학생들이 2차 투표에서 최종 수상작을 선택하는 과정으로 이뤄질 수 있다.
편집자에게 보내는 편지	**목표: 창의적인 아이디어를 일상생활에 적용한다.** 교수자가 수업 시간에 언급된 모든 아이디어를 모으고 정리한 다음, 학생들에게 신문사 편집자에게 제안하는 편지를 쓰게 할 수 있다.	교수자는 제기된 아이디어를 학생이 스스로 수집하고 정리하도록 할 수 있다.

부록 4-9 교수자용 참고 자료: 21세기 인터넷 중독

기술의 급속한 발전으로 많은 청소년이 인터넷에 쉽게 접속할 수 있게 되었습니다. 청소년들의 인터넷 중독 문제는 점점 더 심각해지고 있습니다. 통계에 따르면 온라인 게임에 중독되는 청소년들이 점점 많아진다고 합니다. 저희는 몇 명의 청소년을 인터뷰하여 그들의 인터넷 사용 습관을 조사했습니다.

사례 1

민수는 수업 시간에 항상 졸아요. 숙제도 제때 제출하지 않고 시험 성적도 좋지 않습니다. 민수는 친구나 방과 후 활동을 포함한 학교 생활의 어떤 것에도 흥미를 느끼지 못합니다. 방과 후에는 집에 빨리 가고 싶을 뿐입니다. 집에 도착하면 책가방을 내려놓고 밤 늦게까지 인터넷에 접속합니다.

사례 2

승호는 집에 있을 때마다 방에 틀어박혀 온라인 게임에 몰두하고 식사를 거르기 일쑤입니다. 부모님은 승호에게 화를 내고, 동생은 승호 때문에 컴퓨터를 사용할 수 없다는 이유로 자주 화를 냅니다.

사례 3

희정이는 항상 온라인 게임에 대해 생각하고 있습니다. 등교할 때나 수업 시간에 게임 캐릭터에 대한 생각을 멈출 수가 없습니다. 하루에 6시간씩 게임을 해도 지칠 줄 모릅니다. 최근에는 게임을 하지 않을 때마다 시야가 흐려지고 손이 떨리며 불면증에 시달리고 있습니다.

사례 4

수철이는 온라인 게임 외에는 다른 취미가 없습니다. 그는 게임 캐릭터에 모든 에너지를 쏟습니다. 어젯밤, 온라인 게임 무기를 모두 잃었다는 사실을 알게 된 그는 짜증을 내며 이성을 잃었습니다.

인터넷에 중독된 청소년들 사이에서 비슷한 상황을 찾는 것은 어렵지 않습니다. 이러한 청소년들이 중독에서 벗어나도록 돕기 위해 무엇을 할 수 있을까요?

부록 4-10 성장 확인 질문

이름: ______________________ 반: ______________________ 날짜: ______________________

1. 수업 과제

1) 모둠원들과 인터넷 중독 문제의 해결책을 찾을 때 어떤 어려움을 겪었나요?

2) 새로운 아이디어를 떠올리고 실행에 옮길 때 보통 어떤 어려움에 부딪히나요?

3) 이러한 어려움을 극복하려면 어떻게 해야 하나요?

2. 숙제

1) 여러분은 새로운 것을 과감하게 창조하는 사람인가요?

2) 새로운 아이디어를 떠올리는 데 어떤 것들이 도움이 될 수 있을까요? (예: 독서, 다른 사람들과의 토론)

3) 새로운 아이디어를 떠올리고 실행에 옮길 때 주의해야 할 점은 무엇인가요?

대단원 5

행동 역량

들어가며

행동 역량이란 비언어적 전략과 언어적 전략을 사용하여 사회적으로 수용 가능하고 규범적인 행동을 수행할 수 있는 능력을 말한다. 행동 역량이 높은 사람은 언어적, 비언어적으로 자신의 감정을 명확하게 표현할 수 있으며, 다른 사람과의 상호작용에서 효과적으로 행동할 수 있다.

행동 역량의 발달은 인지, 도덕적 판단, 조망수용 및 친사회적 행동의 발달과 밀접한 관련이 있다. 아동이 성장함에 따라 인지와 논리적 사고가 발달하며 복잡해지고, 도덕적 판단 또한 단계적으로 발달한다. 한 연구자에 따르면 아동의 조망수용(perspective taking, 상대방의 사고, 감정, 의도 등을 추리하고 올바르게 이해하는 능력)이나 역할 수행 능력 역시 단계별로 발달한다. 즉, 나이가 많은 아동은 인지, 도덕적 판단 및 조망수용의 발달 수준이 높기 때문에 행동 역량 수준 또한 어린 아동에 비해 높다. 한 연구자는 존중과 책임을 학교에서 아이들에게 필수적으로 가르쳐야 할 두 가지 가치라고 강조했고, 행동 역량 개발은 이 두 가치를 발전시키는 데 중요한 역할을 한다.

이 단원은 문화와 성별의 영향을 고려하여 설계되었다. 한 연구자는 동양 어린이가 서양 어린이에 비해 더 이타적이고 법을 잘 준수하는 경향을 보이는데, 이것은 전통적인 동양의 양육 가치관이 자녀의 좋은 성품과 바람직한 행동의 발달을 강조하기 때문이라고 했다. 성차에 대한 연구는 여학생이 남학생보다 사회 규범과 학교 규정을 더 잘 준수한다는 것을 밝혔다. 또한 여자아이는 남자아이보다 감정적으로 표현하는 경향이 강하며, 남자아이는 자신의 감정적 반응을 숨기거나 부정하는 경향이 더 강한 것으로 나타났다. 문화와 성별 요인을 고려함으로써 다양한 유형의 교육 대상을 망라할 수 있는 단원으로 개발하고자 했다.

Level 2 과정의 행동 역량 대단원은 두 개의 소단원으로 이루어져 있다. 소단원 1에서는 좋은 의도 또는 나쁜 의도를 가지고 비판할 수 있다는 사실을 이해하는 데 중점을 둔다. 비판 방식은 비판받는 사람의 수용도에 영향을 미칠 수 있다. 또한 학생들이 선의에서 비롯된 비판을 하고 오해를 피하는 방법을 배우도록 권장한다. 소단원 2에서는 학생들이 부적절한 행동에 직면하고 대처하는 방법과 진심으로 사과하는 방법을 배우도록 돕는다.

개관

소단원	소단원 목적	학습 목표
친절한 비판 (30분)	비판이 좋은 의도 또는 나쁜 의도에서 비롯될 수 있음을 이해하고 선의로 비판하는 방법을 배운다.	1. 좋은 의도와 나쁜 의도를 가지고 비판할 수 있음을 이해한다. 2. 비판 방식이 비판받는 사람의 수용도에 영향을 미칠 수 있음을 이해한다. 3. 선의로 비판하고 오해를 피하는 방법을 배운다.
사과를 원해요 (30분)	자신과 타인의 실수에 적절히 대처하면 대인 관계를 망치지 않을 수 있음을 이해한다.	1. 부적절한 행동에 직면하고 대처하는 방법을 배운다. 2. 다른 사람에게 진심으로 사과하는 법을 배운다.

이 대단원에 포함된 모든 활동지 및 파워포인트 슬라이드와 영상 자료 등은 학지사 홈페이지(www.hakjisa.co.kr)에서 내려받을 수 있습니다.

소단원 1

친절한 비판

1. 소단원 목적

비판이 좋은 의도 또는 나쁜 의도에서 비롯될 수 있음을 이해하고 선의로 비판하는 방법을 배운다.

2. 학습 목표

① 좋은 의도와 나쁜 의도를 가지고 비판할 수 있음을 이해한다.
② 비판 방식이 비판받는 사람의 수용도에 영향을 미칠 수 있음을 이해한다.
③ 선의로 비판하고 오해를 피하는 방법을 배운다.

3. 수업 내용

활동	절차
1. 준비 활동(5분)	1. 학생들에게 “여러분을 위한 것 같지만 실제로는 나쁜 의도에서 나온 비판을 받은 적 있습니까?”라고 질문한다. 또는 “불쾌한 방식으로 표현되었지만 여러분을 위하는 마음에서 나온 비판을 받은 적이 있나요?”라고 질문한다. 학생들이 자유롭게 대답하게 한다. 2. 학생들과 다음의 질문에 대해 토론한다. • 그런 비판에 대해 어떻게 생각하나요? 왜 그렇게 생각하나요? • 비판자의 의도를 알고 난 후 감정이 바뀌었나요? • 그 경험을 통해 다른 사람들과 소통하는 것에 대해 배운 점이 있나요? 3. 토론이 끝나면 다음 내용을 전달한다. • 때때로 우리는 비판자의 표정이나 태도, 말투 때문에 비판자의 진짜 의도를 오해할 수 있습니다. • 소통 과정에서 다른 사람이 한 말의 진정한 의미를 오해하는 경우가 많습니다.

2. 모둠 토론: 친절한 비판(1)**(10분)** ▷ **교수자료** - [부록 5-1] 활동지: 친절한 비판 - [부록 5-2] 모둠 활동지: 친절한 비판	**목표: 비판자의 표현을 분석하여 선의와 악의를 구분한다.** 1. 학생들과 함께 Level 1 과정에서 배운 적절한 비판에 대해 복습한다. 학생들에게 "다른 사람이 받아들일 수 있는 적절한 비판을 하려면 어떻게 해야 할까요?"라고 질문한다. 2. 학생들에게 다음 질문에 대해 생각해 보도록 안내한다. • 누군가 여러분에 대해 수려한 표현을 사용해서 긍정적으로 보이는 비판을 한다면, 그 사람이 진심으로 좋은 의도를 가지고 있다고 생각하나요? • 누군가가 여러분을 비판할 때 충동적이고 서툴러 보인다면, 그 사람이 일부러 불쾌감을 주려는 의도가 있다고 생각하나요? 3. 학생들을 작은 모둠으로 나누고 '친절한 비판' 활동지([부록 5-1])를 배부한다. 모둠별로 4명의 학생이 각각 4명의 친구 역할을 맡고, 활동지에 제시된 표현 방식으로 친구들의 비판을 읽어 볼 것을 요청한다. 4. 나머지 학생들은 친구들의 비판의 내용과 그 표현 방식에 대해 주의를 기울일 것을 안내한다. 5. 내용을 다 읽은 후, 모둠별로 토론하며 활동지([부록 5-2])를 작성하도록 한다. 모둠 발표를 할 때, 학생들에게 왜 그 비판을 "받아들일 수 없다." 및 "수정이에게 좋지 않다."라고 생각하는지 그 이유를 집중적으로 물어본다. 6. 학생들이 발표한 이유를 요약하고 다음 단계인 '친절한 비판 (2)'를 진행한다.
3. 학급 토론: 친절한 비판(2)**(8분)** ▷ **교수자료** - [부록 5-3] 교수자용 참고 자료: '친절한 비판' 역할 설명 및 주요 내용	**목표: 비판하는 방식이 비판받는 사람의 인식에 영향을 미친다는 것을 이해한다.** 1. 학급 토론을 시작하기 전에 [부록 5-3]을 참조한다. 2. 학생들에게 "민지는 수정이를 직접적으로 비판하지 않았고, 범수처럼 인신공격적인 표현을 하지 않았습니다. 민지가 수정이에게 진심으로 좋은 의도를 가지고 있었다고 생각하나요?"라고 질문한다. 학생들에게 자신의 의견을 발표하도록 요청한다. 3. 학생들에게 "정훈이의 태도와 표현은 부정적이었습니다. 정훈이가 수정이를 일부러 불쾌하게 하려고 했나요?"라고 질문하고 학생들이 대답하도록 한다. 4. 토론하는 동안 수정이가 나쁜 습관을 고쳐야 한다는 점을 강조한다. 5. 학생들에게 다음 질문에 대해 생각해 보도록 안내한다. 시간적 여유가 있다면 학생들이 토론하도록 진행한다. • 여러분이 수정이라면 민지가 여러분을 불쾌하게 하려는 의도가 있다는 것을 즉시 알아차릴 수 있을까요? 비판자의 좋은 의도와 나쁜 의도를 어떻게 구분할 수 있나요? • 직감이 틀렸을 가능성이 있나요? • 어떤 비판자에게 배울 점이 있다고 생각하나요? 그 이유는 무엇인가요?

4. 결론(2분)	1. 능숙한 비판이 나쁜 의도를 품을 수 있고, 미숙한 비판이 좋은 의도를 가질 수 있다. 2. 비판자의 선의와 악의를 구분하기 위해서는 비판자의 여러 측면을 관찰해야 한다. 3. 비판을 받을 때는 비판하는 사람의 의도가 무엇이든 자신의 행동이 잘못된 것은 아닌지 살펴봐야 한다. 4. 다른 사람을 돕고 오해를 피하려면 선의를 가지고 적절한 방법을 사용해서 비판해야 한다.
5. 마무리 활동(5분) ▷ **교수자료** - [부록 5-4] 성장 확인 질문	1. 성장 확인 질문을 배포하고 학생들이 수업 내용과 스스로를 돌아볼 수 있도록 지도한다. 2. 수업 중 학생들의 참여도를 칭찬한다.

4. 세부 지도 사항

1) 준비 활동

- 학생이 관련된 경험이 없는 경우, 교수자는 예시를 통해 누군가가 자신의 말과 일치하지 않는 표현과 방식을 사용할 수 있다는 점, 즉 말 속에 (표면적인 의미 이상의) 함의가 있을 수 있다는 점을 설명할 수 있다.
- 말과 뜻이 일치하지 않는 예는 다음과 같다.
  –누군가 상냥하게 "넌 수업 시간에 너무 집중해서 선생님이 무슨 말을 하시는지도 모르지? 정말 집중력이 대단해!"라고 말할 수 있다. 칭찬 같지만 사실은 공상을 하거나 수업이 아닌 다른 것에 집중하는 것을 조롱하기 위한 말일 수 있다.
  –누군가 충동적이고 거칠게 "넌 수업 시간에 주변만 둘러보느라 과제를 어떻게 하는지도 모르는 거야! 넌 태도를 개선해야 해!"라고 말하는 사람이 있을 수 있다. 듣는 사람은 자신을 놀린다고 생각하여 화가 날지도 모른다. 그러나 비판하는 사람은 개선해야 할 점을 지적하고 싶을 뿐일 수 있다.

2) 친절한 비판(1)

- 비판하는 사람이 악의를 가지고 있다면 비판을 받는 사람도 비판을 무시하고 거부할

수 있다는 점을 학생들이 이해하도록 한다. 그럼에도 불구하고 주인공의 나쁜 습관은 고쳐야 한다는 점을 강조한다.

- 토론 결과는 모둠마다 다를 수 있다. 교수자는 이것을 염두에 두고 학생들에게 그 이유를 물어볼 수 있다. 동일한 메시지에 대해 사람마다 받아들이는 화자의 의미와 의도가 다를 수 있다.
- 민감한 주제에 대한 비판인 경우, 학생들이 자신의 의견을 진실되고 건설적으로 표현함으로써 오해를 피하도록 격려한다.
- 토론에 정답은 없으며, 학생들의 의견은 제시된 답과 다를 수 있다.

3) 친절한 비판(2)

- 학급 토론 진행이 어려운 경우, 모둠에 질문을 배포하고 모둠별로 응답하게 하여 토론 분위기를 조성한다.
- 이 수업의 핵심은 비판하는 사람의 태도와 의도를 구별하는 법을 배우는 것이다. 시간적 여유가 있는 경우, 교수자는 학생들에게 태도와 의도를 구별하는 방법을 알고 있더라도 비판받는 사람은 비판자의 의도와 상관없이 자신의 행동을 돌아봐야 한다고 설명할 수 있다.

5. 보충 활동(선택 사항)

활동	내용	권장 사항
기억 떠올리기	**목표: 진정성과 적절한 기술이 소통에 필수적임을 이해한다.** 다른 사람의 의도를 오해했거나 다른 사람으로부터 오해를 받았던 사건을 떠올리고 말 또는 그림으로 공유하도록 한다. 그러한 경험을 통해 배운 대인 관계 기술을 적게 한다.	경험을 통해 배운 점을 단어나 그림을 사용하여 설명하는 데 집중하고 자신의 감정을 지나치게 강조하지 않도록 한다.

부록 5-1 활동지: 친절한 비판

수정이는 외출할 때마다 멋진 옷과 액세서리를 고르는 데 시간을 할애하느라 지각하는 나쁜 버릇이 있습니다. 토요일에 수정이는 정훈, 수현, 범수, 민지와 놀기로 했습니다. 네 명의 친구들은 평소처럼 30분 동안 수정을 기다렸습니다. 수정이가 도착하자 친구들은 비판을 멈출 수 없었습니다. 제시된 방식에 따라 네 명의 친구들의 비판 내용을 읽어 보세요.

다음은 수정이를 비판하는 친구들의 표현과 방식입니다. 제시된 방식에 따라 네 명의 친구들의 비판 내용을 읽어보세요.

	표현	방식
 범수	"수정아, 넌 항상 지각하잖아, 이건 옳지 않아. 우린 오랫동안 널 기다렸어. 뭘 입을지 고민할 필요 없어. 그냥 우리처럼 편하게 입어. 아니면 좀 더 일찍 준비를 시작하든지."	• 인내심 있는 • 진심 • 친절한
 수현	"야! 또 늦었어! 정말 싫어! 넌 지각의 왕이야. 너 모습 좀 봐! 시간 들여서 겨우 그렇게 옷 입은 거니? 네 체형에 그런 선명한 색을 입으면 안 돼…….(한숨)"	• 분노 • 불만 • 배려 없는
 민지	"또 늦었네! 넌 항상 옷 입는 데 많은 시간을 쓰는데, 정말 '특별한' 스타일이야. 언제 나 좀 알려 주면 안 돼? 어쨌든 우리 약속을 위해 멋지게 입은 것은 아주 좋다고 생각해. 사실, 넌 이미 멋지기 때문에 어떤 옷을 입든 상관이 없어. 하지만 차려입고는 싶고 우리를 기다리게 하고 싶지 않다면 성형수술을 받으러 가 봐. 요즘 저렴한 가격에 서비스 좋기로 유명하더라. 궁금하면 내가 같이 가 줄게."	• 위선적인 • 배려 없는 • 충동적인
 정훈	"넌 만날 때마다 지각하고 시간을 지킨 적이 없어! 옷도 천천히 입고, 밥도 천천히 먹고, 걸을 때도 천천히 걷고, 심지어 말도 천천히 해! 넌 내 시간을 낭비하고 내 인내심을 시험하고 있어! 넌 바뀌어야 돼. 우린 친구니까 괜찮지만 다른 사람에게도 똑같이 행동하지 마. 그 사람들은 너에게 화를 내고 아무도 너랑 친구 하고 싶지 않을 거야."	• 분노 • 빠른 속도로 말하기

부록 5-2 모둠 활동지: 친절한 비판

모둠: ______________________

다음 질문에 대해 모둠원들과 토론한 후 발표해 주세요.

- 여러분이 수정이라면 어떤 친구의 비판을 받아들이겠습니까?(한 명 이상 선택) 이유는 무엇인가요?
- 수정에게 좋은 영향을 끼친 친구는 누구라고 생각하나요?(한 명 이상 선택)
- 수정에게 좋은 영향을 전혀 끼치지 않은 친구는 누구라고 생각하나요? 이유는 무엇인가요?

	받아들임	받아들이지 않음	수정이에게 좋은 영향	수정이에게 좋지 않은 영향	이유
 범수					
 수현					
 민지					
 정훈					

부록 5-3 교수자용 참고 자료: "친절한 비판" 역할 설명 및 주요 내용

교수자는 토론할 때 다음 설명을 참조할 수 있습니다.

인물	설명
범수	• 범수는 선의를 가지고 차분한 어조로 진지하고 친절하게 비판했습니다. • 범수는 수정이를 함부로 비난하지 않았습니다. • 범수는 진심으로 개선할 수 있는 방법을 제안했습니다.
수현	• 수현은 좋은 의도가 아니었고 거칠고 불친절했습니다. • 대안을 제시하지 않고 매우 모욕적인 표현과 인신 공격성 발언을 사용해서 비판했습니다. • 수현의 목적은 수정이에게 상처를 주려는 것이었고 악의가 있는 것 같았습니다.
민지	• 민지의 비판은 범수만큼 불쾌하지 않았고, 심지어 대안도 제시했습니다. 그러나 민지는 보이는 것과 달리 실제로 선의에서 비롯된 비판을 하지 않았습니다. • 민지의 제안은 비현실적이었고, 성형수술을 제안함으로써 수정이의 몸매를 간접적으로 조롱했습니다. 민지는 악의를 가진 것으로 보입니다. • 민지는 과장된 표정과 가볍고 진지하지 않은 어조로 비판했습니다.
정훈	• 정훈은 의사소통 능력이 부족했고 수정이를 비난하는 것처럼 화를 냈습니다. • 그러나 정훈의 말은 불쾌한 내용이 아니었고 수정에게 도움이 되는 제안을 했습니다. 정훈은 선의에서 비롯된 비판을 한 것으로 보입니다.

교수자는 다음과 같은 핵심 메시지를 전달해야 합니다.

- 다른 사람의 비판을 받아들이기는 어렵습니다. 비판하는 사람의 방법과 어조가 우리의 감정을 자극해서 상대방의 의도를 판단하는 데 영향을 줄 수 있기 때문입니다.
- 비판하는 사람들의 동기는 다양합니다. 어떤 사람들은 좋은 의도로, 어떤 사람들은 불쾌감을 주기 위해 비판합니다.
- 비판하는 사람이 자신의 의견을 적절하게 표현하면 우리는 그들이 좋은 의도를 가지고 있다고 생각하는 경향이 있습니다. 비판자가 자신의 의견을 부적절하게 표현하면 우리는 그들이 나쁜 의도를 가지고 있다고 생각하는 경향이 있습니다. 이는 오해를 불러일으킬 수 있는 잘못된 접근 방식입니다.
- 비판자의 의도를 파악하려면 비판자의 일상적인 행동과 의사소통 기술(방식, 어조 등)을 고려해야 합니다. 그래도 상대의 의도를 파악하기 어렵다면 연장자나 신뢰할 수 있는 친구에게 조언을 구해야 합니다.
- 비판을 받을 때는 감정적으로 영향을 받지 않도록 노력해야 합니다. 개선해야 할 부분이 있는지 살펴본 다음 비판하는 사람의 동기를 이해하려고 노력해야 합니다.

부록 5-4 성장 확인 질문

이름: ____________________ 반: ____________________ 날짜: ____________________

1. 수업 과제

1) 비판을 받는 사람이 비판을 받아들일 수 있도록 하는 가장 좋은 비판 방법은 무엇인가요?

2) 다른 사람들이 여러분을 비판할 때, 어떤 태도를 취해야 하나요?

2. 숙제

1) 비판 내용에 따라 좋은 비판인지, 나쁜 비판인지 판단해야 할까요?

2) 1번 질문에 대해 왜 그렇게 생각했나요?

3) 친한 친구가 잘못을 저질렀을 때, 비판을 하는 동시에 우정을 유지하는 가장 좋은 방법은 무엇인가요?

4) 다른 사람이 비판을 통해 여러분을 공격할 때 어떻게 대응해야 하나요?

소단원 2

사과를 원해요

1. 소단원 목적

자신과 타인의 실수에 적절히 대처하면 대인 관계를 망치지 않을 수 있음을 이해한다.

2. 학습 목표

① 부적절한 행동에 직면하고 대처하는 방법을 배운다.

② 다른 사람에게 진심으로 사과하는 법을 배운다.

3. 수업 내용

활동	절차
1. 준비 활동(3분)	1. 실수를 저질렀다면 실수의 내용과 정도에 상관없이 사과해야 한다는 점을 강조하고 시작한다. 2. 사과를 받지 못해 불쾌감을 느꼈던 경험을 학생들과 공유한다. 학생들에게 자신이 불쾌감을 느낀 당사자였다면 어떤 기분이었을지 물어본다. 3. 학생들에게 "그런 경험을 해 본 적 있나요? 그 상황에서 어떻게 대처했나요?"라고 물어본다. 4. 마지막으로 학생들에게 생각해 보도록 요청한다. • 누군가 여러분을 불쾌하게 하고 사과를 하지 않으면 어떤 기분이 드나요? • 누군가 여러분의 기분을 상하게 했는데도 사과를 하지 않거나 진정성 없는 사과만 한다면 여러분과 그 사람과의 관계에 영향을 미치나요? • 사과의 의미는 무엇인가요?

2. 역할 놀이 및 모둠 토론: 사과를 원해요 **(12분)** ▷ **교수자료** - [부록 5-5] 파워포인트 슬라이드: 사과를 원해요 - [부록 5-6] 교수자용 참고 자료: 사과를 원해요 - [부록 5-7] 역할 놀이를 위한 정보: 사과를 원해요	**목표: 부적절한 행동을 당했을 때 적절하게 대처하는 방법을 배운다.** 1. 학생들을 작은 모둠으로 나눈다. 유진과 세 명의 반 친구들에게 무슨 일이 있었는지 간략하게 설명한다. 그다음, 파워포인트 슬라이드 "사과를 원해요"([부록 5-5])를 재생한다. 2. 슬라이드를 재생한 후 학생들에게 "여러분이 유진이라면 어떤 반응을 하고 어떤 감정을 느낄 것 같나요?"라고 질문한다. 3. 역할 놀이를 위한 정보([부록 5-7])를 학생들에게 배포하여 토론하도록 한다. 학생들에게 짧은 역할극의 결말을 만들 것을 요청한다. 학생들은 유진이의 생각과 감정을 토론하고 이해해야 한다. 또한 상황에 대처할 방법을 찾고 유진이가 어떻게 행동해야 할지 결정해야 한다. 4. 두 부류의 카드("유진이의 느낌과 생각"과 "유진이의 반 친구들의 반응")를 사용하여 각 모둠에게 각 부류에서 한 장의 카드를 뽑게 하고, 다른 결말을 만들어 보라고 한다. 5. 역할 놀이를 할 때 학생들이 자신의 경험을 반영하여 등장인물의 감정을 더 쉽게 표현하도록 지도한다. 6. 학생들에게 다른 모둠의 역할 놀이에 집중하고 다음 질문에 대해 생각하도록 요청한다. • 유진이가 상황을 대처하는 방식과 관련하여 자신과 다른 사람들에게 어떤 장점과 단점이 있을까요? • 그녀의 대처 방식이 반 친구들과의 관계에 영향을 미칠까요? 7. 한 모둠의 역할 놀이가 끝날 때마다 다른 모둠에게 의견을 발표하도록 요청한다.
3. 학급 공유: 네, 알겠어요**(8분)** ▷ **교수자료** - [부록 5-8] 음성 자료: 네, 알겠어요 - [부록 5-9] 교수자용 참고 자료: '네, 알겠어요' 대본	**목표: 다른 사람이 사과를 거부할 때 어떻게 대응해야 하는지 배우고, 적절하게 사과하는 방법을 배운다.** 1. 음성 자료 "네, 알겠어요"([부록 5-8])를 재생한다. [부록 5-9] 대본을 이용해 학생들이 역할을 나누어 읽어 보도록 할 수도 있다. 2. 학생들이 유진의 반응과 오빠의 행동에 주의를 기울이도록 한다. 3. 재생이 끝나면 학생들에게 물어본다. • 유진의 오빠는 유진의 부적절한 행동에 어떻게 대응했나요? • 유진의 오빠에게서 무엇을 배울 수 있을까요? 4. 학생들이 자신의 일상 경험을 되돌아보고 다음 질문에 답하도록 한다. • 다른 사람의 부적절한 행동을 참아 본 적이 있나요? 다른 사람을 거칠게 비난한 적이 있나요? • 다른 사람을 이해하려고 노력해 본 적이 있나요? • 사과가 상황에 미치는 영향은 무엇인가요? • 다른 사람들과 좋은 관계를 유지하려면 어떻게 하는 것이 가장 효과적일까요?

4. 결론(2분)	1. 누군가 부적절한 행동을 하는 경우, 대인 관계에 해가 되지 않도록 상황에 따라 적절하게 문제를 해결한다. 2. 다양한 관점에서 사건을 인식하려고 노력한다. 예를 들어, 누군가를 탓하기 전에 자신의 책임을 살펴보거나 문제의 근원을 파악할 수 있다. 3. 사과할 때는 진심을 담아야 한다.
5. 마무리 활동(5분) ▷ **교수자료** - [부록 5-10] 성장 확인 질문	1. 성장 확인 질문을 배포하고 학생들이 수업 내용과 스스로를 돌아볼 수 있도록 지도한다. 2. 수업 중 학생들의 참여도를 칭찬한다.

4. 세부 지도 사항

1) 준비 활동

- 개인적인 경험이나 일상에서 관찰한 일을 학생들과 공유한다.
- 질문을 한 다음 학생들의 반응에 주의를 기울인다. 학생이 복수를 제안하는 경우 적절한 대안을 제시하고 수업 중에 추가로 논의한다.

2) 사과를 원해요

- 학생의 수준에 따라 주제의 핵심 내용을 생각해 보도록 지도한다. 우수한 학생은 역할놀이를 통해 핵심 내용을 유추할 수 있다. 학생들이 핵심 내용을 이해하지 못하는 경우, 다시 생각해 보도록 안내한다.
- 적극적인 태도로 부적절한 행동을 적절히 처리하여 좋은 대인 관계를 유지할 수 있도록 한다.
- 사건 발생 후, 우리가 다른 사람의 실수를 유발하지 않았는지 살펴본다.
- 사람들이 실수하는 이유를 이해하려고 노력한다. 이는 다른 사람의 상황을 이해하고 관계를 개선하는 데 도움이 된다.
- 사과할 때는 진심을 담아야 한다.
- 학생들에게 카드의 내용만 그대로 사용하고 다른 대화 요소는 직접 만들어야 한다는 점을 상기시킨다. 학생들은 유진이의 감정과 반응을 표현하는 데 집중해야 하며, 다른

사람이 사과를 거부할 때 유진이가 느끼는 감정에 초점을 맞춰야 한다. 학생이 어려움을 겪는 경우 도움을 줄 수 있다.

- 역할 놀이가 끝나면 진심 어린 사과 표현을 제안하여 학생들이 참고할 수 있도록 한다.
- 학생들이 단순히 대화를 만드는 데 그치지 않고 유진이가 그 상황을 어떻게 처리해야 하는지 깊이 생각하도록 격려한다.
- 모둠의 카드 조합은 서로 다르다. 학생들이 역할 놀이를 보여 주기 전에 교수자는 각 모둠의 카드 조합을 미리 알아야 한다.
- 각 모둠이 모두 공연할 시간이 부족하다면 유진이의 4가지 응답을 다루는 몇 개의 모둠을 선택하고 그에 따라 핵심 내용을 요약한다.
- 학급에 여학생보다 남학생이 더 많은 경우, 주인공은 남학생이 될 수 있다.

3) 네, 알겠어요

수업의 주제를 학생들과 대화하면서 요약한다. 학생들이 오래 기억할 수 있도록 주제를 큰 소리로 반복하여 강조한다.

5. 보충 활동(선택 사항)

활동	내용	권장 사항
알아보기	**목표: 사과를 하지 않을 경우 발생할 수 있는 결과를 알아본다.** • 학생들은 신문이나 인터넷에서 사과를 하지 않을 때의 부정적인 결과에 대한 정보를 수집한다. 예를 들어, 친한 친구끼리 서로 원망하거나 물리적 싸움으로 발전할 수 있다. • 학생들이 이 강의의 주제를 더 깊이 이해할 수 있도록 일상 속 실제 사례를 관찰하도록 권장한다.	일상생활에서 관찰하거나 신문 기사를 스크랩한다.

부록 5-6 교수자용 참고 자료: 사과를 원해요

배경 정보

역사 선생님은 학생들에게 오래된 물건을 가져와서 반 친구들에게 소개해 달라고 부탁했습니다. 유진이는 1960년대에 아버지가 사용하던 카메라를 가져왔습니다. 호기심에 가득 찬 반 친구들은 커다란 수동 카메라를 작동해 보기 위해 몰려들었습니다. 친구들의 반응에 유진이는 기뻐하며 아이들이 계속 카메라를 가지고 놀도록 내버려 두었습니다.

하지만 반 친구들이 카메라를 돌려주었을 때 셔터가 고장난 것을 발견했습니다. 그녀는 즉시 반 친구들에게 물어보았습니다. 그들의 대답은 다음과 같습니다.

장면 1: 지원이의 반응

지원이는 책임을 지지 않았고 심지어 유진에게 삿대질하며 카메라를 찍을 때 이미 셔터가 고장 나 있었다고 말했습니다. 지원은 유진이 사실을 알지도 못하면서 자신을 비난했다고 말했습니다.

유진: 지원아, 왜 셔터가 고장 났어?

지원: 뭐? 내 잘못이 아니야. 날 탓하지 마. 네가 나한테 줬을 때 이미 부러져 있었어! 날 의심하다니 믿을 수 없어!

장면 2: 수지의 반응

수지는 실수를 인정했지만 마지못해 사과했습니다. 수지는 카메라가 매우 낡아서 수리를 해도 쓸모가 없을 것이라고 말했습니다.

유진: 수지야, 왜 셔터가 고장 났어?

수지: 아, 그래? 미안해! 어쨌든 카메라가 너무 낡아서 고쳐도 쓸모가 없는 것 아냐?

장면 3: 소정이의 반응

소정은 카메라가 고장난 사실을 부인하지는 않았지만, 다른 친구가 카메라를 망가뜨렸기 때문에 자신의 책임이 아니라고 말했습니다.

유진: 소정아, 왜 셔터가 고장 났어?

소정: 나도 방금 알아서 말해 주려고 했어. 동수가 망가뜨렸어. 난 아무 관련이 없어.

유진이는 상황에 어떻게 대처해야 할지 난감했습니다. 그녀는 반 친구들과의 관계를 망치고 싶지 않았지만 카메라가 고장 났다는 사실에 불안했습니다. 유진은 이 문제를 어떻게 해결해야 할까요? 모둠원과 함께 토론하세요.

부록 5-7 역할 놀이를 위한 정보: 사과를 원해요

각 모둠에게 "유진이의 느낌과 생각" 카드와 "유진이의 반 친구들의 반응" 카드에서 한 장씩 뽑게 하고, 각 카드에 표시된 내용에 따라 결말을 만들게 합니다. 유진이의 느낌과 생각에 대해 친구들이 어떻게 반응할지, 친구들의 반응에 따라 유진이는 어떻게 느끼고 생각할지 이야기해 봅니다.

유진이의 느낌과 생각	유진이의 반 친구들의 반응

유진이의 느낌과 생각	유진이의 반 친구들의 반응

부록 5-9 교수자용 참고 자료: "네, 알겠어요" 대본

음성 해설: 유진은 집에 돌아와서 아버지에게 무슨 말을 해야 할지 고민하고 있습니다. 그녀의 오빠가 막 집에 도착했습니다.

오빠: 유진이 왔어? 무슨 일 있어? 왜 대답 안 해?

유진: 오……. 못 봤어. 나 생각하고 있는 거 안 보여? 목소리가 너무 작아서 못 들었어.

오빠: 무슨 생각해? 걱정하는 표정이네.

유진: 정말 걱정돼. 선생님이 친구들에게 소개할 오래된 물건을 가져오라고 하셨어. 그래서 나는 아빠가 1960년대에 쓰시던 카메라를 가져가서 다들 구경했어. 그런데 셔터가 고장 난 거야. 어떻게 된 일인지 물어봤지만 아무도 책임지려 하지 않았고, 심지어 내 잘못이라고 말하는 사람도 있었어. 어떻게 해야 할지 모르겠어. 우정을 망치고 싶지 않지만 너무 짜증이 나.

오빠: 아, 그렇구나! 그런데 너도 방금 전에 짜증 나게 굴었잖아.

유진: 무슨 말이야? 내가 뭘 했는데?

오빠: 집에 돌아와서 인사를 했는데 넌 분명 나를 쳐다보고도 대답하지 않았어. 그래서 무슨 일이냐고 물었더니 내 목소리가 작다고 탓했잖아.

유진: 아……. 내 잘못이야. 아빠가 화내실까 봐 오빠한테 신경을 못 썼어. 미안해!

오빠: 괜찮아, 넌 내 동생이잖아. 용서할게! 하지만 이건 너와 반 친구들과 똑같은 상황이야. 넌 나에게 관심을 기울이지 않았고 나는 정말 짜증 나고 화가 났어. 네가 사과했으면 좋겠고, 네가 왜 대답하지 않았는지 알고 나니까 기분이 나아졌어. 내가 너에게 했던 것처럼 너도 반 친구들과의 문제를 해결할 수 있지 않을까?

유진: 그럼…….

오빠: 내가 너를 비난한다고 생각했을 때, 너도 반 친구들이랑 똑같은 행동을 했지?

유진: 응, 그런 것 같아. 나를 방어하려고만 했어.

오빠: 정답! 그게 바로 네가 한 일이야. 반 친구들의 반응은 평범했던 거야. 하지만 네가 친구들에게서 배워야 한다는 의미는 아니야. 대신, 넌 나한테 배우고 친구들이 그렇게 행동한 이유를 이해하려고 노력해야 해.

유진: 그게 무슨 소용이 있을까?

오빠: 내가 널 이해했을 때 기분이 어땠어?

유진: 흠. 짜증이 덜 나긴 했어.

오빠: 그거야!

유진: 아, 그렇구나!

오빠: 반 친구들에게 카메라를 주기 전에 카메라 확인하고 조심하라고 말했어?

유진: 아니.

오빠: 그럼 네가 책임을 져야 해. 아빠께 가서 설명해 봐. 용서해 주실 거야.

유진: 무서워…….

오빠: 뭐가 무서워? 넌 실수를 저질렀고, 그에 대한 책임을 져야 해. 용기를 내서 잘못을 인정하고 다른 사람에게 책임을 떠넘기지 마. 그리고 그 일이 다른 사람들에게 어떤 영향을 미칠지 생각해 봐.

유진: 그럼 뭐라고 말해야 돼?

오빠: 그냥 사실대로 말해. 아빠가 이해하실 거야.

유진: 좋아!

음성 해설: 여러분, 이 드라마를 통해 무엇을 배웠나요?

부록 5-10 성장 확인 질문

이름: ______________ 반: ______________ 날짜: ______________

1. 수업 과제

1) 다른 사람이 불쾌감을 줄 때 어떻게 해야 하나요?

2) 어떤 태도로 사과를 할 때 가장 용납할 수 없나요? 한 가지만 말해 주세요.

3) 그렇게 생각한 이유는 무엇인가요?

2. 숙제

1) 상대방이 사과를 하지 않거나 진정성 없는 태도로 사과를 한다면, 이것이 상대방과 여러분과의 관계에 영향을 미칠 것이라고 생각하나요?

2) 관계에 영향을 미치는 이유는 무엇인가요?

3) 부모님이 여러분에게 잘못한 일이 있다면, 부모님께 사과를 요청하겠습니까? 그 이유는 무엇인가요?

대단원 6

도덕적 역량

소단원 1 식당에서

소단원 2 자리 싸움

들어가며

도덕적 역량이란 이타적 행동을 하려는 성향과 도덕적 문제를 고도의 수준으로 논리적이고 일관성 있게 판단할 수 있는 능력을 말한다. 도덕적 역량을 증진한다는 것은 청소년의 정의와 이타적 행동의 발달을 촉진하는 것을 의미한다. 도덕적 역량에는 이타주의와 도덕적 판단력 발달이라는 두 가지 핵심 개념이 포함된다. 이타적 행동은 보상에 대한 기대 없이 자발적으로 행하는 행동이다. 아동의 이타적 행동과 도덕적 판단은 연령이 증가함에 따라 발달한다.

도덕적 판단은 규칙과 법, 개인의 자율성, 도덕적 양심, 사회 계약, 기본권 및 보편적 정의와 관련된 견해를 의미한다. 도덕적 판단에는 세 가지 수준이 있다고 알려져 있다. 각 수준은 두 단계로 구성되며, 두 번째 단계는 각 수준 내에서 더 발전되고 조직화된 형태의 도덕적 추론이다. 도덕적 판단은 인지 발달과 함께 발달한다.

많은 서양의 심리학자와 교육학자는 도덕적 판단의 가장 높은 단계에서 가장 중요한 특성이 개인의 자율성이라고 간주한다. 한 연구자는 무질서, 타율성, 사회성, 자율성으로 구성된 4단계 도덕 판단 이론을 제안했다. 따라서 개인의 자율성을 본 강의의 주요 목표로 설정했다.

홍콩의 연구자는 도덕적 지향성과 도덕적 판단이 청소년의 친사회적 행동과 정적 관련이 있고 비행 행동과 부적인 관련이 있다는 사실을 발견했다. 이러한 연구 결과는 청소년에게 도덕적 판단과 이타적 행동을 가르치는 것이 중요하다는 것을 시사한다. 따라서 도덕적 역량은 아이들이 많은 사람과 조화를 이루며 행복하게 살아가는 데 가장 중요하고 필수적인 능력 중 하나이다.

Level 2 과정의 도덕적 역량 단원은 두 개의 소단원으로 이루어져 있다. 소단원 1에서는 학생들이 공정성을 추구할 때 다른 사람을 존중하고 그들의 필요와 감정을 배려하는 방법을 배우도록 지도한다. 이 단원을 통해 학생들은 공정성을 추구한다고 해서 모든 사람이 원하는 것을 얻을 수 있는 것은 아니라는 점을 이해할 수 있어야 한다. 또한 법이 적용되지 않는 상황에서 공정성을 추구하는 것이 우리가 원하는 것을 얻기 위해 싸우는 것을 의미하지 않는다는 점을 시사한다. 소단원 2에서는 이기적인 행동을 살펴봄으로써 학생들이 다른 사람의 필요를 배려하고 돕기 위해 주도적으로 행동하는 법을 배우는 것을 목표로 한다. 또한 학생들이 용감하고 현명하며 능숙하게 타인을 돕는 방법을 배우는 것에 중점을 둔다.

개관

소단원	소단원 목적	학습 목표
식당에서 (30분)	법의 유무와 상관없이 모든 상황에서 공정성을 유지하려면 전반적인 상황과 모든 당사자의 필요를 고려해야 한다는 것을 이해한다.	1. 공정성을 추구할 때 다른 사람을 존중하고 그들의 필요와 감정을 배려하는 법을 배운다. 2. 공정성을 추구한다고 해서 모두가 원하는 것을 얻을 수 있는 것은 아니라는 점을 이해한다.
자리 싸움 (30분)	다른 사람을 돕는 것에 대한 학생들의 인식을 높이고, 도움을 제공할 때 선의가 중요하다는 것을 이해하도록 돕는다.	1. 이기적인 행동을 점검하여 다른 사람의 필요를 배려하고 다른 사람을 돕기 위해 주도적으로 행동하는 법을 배운다. 2. 용감하고 현명하며 능숙하게 다른 사람을 돕는 방법을 배운다.

이 대단원에 포함된 모든 활동지 및 파워포인트 슬라이드와 영상 자료 등은 학지사 홈페이지(www.hakjisa.co.kr)에서 내려받을 수 있습니다.

소단원 1

식당에서

1. 소단원 목적

법의 유무와 상관없이 모든 상황에서 공정성을 유지하려면 전반적인 상황과 모든 당사자의 필요를 고려해야 한다는 것을 이해한다.

2. 학습 목표

① 공정성을 추구할 때 다른 사람을 존중하고 그들의 필요와 감정을 배려하는 법을 배운다.

② 공정성을 추구한다고 해서 모두가 원하는 것을 얻을 수 있는 것은 아니라는 점을 이해한다.

3. 수업 내용

활동	절차
1. 준비 활동(2분)	1. "식당에서"라는 주제를 소개한다. 학생들에게 식당에서 가장 짜증 났던 경험에 대해 물어본다. 2. 그런 다음 학생들에게 물어본다. • 욕설을 하는 사람을 마주치면 어떤 기분이 드나요? • 식당에서 욕하는 사람을 말리려고 한 적이 있나요? 3. 마지막으로 학생들에게 다음 질문에 대해 생각해 보도록 안내한다. "만약 누군가 식당에서 욕설을 하는 것이 법에 위반되지 않는데도 이를 금지하는 것은 부당하다고 말한다면 어떻게 대응하겠습니까?"

2. 모둠 토론 및 학급 토론: 식당에서(**20분**) ▷ **교수자료** - [부록 6-1] 역할 놀이를 위한 정보: 식당에서 - [부록 6-2] 토론 자료: "식당에서" 토론을 위한 질문 - [부록 6-3] 교수자용 참고 자료: "식당에서" 토론을 위한 질문	**목표: 법이 적용되지 않는 상황에서 사려 깊게 행동하는 방법을 이해한다.** 1. 학급을 작은 모둠으로 나눈다. 역할극을 위한 정보를 학생들에게 배포하고 역할극 내용을 간략하게 소개한다([부록 6-1]). 2. 일부 학생들에게 역할 놀이 형태로 장면을 시연하도록 한다. 학생들에게 공연 중에 비속어를 사용하지 않도록 지도한다. 학생들은 "삐"라고 말하여 욕설을 표현할 수 있다. 3. 역할 놀이가 끝나면 학생들에게 "여러분이 식당 주인이라면 어떤 손님을 지지하겠습니까?"라고 질문한다. 학생들에게 1분 동안 생각할 시간을 주고 돌아가며 의견을 표현하게 한다. 4. 학생들이 다양한 역할을 맡도록 하고 토론 절차를 설명한다. 각 모둠에는 5분의 토론 시간이 주어진다. 5. 각 모둠에게 각자의 입장에 대한 이유를 제시하고 식당 주인을 위한 해결책을 찾도록 요청한다. 학생들은 토론 자료[부록 6-2]를 참고할 수 있다. 6. 각 모둠은 식당 주인의 입장에서 해결책을 찾아야 한다. 절반의 모둠은 호민을 지지하고, 나머지 절반의 모둠은 정씨 가족을 지지한다. 7. 토론 내용을 발표하는 동안 학생들에게 칠판에 지지하는 이유를 적으라고 요청한다. 8. 두 입장이 모두 발표한 다음 각 입장이 상대 입장에게 질문할 시간을 1분씩 준다. 절차는 다음과 같다. • 정씨 가족을 지지하는 입장은 호민을 지지하는 입장에게 질문을 하고 불합리한 주장을 지적한다. • 호민을 지지하는 입장은 정씨 가족을 지지하는 입장에게 질문하고 불합리한 주장을 지적한다. 9. 토론이 끝나면 학생들에게 개인적으로 어떤 해결책을 선호하는지 결정하고 의견을 나누도록 한다. 10. 학생들에게 토론을 통해 기존 입장을 바꿨는지 물어본다. 그렇다면 그 이유를 물어본다. 11. 마지막으로, 학생들이 [부록 6-3]에 제시된 질문에 답변하게 함으로써 수업 내용을 요약해 마무리한다.
3. 결론(3분)	1. 일부 행위가 법으로 규제되지 않는다고 해서 마음대로 해도 된다는 의미는 아니다. 2. 법으로 규제되지 않는 일부 행위는 다른 사람에게 영향을 미칠 수 있다. 화합을 이루기 위해서는 다른 사람을 존중하고 그들의 필요와 감정을 배려해야 한다. 3. 공공장소에서는 다른 사람을 배려하고 다른 사람에게 방해가 될 수 있는 행동을 피해야 한다. 4. 일부 행동은 법으로 규제되지는 않지만 다른 사람에게 영향을 미칠 수 있다. 공정성을 유지하기 위해 우리는 권리를 행사할 때 다른 사람을 존중하고 그들의 필요와 감정을 고려해야 한다. 5. 공정성을 추구하고 유지할 때 우리는 자신의 이익과 타인의 필요 사이에서 균형을 맞춰 조화를 이루어야 한다.

4. 마무리 활동(5분) ▷ 교수자료 - [부록 6-4] 성장 확인 질문	1. 성장 확인 질문을 배포하고 학생들이 수업 내용과 스스로를 돌아볼 수 있도록 지도한다. 2. 수업 중 학생들의 참여도를 칭찬한다.

4. 세부 지도 사항

1) 준비 활동

- 어떤 학생은 식당에서 가장 짜증 나는 경험으로 욕설에 노출되는 것보다 음식에서 벌레를 발견하는 것이라고 말할 수 있다. 교수자는 학생이 자신의 경험을 말하고 공유하도록 유도한다.

2) 식당에서

- 이 수업의 초점은 학생들이 법의 규제가 없는 상황이더라도 다른 사람의 필요와 감정을 배려하여 사려깊게 행동해야 한다는 것을 이해하도록 돕는 것이다.
- 이 주제는 '대단원 8. 친사회적 규범의 소단원 4'와 밀접한 관련이 있으므로 두 수업을 연속해서 진행하는 것이 주제 전달에 도움이 될 수 있다.
- 역할을 할당할 때 일부 학생은 자신이 동의하지 않는 인물을 지지하지 않으려 할 수 있다. 제비뽑기로 역할을 할당하여 공정성을 보여 주고, 학생들이 다른 관점에서 문제를 바라보도록 유도한다.
- 상황이 혼잡해지는 것을 막고 시간을 조절하려면 토론을 시작하기 전에 몇 가지 규칙을 정해야 한다. 예를 들어, "먼저 손을 들고 호명된 후에만 발언하기" "팀당 발언 시간 ○○분" 등이 있다. 의견이 너무 많으면 상황을 통제하고 학생들에게 인내심을 갖고 기다려 달라고 요청한다.
- 학생들은 토론 절차에 익숙하지 않을 수 있다. 토론 절차를 미리 간략하게 소개하고, 각 인물의 입장을 뒷받침하는 이유를 생각해 보라고 강조한다.
- 각 모둠이 발표할 때 칠판에 주장을 적어 두면 나중에 학생들이 요점을 쉽게 요약할 수 있다.

- 각 모둠에게 발표할 기회를 주고 모든 학생이 참여하도록 독려한다. 교수자는 참고 자료[부록 6-3]에 나와 있는 질문을 활용하고 발언하지 않은 학생에게 발언을 요청할 수 있다.
- 일부 모둠이 소극적이거나 의견 표현에 서툴다면 다른 팀의 의견을 적어 달라고 요청하여 토론이 원활하게 이루어지는 데 기여하도록 격려한다.
- 학생들의 발표를 장려하고, '오늘의 최우수자 상' '최고의 발표자 상' 등과 같은 상을 제공한다.

3) 결론

- 교수자는 [부록 6-2]와 [부록 6-3]의 토론용 질문을 사용할 수 있다. 다음은 사용할 수 있는 예시 질문이다.
  - "공정성"이란 무엇인가요?
  - "공정성"을 어떻게 정의할 수 있을까요?

5. 보충 활동(선택 사항)

활동	내용	권장 사항
교내 포럼	**목표: 공정성을 유지하려면 여러 측면을 고려해야 함을 이해한다.** 교수자는 교내 포럼을 기획하고 모든 교수자와 학생이 참여할 수 있도록 초대한다. 주제는 학교 내 공정성 문제와 관련되어야 한다. 각 학급은 포럼에서 학급을 대표할 학생을 지정하고 대표자 학생들은 공정성을 유지하기 위해 모든 당사자의 필요를 고려해야 한다는 점을 이해하고 있어야 한다.	

부록 6-1 역할 놀이를 위한 정보: 식당에서

초등학생 딸, 중학생 아들과 함께 정씨 가족 4명은 일요일에 함께 외출하여 즐거운 시간을 보냈습니다. 이들은 점심을 먹기 위해 작은 식당을 찾았습니다. 식당은 테이블 수가 많지 않아 손님들로 꽤나 꽉 차 있었습니다. 손님들은 식당 직원이 배정해 주는 테이블에 앉아야 했습니다. 그 무렵 다른 손님인 호민도 식당에 도착했습니다.

몇 분 후 정씨 가족은 호민의 옆 테이블에 배정되었습니다. 호민은 휴대폰으로 큰 소리로 통화하며 욕설을 많이 사용했습니다. 또한 신발을 벗고 다른 좌석에 발을 올려놓기도 했습니다.

호민 근처에 앉은 손님들은 한숨을 쉬며 그를 쳐다보지 않으려고 애썼습니다. 정씨 가족은 호민과 가장 가까운 곳에 앉아 있었고, 정씨 아내는 더 이상 참을 수 없었습니다.

아내	선생님, 좌석에 올린 발을 내리시고 작은 소리로 말씀해 주시겠습니까?
호민	이봐, 무슨 상관이야? 그렇게 시끄럽지도 않은데! 그리고 욕하는 데 문제 있어?
아내	부탁드려요. 우리 아이들은 아직 어려서 그런 말을 듣는 것은 좋지 않아요!
호민	바보! 욕하거나 좌석에 발을 올려놓는 것은 법적으로 문제가 되지 않아! 그런데 내가 왜 네 말을 들어야 해? 여기엔 제한이 없으니 내 맘대로 할 수 있어!
아내	뭐요? 원하는 건 뭐든 할 수 있다고요? 주위를 둘러보세요! 여기 있는 모든 사람들이 당신 때문에 불쾌해하잖아요. 당신은 정말 짜증나게 굴고 있어요. 전혀 배려심이 없다고요!
호민	그냥 나가서 다른 식당을 찾아봐!
아내	말도 안 돼! 떠나야 할 사람은 바로 당신이야!
호민	난 법을 어긴 적 없는데 내가 왜?
아내	다른 사람의 감정을 무시하고 마음대로 행동할 수 있다고 생각해요? 사려 깊게 행동하세요! 여러분, 동의하시죠?

그들은 큰 소리로 언쟁을 벌였고 다른 손님들도 논쟁에 가세했습니다. 결국 논쟁을 중재하기 위해 식당 주인이 개입하기로 결정했습니다. 식당 주인이 주방에서 나왔을 때, 주인은 복잡한 상황이라는 것을 알았고 어떤 손님도 불쾌하게 하고 싶지 않았습니다.

주인은 무엇을 할 수 있을까요? 여러분이 식당 주인이라면 이 문제를 어떻게 해결하겠습니까? 그렇게 생각한 이유는 무엇인가요? 모둠원들과 함께 토론하세요.

부록 6-2 토론 자료: "식당에서" 토론을 위한 질문

다음 고려 사항과 질문은 성찰과 토론에 도움이 될 수 있습니다. 모둠원들과 함께 생각해 보세요.

호민을 지지하는 팀

고려 사항

타인의 권리	나의 권리
다른 사람의 감정	나의 감정
행동으로 인해 다른 사람이 얻는 이점	행동으로 인해 내가 얻는 이점

성찰 질문

1. 호민을 지지하는 이유를 설명해 주세요.

2. 정씨 가족에게 여러분의 의견을 어떻게 설명하겠습니까?

3. 호민을 지지하는 것은 결과적으로 어떤 장점과 단점이 있을까요?

4. 이 문제에서 장점과 단점 사이의 균형을 어떻게 이루겠습니까?

5. 여러분의 해결책이 호민과 정씨 가족에게 공정하다고 생각하나요?

6. '공정성'이란 무엇인가요? 어떻게 정의할 수 있을까요?

다음 고려 사항과 질문은 성찰과 토론에 도움이 될 수 있습니다. 모둠원들과 함께 생각해 보세요.

정씨 가족을 지지하는 팀

고려 사항

타인의 권리	나의 권리
다른 사람의 감정	나의 감정
행동으로 인해 다른 사람이 얻는 이점	행동으로 인해 내가 얻는 이점

성찰 질문

1. 정씨 가족을 지지하는 이유를 말씀해 주세요.

2. 호민에게 여러분의 의견을 어떻게 설명하겠습니까?

3. 정씨 가족을 돕는 것은 결과적으로 어떤 장점과 단점이 있을까요?

4. 이 문제에서 장점과 단점 사이의 균형을 어떻게 이루겠습니까?

5. 여러분의 해결책이 호민과 정씨 가족에게 공정하다고 생각하나요?

6. '공정성'이란 무엇인가요? 어떻게 정의할 수 있을까요?

부록 6-3 교수자용 참고 자료: "식당에서" 토론을 위한 질문

학생 사고 유도용 토론 질문	추천 답변
1. 역할 놀이에서 법으로 규제되는/규제되지 않는 행동은 무엇인가요?	• 큰 소리로 말하기 • 욕설 사용 • 좌석에 발 올려놓기
2. 역할 놀이에서 가장 부당한 대우를 받고 있는 인물은 누구인가요?	• 정씨 가족은 조용한 곳에서 점심을 먹을 수 없기 때문입니다. • 다른 손님들도 호민의 시끄럽고 불쾌한 목소리와 욕설에 짜증이 납니다. • 호민이 계속 큰 소리로 말하고 욕설을 쓰면 정씨 가족은 시끄럽고 거북한 분위기에서 식사를 해야 합니다.
3. 호민이 법을 위반한 것은 아니지만, 그의 행동이 다른 결과를 초래할 것이라고 생각하나요?	• 그의 소음은 다른 사람의 감정에 영향을 미칩니다. • 호민은 타인과 사회의 이익을 고려하지 않습니다. • 그는 이기적이고 전화 통화를 중단할 필요가 없다고 생각합니다.
4. 법이 적용되지 않을 때는 마음대로 행동해도 되나요?	• 다른 사람의 필요를 고려하고 그들이 불편하지 않도록 배려해야 합니다. • 도덕적 관점에서 볼 때 완전한 자유를 누리는 사람은 아무도 없으며, 조화를 이루기 위해서는 자신의 이익과 타인의 필요를 균형 있게 고려해야 합니다.
5. 호민이 자유롭게 전화 통화를 할 수 없다면 호민에게 공정한가요?	• 법적인 관점에서 보면 불공정하지만 그렇다고 해서 마음대로 큰 소리로 말하고 과격한 단어를 사용할 수 있다는 의미는 아닙니다. 단순한 접근 방식 대신 관련된 모든 당사자의 의견을 고려해야 문제를 해결할 수 있습니다. • 따라서 호민에게 공정한지를 판단할 때는 호민의 권리와 자유뿐만 아니라 욕설이 어린이와 식당 내 다른 손님들의 편안한 식사에 미치는 피해 등 전체 상황을 고려하여 양측의 이익이 균형을 이루는 결정에 도달할 수 있도록 초점을 맞춰야 합니다.
6. 공정성 유지를 위해 어떤 원칙에 근거해야 할까요? 공정성을 어떻게 유지할 수 있나요?	• 우리는 여러 측면을 고려하고 개인의 이익과 자유, 그리고 타인의 필요 사이에서 균형을 맞춰야 합니다.

부록 6-4 성장 확인 질문

이름: ____________________ 반: ____________________ 날짜: ____________________

1. 수업 과제

1) 법적 제한이 없다는 것은 우리가 원하는 것은 무엇이든 할 수 있다는 것을 의미하나요?

2) 법에서 욕설 사용을 금지하지 않는데 왜 욕설을 사용하면 안 될까요?

2. 숙제

1) 공정성을 유지하기 위해 무엇을 기준으로 삼아야 할까요?

2) 어떻게 기준으로 삼아야 하나요?

3) 부모님이 공공장소에서 불쾌한 행동을 한다면 어떻게 대응할 수 있을까요?

소단원 2

자리 싸움

1. 소단원 목적

다른 사람을 돕는 것에 대한 학생들의 인식을 높이고, 도움을 제공할 때 선의가 중요하다는 것을 이해하도록 돕는다.

2. 학습 목표

① 이기적인 행동을 점검하여 다른 사람의 필요를 배려하고 다른 사람을 돕기 위해 주도적으로 행동하는 법을 배운다.
② 용감하고 현명하며 능숙하게 다른 사람을 돕는 방법을 배운다.

3. 수업 내용

활동	절차
1. 준비 활동(2분)	1. 학생들에게 다음 질문을 묻는다. • "대중교통에서 이기적인 행동을 본 적이 있나요? 그때 기분이 어땠나요?" "대중교통에서 임산부나 노약자가 서 있어야 하는 경우를 본 적이 있나요? 왜 그들은 서 있어야 했을까요?" 2. 학생들과 자리를 양보하는 문제에 대해 토론한 다음, 이 단원의 주제인 다른 사람을 돕는 것에 대해 소개한다.
2. 학급 게임 및 학급 공유: 자리 싸움**(10분)** ▷ **교수자료** - [부록 6-5] 교수자용 참고 자료: 자리 싸움 게임 절차 - [부록 6-6] 교수자용 참고 자료: "자리 싸움" 토론 질문	**목표: 게임 상황과 실제 상황을 비교하여 이기적인 행동을 살펴보고, 다른 사람을 배려하고 돕는 방법을 배운다.** 1. 8명의 학생이 2인 1조로 게임에 참여하도록 한다. 게임 참가자들이 스스로 팀을 만들거나 제비뽑기를 통해 팀을 구성할 수 있다. 2. 참가자들에게 교실 밖에서 기다리라고 요청한다. 3. 의자를 배치하고(게임 절차는 [부록 6-5]), 참가자들에게 교실로 돌아오라고 요청한다. 게임을 진행한다. 4. 게임이 끝나면 [부록 6-6]을 참고해 학급 전체가 느낀 점을 토론하도록 지도한다.

	5. 게임 속 상황과 실제 대중교통 상황을 비교한다. 학생들에게 비슷한 점을 발견하고 자신은 어떤 방식으로 행동했는지 생각해 보도록 한다. 6. 때때로 사람들이 이기적이고 불공정한 방식으로 행동하는 경우가 있음을 강조한다. 자리를 양보하는 것은 하나의 예시일 뿐이며, 우리는 일상적으로 다른 사람을 배려하고 도와야 한다. 7. 마지막으로, "자리를 양보하려고 했지만 결국 양보하지 않은 적이 있나요? 그 이유는 무엇인가요?"라고 질문하여 학생들의 반성을 유도한다.
3. 모둠 토론: 먼발치에서 자리 양보하기**(11분)** ▷ **교수자료** - [부록 6-7] 파워포인트 슬라이드: 먼발치에서 자리 양보하기 - [부록 6-8] 교수자용 참고 자료: "먼발치에서 자리 양보하기" 내용	**목표: 용감하고 현명하며 능숙하게 다른 사람을 돕는 방법을 배운다.** 1. 학생들을 작은 모둠으로 나누고 음성 자료가 포함된 파워포인트 슬라이드([부록 6-7])를 재생한다. 재생이 끝나면 학생들이 토론하도록 지도한다. 2. 다음 질문을 사용하여 학생들이 제안의 실행 가능성을 평가하도록 한다. • 다른 승객의 불만을 유발할 가능성이 있나요? • 할머니께 도움이 될까요? • 할머니께 자리를 양보하고 싶다고 어떻게 알릴 수 있나요? • 할머니께 양보한 좌석을 다른 승객이 가로채지 못하게 하려면 어떻게 해야 할까요? 3. 토론이 끝난 후 학생들에게 발표하도록 요청한다. 시간적 여유가 있다면 학생에게 자신의 제안을 시연하도록 요청한다. 4. 용감하고 현명하며 능숙한 방식으로 도움을 제공해야 한다고 설명한다. 5. 학생들에게 다음 질문에 대해 생각해 보도록 안내하고 자유롭게 의견을 표현하도록 한다. • 결국 할머니를 돕지 못한다면 기분이 어떨까요? • 도움을 주는 사람이 진정성이 있다고 생각하나요? 도움을 제공할 때 어떤 태도를 지녀야 할까요? 6. 학생들이 다른 사람을 돕는 데 성공하는 것은 때때로 시간과 상황에 따라 달라질 수 있음을 이해하도록 한다. 결과적으로 도움을 주지 못하더라도 가장 중요한 것은 우리의 선의와 항상 다른 사람을 기꺼이 돕겠다는 마음가짐이다.
4. 결론(2분)	1. 우리는 이기적이거나 자기중심적으로 행동해서는 안 된다. 2. 언제나 우리의 도움을 필요로 하는 사람들이 있으며 우리는 선의와 친절한 마음으로 다가가야 한다. 3. 우리는 용감하고 현명하게 도움을 제공하려고 애써야 하며, 때로는 약간의 기술이 필요하다. 4. 우리가 노력한다면 다른 사람을 돕는 데 실제로 성공했는지 여부는 중요하지 않다. 실패 또한 인생 경험의 일부로 받아들여야 한다.
5. 마무리 활동(5분) ▷ **교수자료** - [부록 6-9] 성장 확인 질문	1. 성장 확인 질문을 배포하고 학생들이 수업 내용과 스스로를 돌아볼 수 있도록 지도한다. 2. 수업 중 학생들의 참여도를 칭찬한다.

4. 세부 지도 사항

1) 자리 싸움

- 학생들에게 의자 배치를 도와달라고 요청한다.
- 게임 참가자가 교실로 돌아오면 학급 전체에게 게임 절차를 설명한다.
- 소란을 막기 위해 참가자들은 자리를 바꾸거나 빈 의자를 옮겨서는 안 된다. 의자에 앉은 참가자만이 다른 팀원에게 좌석에 대한 힌트를 줄 수 있다.
- 학생들이 자신의 생각을 자유롭게 말하도록 유도한다.
- 보충 질문([부록 6-6])은 참고용으로만 제공된다.

2) 먼발치에서 자리 양보하기

- 이 수업의 목적은 학생들이 다른 사람을 도울 때는 선의가 필요하며 용감하고 현명하게 도와야 한다는 것을 이해하는 것이다. 자리를 양보하는 데 성공했는지 여부에 중점을 두지 않는다. 성공 여부는 여러 가지 요인에 따라 달라질 수 있으므로 중요하지 않다는 것을 이해하도록 돕는다. 다른 사람을 돕는 것은 인생 경험의 일부이며, 중요한 것은 돕고자 하는 선의와 노력이다.
- 학생들의 참여를 독려하기 위해 학생들에게 자신의 경험을 공유하도록 요청한다.
- 학생들의 제안을 칭찬하고 뛰어난 성과를 보인 모둠과 학생을 격려한다.
- 장면을 약간 수정하여 학생들이 더 깊이 생각하도록 유도할 수 있다.
  - 민수가 할머니에게 양보한 자리를 다른 승객이 가로채면 민수와 지영이는 어떻게 해야 할까요?
  - 민수만 앉아 있고 지영이가 서 있는 경우 어떻게 자리를 양보해야 할까요?
  - 민수가 할머니에게 양보한 자리를 다른 노인이나 도움이 필요한 사람이 차지하면 어떻게 해야 할까요?
- 시간적 여유가 있다면 토론의 범위를 전 세계의 도움이 필요한 사람들로 넓히고 학생들에게 국가 간 재난 구호 협력에 관한 문제에 대해 토론하도록 안내한다.

3) 결론

결론을 내리는 과정에서 학생들에게 다른 사람을 도울 때 느꼈던 긍정적인 감정을 나누도록 한다. 다른 사람을 돕는 것에서 행복이 비롯될 수 있다는 것을 이해하도록 돕는다.

5. 보충 활동(선택 사항)

활동	내용	권장 사항
하루 한 가지 선행	**목표: 선행을 실천하고 느낀 감정을 기록함으로써 다른 사람을 돕는 것의 장점을 이해한다.** 학생들에게 한 달 또는 일주일같이 정해진 기간 동안 매일 선행을 실천하고 그 과정과 그로 인해 느낀 감정을 적어 보라고 한다.	말이나 그림을 사용하여 행동의 과정과 그 느낌을 적는다. 선행 순간에 친구가 함께 있는 경우, 학생은 증인이 되는 친구의 서명을 기록할 수 있다.

부록 6-5 교수자용 참고 자료: 자리 싸움 게임 절차

1. 4팀의 참가자들에게 교실 밖에서 기다리라고 합니다.

2. 8명의 참가자가 나갔으므로 빈 자리가 8개가 됩니다. 사용 가능한 좌석 수가 참가자 수보다 적도록 일부 좌석을 교실 뒤로 빼냅니다.

3. 그런 다음 교실 주변에 좌석을 나란히 또는 따로 배치합니다. 예를 들어, 좌석이 5개인 경우 2개는 문 옆에 나란히 배치하고 나머지 3개는 칠판 옆에 나란히 배치합니다.

4. 참가자가 교실로 돌아온 후 학급 전체에게 게임 절차를 설명합니다.

5. 참가자는 교실에서 사용 가능한 좌석을 찾아서 앉아야 합니다. 참가자들은 자신의 팀원과 함께 나란히 앉아야 합니다. (두 팀만 나란히 앉을 수 있으며 참가자들은 팀원을 위해 다른 빈 좌석을 맡아 줄 수 있습니다.)

6. 팀원과 나란히 앉은 사람과 소속 팀이 게임에서 승리합니다. 한 명의 참가자만 앉은 팀은 게임에서 패배합니다.

부록 6-6 교수자용 참고 자료: "자리 싸움" 토론 질문

목표 게임을 통해 학생들의 감정을 공유하고, 때때로 사람들이 자리를 차지하는 등 이기적으로 행동한다는 것을 이해하도록 돕습니다. 우리는 다른 사람의 필요를 더 배려해야 합니다.

토론을 위한 질문 (학생의 사고 유도용)	예상 답변 예시
모든 참가자를 위한 질문	
1. 빈 좌석을 발견했을 때 즉각적으로 어떤 반응을 보였나요?	1. 앞으로 달려가 자리를 차지하고, 팀원에게 빨리 자리에 앉으라고 말합니다.
2. 팀원과 함께 빈 좌석을 찾아서 앉기 위해 어떻게 하였나요?	2. 팀원이 앉을 때까지 다른 사람이 자리를 차지하지 못하도록 좌석에 무언가를 올려놓거나 팀원에게 빈 자리를 알려 주기 위해 소리칩니다.
3. 자리를 차지한 다른 참가자들이 자리를 양보하지 않았을 때 기분이 어땠나요? 왜 그랬나요?	3. 불공정/불합리/이기적인 행위라고 생각했습니다.
패배한 참가자를 위한 질문	
1. 다른 학생들이 힌트를 알려 주려고 할 때 기분이 어땠나요?	1. 그렇게 하면 안 됩니다. 참가자는 스스로 좌석을 찾아야 하고 청중이 힌트를 주면 안 됩니다.
2. 다른 사람의 자리를 맡아 두는 사람을 발견하면 어떻게 해야 하나요?	2. 나는 다른 사람의 좌석까지 맡아 두지 않겠다고 다짐합니다.
게임에 참여하지 않은 학생들을 위한 질문	
1. 좌석의 위치에 대해 참가자에게 알려 주거나 힌트를 주었나요?	1. 예. 응원하는 팀이 승리하는 것이 목표이기 때문입니다.
2. 이런 방식으로 좌석을 차지하는 것이 다른 사람에게 공정한가요? 왜 그렇게 생각하나요?	2. 불공정하거나 불합리하다고 생각합니다.
3. 이러한 불공정하고 이기적인 행동을 본다면 어떻게 하시겠습니까?	3. 그러한 행동의 문제점을 지적합니다. 스스로를 돌아보며 점검합니다.

전체 학급을 위한 성찰 질문
1. 참가자가 게임에서 좌석을 차지한 이유는 무엇인가요? 그들의 목적은 무엇이었나요?
2. 게임이 아니라 실제 대중교통을 이용하는 상황이라면 다른 사람을 위해 자리를 양보하는 것이 적절할까요? 왜 그럴까요?
3. 실제 상황에서 누군가가 다른 사람의 자리를 맡아 둔다면, 그러한 행동에 대해 어떤 감정을 느끼겠습니까? 어떻게 대응해야 한다고 생각하나요?
4. 그런 식으로 행동한 적이 있나요? 있다면 앞으로 그런 행동을 하겠습니까?

부록 6-8

교수자용 참고 자료: "먼발치에서 자리 양보하기" 내용

민수와 지영이는 방과 후 지하철을 타고 함께 집으로 가고 있었습니다. 운 좋게도 그들은 자리에 앉을 수 있었습니다. 지하철이 환승역에 도착했을 때 많은 승객이 탑승했습니다. 지영이는 멀리 떨어진 곳에 한 할머니가 서 있는 것을 보았지만 주변 승객들은 자리를 양보하지 않았습니다. 지영이는 할머니에게 자리를 양보하고 싶었지만, 지영이와 할머니 사이에는 4~5명의 승객이 서 있었습니다. 지영이는 어떻게 해야 할지 몰랐습니다.

지영이가 민수에게 물었습니다.

"저 할머니 보여? 아무도 할머니에게 자리를 양보하지 않을 것 같은데 어떻게 하면 좋을까?"

민수가 대답했습니다.

"응, 보여. 우리가 자리를 양보하는 게 어떨까?"

지영이는 말했습니다.

"그러고 싶은데……. 어떻게 해야 해?"

여러분이 지영이라면 어떻게 할머니에게 자리를 양보하겠나요?

모둠원들과 의논하여 할머니에게 자리를 양보할 수 있는 실용적인 방법을 찾아보세요. 토론 내용을 발표하면서 제안한 방법을 시연하세요.

부록 6-9 성장 확인 질문

이름: ______________________ 반: ______________________ 날짜: ______________________

1. 수업 과제

1) 교통 약자에게 좌석을 양보하겠나요?

2) 이유가 무엇인가요?

3) 상대방에게 자리를 양보했을 때 상대방이 이를 거절한다면 당황스러울까요?

4) 3)과 같은 상황에서는 어떻게 대처할까요?

2. 숙제

1) 다른 사람을 도울 때는 어떤 태도를 가져야 하나요?

2) 여러분이 도움을 준 사람에게 감사 인사를 받고 싶은가요? 그 이유는 무엇인가요?

대단원 7

자기효능감

소단원 1 학습 전략

소단원 2 일그러진 괴물의 집

들어가며

자기효능감(self-efficacy)은 주어진 상황에서 성취를 이루기 위해 필요한 일련의 행동을 조직하고 실행할 수 있는 자신의 능력에 대한 믿음이다. 자기효능감은 개인의 느낌, 생각, 동기 부여, 행동 방식에 영향을 미친다. 자기효능감이 높은 사람은 주어진 과제를 성공적으로 완수하는 데 필요한 행동들을 계획하고 실행할 수 있는 자신의 능력을 신뢰한다. 자기효능감은 다음의 요인을 포함한 개인적 또는 대인적 요소들의 영향을 받는다.

1. 자신의 성공 또는 실패 경험
2. 비슷한 상황에서의 타인의 성공 또는 실패를 관찰하는 경험
3. 성공 또는 실패하는 상황을 상상하는 경험
4. 다른 사람으로부터의 지지나 독려, 또는 부정적 평가를 받는 경험
5. 개인의 신체가 건강하고 긍정 정서를 느끼는 상황, 또는 개인이 신체적으로 불안정하고 부정 정서를 느끼는 상황

한 연구자는 자기효능감은 인지 요인, 동기 요인, 감정 요인, 선택 요인 등을 포함한 여러 심리적 과정을 통해 실제 성과에 영향을 미친다고 밝혔다. 구체적인 내용은 다음과 같다.

1. 인지 요인: 자기효능감은 개인이 자신의 능력을 어떻게 평가하는지에 영향을 미치며, 특정 상황에서 대처하는 방식에 영향을 미친다.
2. 동기 요인: 자기효능감은 개인이 얼마나 진취적인 동기를 가지며 얼마나 적극적으로 노력하는지에 영향을 미친다.
3. 감정 요인: 자기효능감은 개인이 특정 상황에서 긍정적 또는 부정적 정서를 느끼는 데 영향을 미친다. 긍정적인 감정은 적극적 행동을 촉진할 수 있는 반면, 부정적 감정은 행동을 억제하거나 상황을 회피하도록 만들 수 있다.
4. 선택 요인: 자기효능감이 높은 개인은 도전적인 과제나 적극적인 대처 방식을 선택할 수 있는 반면, 자기효능감이 낮은 개인은 쉬운 과제나 회피적인 대처 방식을 선택할 수 있다.

자기효능감은 개인의 심리적 · 생리적 · 사회적 · 도덕적 기능에 상당한 영향을 미친다. 자기

효능감이 높은 사람일수록 과제를 완수하려는 인내심, 내적 동기, 어려움을 발전의 기회로 여기는 태도, 어려운 목표도 달성해 내려는 열망 등 더 긍정적인 자질을 가진다. 이런 사람들은 실패에도 빠르게 회복하며, 실패의 원인을 자신의 본질적인 자질이나 재능의 부족으로 탓하기보다는 노력을 통해 획득할 수 있는 기술이나 지식의 부족 등으로 돌린다. 한 이론에 근거하면, 자기효능감은 영유아기부터 발달하기 시작하며, 연령에 따라 다양한 영역에서 어떤 경험을 하고, 어떤 능력을 개발하며, 어떤 상황적 과제를 마주하는지에 따라 전 생애를 걸쳐 변화한다. 따라서 학생들이 다양한 영역에서 높은 자기효능감을 형성하도록 돕는 것은 매우 중요하다.

Level 2 과정은 학생들이 자신의 잠재력을 발견하고, 성공 경험을 되새김으로써 자기효능감을 높이며, 목표 설정 기술을 배워 실제 성취 경험을 쌓도록 돕는 데 중점을 두었다. 그러나 목표를 성취하는 과정에서, 또는 더 나아가 삶의 모든 과정에서 사람들은 필연적으로 역경을 경험할 수밖에 없다. 성공적으로 문제를 해결하기 위해서는, 사람들은 문제를 이해하고 해결책을 찾아야 하며, 부정적인 정서에 압도되지 않아야 한다.

전 생애에 걸친 배움은 지속적인 성장을 위해 중요한 요소이다. 따라서 Level 2 과정 대단원 '자기효능감'의 교육과정에서, 소단원 1을 통해 학생들은 적절한 학습 전략을 탐구하여 학업 효율을 증진시키고 학업적 자기효능감을 높인다. 소단원 2를 통해 학생들은 자기효능감에 대한 왜곡된 사고를 확인하고 바로잡아, 이러한 사고의 부정적 영향으로부터 스스로를 보호하는 방법을 배운다.

개관

소단원	소단원 목적	학습 목표
학습 전략 (30분)	학생들의 학업적 자기효능감을 높인다.	1. 다양한 학습 전략을 탐구한다. 2. 자신에게 잘 맞는 학습 전략을 발명한다.
일그러진 괴물의 집 (30분)	왜곡된 사고가 자기효능감에 미치는 부정적 영향을 줄임으로써 우울감을 예방한다.	1. 왜곡된 사고의 존재를 확인한다. 2. 왜곡된 사고에 반박하고 대처하는 법을 배운다.

이 대단원에 포함된 모든 활동지 및 파워포인트 슬라이드와 영상 자료 등은 학지사 홈페이지(www.hakjisa.co.kr)에서 내려받을 수 있습니다.

소단원 1

학습 전략

1. 소단원 목적

학생들의 학업적 자기효능감을 높인다.

2. 학습 목표

① 다양한 학습 전략을 탐구한다.

② 자신에게 잘 맞는 학습 전략을 발명한다.

3. 수업 내용

활동	절차
1. 준비 활동(5분)	학생들에게 "여러분이 쉽다고 생각하는 기술에는 무엇이 있나요? 또는 배우기 시작하면 확실히 잘할 수 있겠다고 생각하는 기술로는 무엇이 있나요?"라고 질문한다. 전체 학급을 대상으로 몇몇 학생의 발표를 듣거나, 가까이 앉은 학생끼리 질문에 대한 답변을 공유해 보도록 지시한다.
2. 개인 활동: 학습 전략 퀘스트**(10분)** ▷ **교수자료** - [부록 7-1] 파워포인트 슬라이드: 학습 전략 검토 - [부록 7-2] 활동지: 학습 전략 퀘스트 - [부록 7-3] 교수자용 참고 자료: 학습 전략 퀘스트 예시 답변	**목표: 다양한 학습 전략을 탐구하고 자신에게 잘 맞는 학습 전략을 찾는다.** 1. 학생들에게 파워포인트 슬라이드([부록 7-1])를 보여 준다. 컴퓨터 게임 전략에 비유해 학습 전략을 소개하고 학생들의 흥미를 끌어올린다. 2. 활동지([부록 7-2])를 학생들에게 배부한다. 3. 학생들에게 '학습 목표' 옆 상자에 배우고 싶지만 낮은 자기효능감으로 인해 망설이고 있는 기술이 있는지 생각해 보고 적어 보도록 지시한다. 이후, 목표를 달성하고자 하는 방법으로 '장애물' '강/약점' '자기효능감과 효율성을 높이는 방법' '시간 관리 방법'의 옆 칸에 적절한 내용을 적도록 지시한다. 이후 학생들이 다음의 질문에 대한 답을 생각해 보도록 지도한다. • 어떤 개인적 또는 환경적 요인이 여러분의 학습에 영향을 미치고 있나요? • 장애물의 존재를 인식한 후, 그를 없애거나 해결하기 위해서 무엇을 할 수 있을까요? ([부록 7-3])

3. 모둠 토론: 우리의 학습 전략(8분)	**목표: 급우를 통해 서로의 학습 전략을 배운다.** 1. 학생들을 작은 모둠으로 나눈다. 2. 모둠 구성원 간에 서로 학습 전략을 공유하고, 서로의 학습 전략을 배우도록 지시한다. 만약 학생들이 이전 활동에서 자신의 학업적 자기효능감이나 효율성을 높이는 방법을 찾지 못했다면, 이에 대한 해결책을 모둠과 함께 논의하도록 지도한다. 3. 학생들이 모둠 토론의 결과를 요약해 발표하도록 지시한다.
4. 결론(2분)	1. 학생들이 그 학습 전략을 실제로 시도해 보도록 장려한다. 학생들이 실패에 대한 두려움으로 자신감을 잃지 않도록 격려하고, 목표를 이루기 위해 앞으로 나아갈 수 있도록 지도한다. 2. 성공에 대한 평가가 단순히 목표를 이뤘는지 여부로 결정되는 것은 아니라는 점을 강조한다. 자신의 현재 성과가 과거에 비해 향상되었는지 비교해 보는 것이 더 중요하다고 말한다. 따라서 활동을 진행하는 동안 자신의 강점과 약점을 찾아서, 강점은 더욱 발전시키고 약점은 보완함으로써 지속적인 발전을 도모해야 한다고 설명한다. 3. 학생들이 서로를 통해 배울 수 있도록 독려한다.
5. 마무리 활동(5분) ▷ **교수자료** - [부록 7-4] 성장 확인 질문	1. 성장 확인 질문을 공유하고 학생들이 소단원 활동을 돌아볼 수 있도록 유도한다. 2. 소단원 활동에 대한 학생들의 참여를 칭찬한다.

4. 세부 지도 사항

1) 준비 활동

- 학생들이 학습 전략에 대한 통찰을 스포츠, 예술, 요리, 사교 활동 등으로 확장해서 생각할 수 있도록 돕는다. 예를 들어, '축구하기' '목도리 뜨기' '노래하기' '가사 외우기' '카드 게임 하기' '별명 만들기' '요리하기' '컴퓨터 게임 하기' '농담하기' 등의 주제로 학습 전략을 확장해 볼 수 있다. 학생들의 배경에 따라 적절한 사례를 제시하고, 청소년들 사이에서 유행하는 은어 등을 활용해 학생들의 흥미와 관심을 끌어올린다. 준비 활동의 목적은 학생들로 하여금 교수자가 자신을 이해하고 포용하고 있다고 느끼도록 만드는 것이다. 이는 특히 자기효능감이 낮은 학생들에게 중요하다.
- 만약 학생들이 '기술'의 개념이 너무 추상적이라고 느낀다면, 자신이 잘할 수 있는 것에 대해 생각하기 어려워할 수 있다. 이 경우, 학생들이 "나의 뇌/얼굴/입/손/발 등을 사용

해 빠르게 배울 수 있는 것은 무엇일까?"를 생각해 보도록 지도할 수 있다. 예를 들어, 몇몇 학생들은 자신의 얼굴과 입을 활용해 다른 사람의 표정이나 말투를 잘 따라 할 수 있다고 생각할 수 있다.

- 모든 학생의 참여를 북돋기 위해 학생들을 세 개의 모둠으로 나누고 모둠 내에서 서로가 무엇을 잘할 수 있을지 이야기해 보도록 지도할 수 있다.

2) 학습 전략 퀘스트

- 활동지를 배부한 후, 활동지 작성을 시작하기 전에 학생들이 자리를 잡고 집중할 수 있도록 유도한다. 학생들에게 펜과 활동지를 미리 준비하고 동시에 활동을 시작하도록 지시한다. 이후 단계별로 활동지를 마무리하도록 지도한다.
- 모든 학생이 학업에 목표를 두고 있는 것은 아니기 때문에, 학생들은 학업이 아닌 영역에서도 학습 목표를 세울 수 있다. 학생들의 배경과 상황에 따라, 교수자는 학생들이 자신이 원하는 영역에서 목표를 세울 수 있도록 지도한다.
- 시간이 부족하다면, 학생들에게 '장애물' '강/약점' '자기효능감과 효율성을 높이는 방법' 칸을 채우는 데 집중하도록 하고, '시간 관리 방법'은 자율적으로 채우도록 지도한다.
- 학생들이 학업 과정에서의 장애물, 자신의 강/약점에 주의를 기울이도록 지도한다. 성장과 성취를 이루기 위해, 자신의 능력과 문제를 이해하고 그에 따른 적절한 해결책을 찾는 것은 중요하다고 전달한다.
- 활동의 목적은 학생들이 자신만의 학습 방법을 찾도록 유도하는 것이다. 이 시점에서는 각 학생이 조용히 성찰할 수 있도록, 학생들 간의 논의는 지양한다. 만약 학생들이 이 활동을 너무 추상적이라고 느낄 경우, 교수자는 자신의 개인적 사례를 공유하거나 [부록 7-3]을 참고해 설명할 수 있다.

3) 결론

- 세계적인 농구 선수이자 스포츠 의류 브랜드 '나이키'의 '에어 조던' 모델로도 유명한 마이클 조던은 "한 걸음 한 걸음씩 나아가는 것, 어떤 일을 하든 목표를 달성하는 데 이보다 뛰어난 방법은 없다."는 명언을 남겼다. 교수자는 이 구절을 학생들이 미래의 성취를 이루기 위해 인내하고 작은 성공을 만들기 위해 노력하도록 독려하는 데 사용할 수 있다.

5. 보충 활동(선택 사항)

활동	내용	권장 사항
학습 전략 – 준비하고 시작하기	**목표: 상호 지지적인 환경에서 학습 목표를 달성한다.** 학생들이 학습 지지 모둠을 구성하고, 모둠 구성원과 '학습 전략 퀘스트' 활동지에 적은 내용을 공유하도록 지시한다. 학생들이 Level 1 과정 소단원 4에 소개된 'SMART' 원칙을 활용해 목표를 세우고 실천할 수 있도록 지도한다. 모둠 구성원들이 서로 계획을 잘 실천하는지 확인하면서 서로 격려하고 자극을 받을 수 있도록 유도한다.	학생들은 서로 신뢰할 수 있고 친밀한 급우들을 선택해 자발적으로 모둠을 구성할 수 있다.

부록 7-2

활동지: 학습 전략 퀘스트

이름: ____________________

학습 목표 →

장애물 →

강/약점 →

자기효능감과
효율성을
높이는 방법 →

시간 관리 방법 →

부록 7-3 교수자용 참고 자료: "학습 전략 퀘스트" 예시 답변

학생의 사고를 촉진하기 위한 보조자료

1. 학습 목표
   - 학습 영역 또는 주제: 배우고자 하는 것
   - 원하는 학업 성취의 수준

2. 장애물
   - 암기 능력 부족
   - 시간 부족
   - 학습 동기 부족
   - 주의 산만

3. 강/약점
   - 잘할 수 있는 주제
   - 잘하기 어려운 주제

4. 자기효능감과 효율성을 높이는 방법
   - 주의를 산만하게 하는 자극으로부터 벗어나 집중력 향상시키기
   - 어려운 주제를 학습하는 데 더 많은 시간 투자하기
   - 시간 관리 기술을 배우고 실행하기
   - 스스로 동기부여하는 방법 탐색하기
   - 학습을 위한 최적의 시간과 환경 설정하기

5. 시간 관리 방법
   - 시간표를 만들고, 그에 맞춰 학습 계획 실행하기

부록 7-4 성장 확인 질문

이름: ______________________ 반: ______________________ 날짜: ______________________

1. 학습 경험들이 내 삶 전체와 나의 전반적인 성장에 기여를 할 수 있을까요?

2. 이번 활동에서 탐구한 학습 전략을 어떻게 실천에 옮길 수 있을까요?

소단원 2

일그러진 괴물의 집

1. 소단원 목적

왜곡된 사고가 자기효능감에 미치는 부정적 영향을 줄임으로써 우울감을 예방한다.

2. 학습 목표

① 왜곡된 사고의 존재를 확인한다.

② 왜곡된 사고에 반박하고 대처하는 법을 배운다.

3. 수업 내용

활동	절차
1. 준비 활동: 사각형 게임**(3분)** ▷ **교수자료** - [부록 7-5] 모둠 활동지: 사각형 게임	1. 자리가 가까운 학생들을 기준으로 두 모둠으로 나눈다. 2. 각 모둠에 활동지([부록 7-5])를 배부한다. 학생들에게 1분 동안 가운데 십자 모양을 포함한 사각형 그림에서 가능한 한 많은 '무언가'를 찾아보도록 지시한다. 가장 많은 답을 찾은 모둠이 승리한다. 3. 학생들에게 "평소의 사고방식에 얽매이지 않아야 합니다. 어떤 것이든 다양한 관점으로 해석되고 분석될 수 있습니다."라고 말한다.
2. 짧은 강연: 일그러진 괴물의 집**(10분)** ▷ **교수자료** - [부록 7-6] 파워포인트 슬라이드: 일그러진 괴물의 집 - [부록 7-7] 교수자용 참고 자료: '일그러진 괴물의 집' 대본	**목표: 왜곡된 사고의 존재를 파악한다.** 1. 음성 자료가 첨부된 파워포인트 슬라이드([부록 7-6])를 재생하고, 학생들에게 왜곡된 사고의 특징과 이런 사고에 대응하는 방법의 예시를 소개한다. 2. 몇몇 학생들이 전체 학급에 자신의 경험을 공유할 수 있는 시간을 가진다.

3. 모둠 활동: 괴물의 집으로 떠나는 모험(**10분**) ▷ **교수자료** - [부록 7-8] 활동지: 괴물의 집으로 떠나는 모험 - [부록 7-9] 교수자용 참고 자료: '괴물의 집으로 떠나는 모험' 모범 답안	**목표: 왜곡된 사고에 반박하고 대처하는 법 배우기** 1. 학생들을 작은 모둠으로 나누고, 활동지([부록 7-8])를 배포한다. 2. 학생들은 활동지에 나오는 괴물의 말을 읽고, 모둠 토론을 통해 그에 반박하는 질문을 논의한 뒤 작성한다. 3. 각 모둠별로 대표자가 해당 모둠이 작성한 반박 질문을 학급에 공유한다. 4. 나머지 학생들은 해당 대표자가 제시한 질문이 타당한지 피드백한다. 5. 교수자는 학생들의 내용을 요약한 뒤, 교수자용 참고 자료([부록 7-9])를 참고하여 각 괴물의 말에 대한 모범 답안을 학생들에게 제시한다.
4. 결론(2분)	1. 다음의 결론을 학생들에게 전달한다. • 사람들은 평소의 사고방식을 버리거나 바꿔서 새로운 사고방식을 사용할 수 있습니다. 상황을 제대로 분석하기 위해서는 상황의 긍정적인 측면과 부정적인 측면을 모두 살펴봐야 합니다. 만약 다른 측면들은 무시한 채로 하나의 측면에만 초점을 쏟고 있다면, 막다른 길에 다다를 수 있습니다. • 왜곡된 사고는 일상생활에서 흔하게 발생한다. 사람들은 왜곡된 사고에 휩쓸려서는 안 되며, 오히려 그에 차분하게 대처해야 합니다. 이와 같은 사고의 오류를 인식하는 것은 사람들의 잠재력을 발휘하는 데 도움이 될 수 있습니다. 2. 왜곡된 사고를 마주한 경우 친구들이나 선생님께 말하고, 필요하다면 도움을 요청할 수 있도록 학생들을 격려한다.
5. 마무리 활동(5분) ▷ **교수자료** - [부록 7-11] 성장 확인 질문	1. 성장 확인 질문을 공유하고 학생들이 소단원 활동을 돌아볼 수 있도록 유도한다. 2. 소단원 활동에 대한 학생들의 참여를 칭찬한다.

4. 세부 지도 사항

1) 준비 활동

- "1분 동안 가운데 십자 모양이 포함된 사각형 그림에서 가능한 한 많은 '무언가'를 찾아 보세요"라는 지시문에서 '무언가'라는 단어를 사용하는 이유는 학생들이 틀에 얽매이지 않고 사고하도록 돕기 위함이다. 즉, 학생들이 2차원의 도형을 보면서 다차원적으로 사고하도록 유도하는 것이다. 교수자는 필요하다면 언제든지 힌트를 제공할 수 있다.
- 학생들은 영어 단어, 아라비아 숫자, 또는 다른 도형 등 많은 '무언가'를 찾아낼 수 있다. 예시로는 'E' 'H' '5' '99' 등이 있다.

- 학생들은 한자 단어도 찾아낼 수 있다. 예를 들어, '뫼 산(山)' '해 일(日)' '밭 전(田)' '석 삼(三)' 등이 있다.
- 교수자는 활동 이전에 게임에 대해 충분히 숙지함으로써 게임을 능숙하게 진행하고 필요시 학생들을 독려해야 한다.

2) 괴물의 집으로 떠나는 모험

- 교수자 참고 자료([부록 7-9])는 오직 참고를 목적으로 할 뿐, 모범 답안처럼 활용되어서는 안 된다. 학생들은 스스로 합리적이고 건설적인 답변을 제공할 때만 점수를 얻을 수 있다.
- 학생들이 괴물의 말에 질문을 던짐으로써 사고의 범위를 넓힐 수 있도록 유도한다. 게임 시작 전에 게임의 진행 방식을 미리 시연해 보는 것도 도움이 될 수 있다.
- 플래시 게임에서 나타나는 학업이나 사회적 상호작용에 대한 왜곡된 사고 이외에도, 교수자는 학생들의 배경이나 필요에 따라 다른 종류의 왜곡된 사고를 제시할 수 있다. 예시로는 쇼핑, 아이돌 팬 활동, 취미 등을 포함할 수 있다. 다음은 구체적인 문장의 예시이다.
  - "내가 ○○ 브랜드 점퍼를 입지 않는다면, 나는 학교에서 괴롭힘을 당할 거야!"
  - "내가 ○○의 팬클럽에 가입하지 않으면, 나는 진정한 팬이라고 할 수 없어!"
  - "노인네들은 트로트나 들어야지, 우리 같이 어린 사람들이나 힙합 듣는 거야."
- 우승팀에게 주는 상 외에 활동에 참여한 다른 팀도 받을 수 있는 상을 준비한다. '최고의 한마디 상' '최고의 응원 상' 등이 예시가 될 수 있다.

5. 보충 활동(선택 사항)

활동	내용	권장 사항
일그러진 괴물 사냥하기	**목표: 일상생활에서 왜곡된 사고를 확인하고 반박한다.** 학생들을 작은 모둠으로 나누고, 각 모둠에게 지난 주 동안 일상생활에서 발생했던 왜곡된 사고(자신 또는 타인에 대한)를 떠올려 보도록 지시한다. 학생들은 활동지([부록 7-10])에 왜곡된 사고의 내용을 기록하고, 그와 같은 사고에 반박하는 질문들을 적는다.	• 활동지를 학급 내 게시판에 부착함으로써 학생들이 서로를 통해 배울 수 있도록 지도한다. • 학생들이 자신의 왜곡된 사고를 확인하고 그에 반박할 수 있도록 격려한다. • 학생들에게 가능한 한 많은 반박 질문을 적어 보도록 지시한다.

부록 7-5

모둠 활동지: 사각형 게임

모둠: ______________________

1분 동안 가운데 십자 모양이 포함된 사각형 그림에서
가능한 한 많은 '무언가'를 찾아보세요.

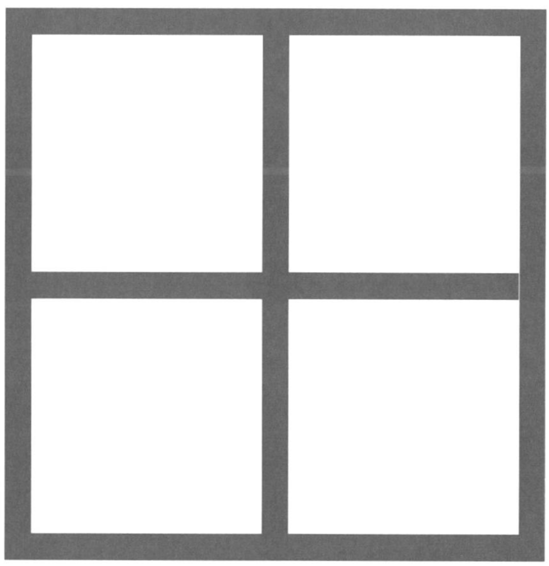

부록 7-7 교수자용 참고 자료: "일그러진 괴물의 집" 대본

옛날 옛적에, 사람들의 마음속에 예고 없이 침입하는 괴물들이 돌아다니고 있었습니다.
다음과 같은 괴물들이 있었습니다.

'흑백' 야수 (흑백논리)

특징: 이 괴물은 사람들이 '극단적'인 생각을 하도록 만드는 능력이 있습니다. 괴물의 말에 따르면 세상의 모든 것은 '흑'이 아니면 '백'입니다. 그러나 세상의 얼마나 많은 것들이 '극단적'일까요?

괴물의 말: "성적이 좋아야만 성공할 수 있어. 성적이 나쁘면 아무것도 될 수 없어."

반박 질문: 학업 성취만이 성공의 유일한 요소일까? 학업 성적 외에도 중요하고 가치 있는 요소들은 많습니다.

'암울' 코브라 (정신적 여과)

특징: 이 괴물은 사람들이 상황의 부정적 측면에만 주의를 기울여 긍정적인 측면은 보지 못하도록 만드는 능력이 있습니다.

괴물의 말: "난 키가 작아. 내가 스포츠를 잘하는 건 불가능해!"

반박 질문: 키가 작은 사람들은 운동을 못하라고 정해져 있을까요? 올림픽 선수라고 반드시 키가 큰 것은 아닙니다. 키가 크지 않은 사람도 여러 스포츠에서 두각을 드러낼 수 있습니다.

'과대' 괴물 (과잉일반화)

특징: 이 괴물은 사람들이 단일한 사례나 자기 경멸적인 생각을 확대해서 성급하게 일반화하게 만드는 능력이 있습니다.

괴물의 말: "이렇게 시험을 열심히 준비했는데도 못 본다면, 나는 멍청이야."

반박 질문: 사람의 능력이 시험 한 번의 결과로 결정된다고 생각하나요? 만약 최선을 다했는데도 좋은 점수를 받지 못하면, 다른 요소들이 원인이라고 볼 수 있지 않을까요?

'엑스레이' 유령 (마음 읽기)

특징: 이 괴물은 사람들이 다른 사람의 생각과 의도를 추론하고, 그 추론이 사실이라고 믿도록 만드는 능력이 있습니다.

괴물의 말: "그는 내가 인사했는데 안 받아 주고 그냥 지나갔어. 나를 싫어하는 게 틀림없어."

반박 질문: 그 사람이 당신을 싫어한다는 걸 뒷받침하는 증거가 있나요? 그냥 못 보고 지나친 게 아닐까요?

이 일그러진 괴물들이 사람들을 괴롭히고 있는 것을 잘 살펴보았지요? 이 괴물들은 우리를 우울하게 만들고 에너지를 뺏을 뿐만 아니라 자신감을 잃게 만듭니다. 우리는 이 괴물들에 어떻게 대처할 수 있을까요?

부록 7-8 활동지: 괴물의 집으로 떠나는 모험

모둠: ____________________

옛날 옛적에 사람들의 마음속에 예고 없이 침입하는 괴물들이 돌아다니고 있었습니다. 이 괴물들이 하는 왜곡된 사고를 보고, 모둠별로 토론을 한 후 이 사고에 맞서기 위한 반박 질문들을 작성해 보세요.

	괴물의 사고	반박 질문
 '흑백' 야수	"학업에서 실패하면, 내 미래에 좋은 일은 없을 거야!"	
	"나는 지난 시험에서 100점을 받고 싶었는데, 90점을 받았어. 나는 구제불능이야."	
 '암울' 코브라	"난 너무 못생겼어. 아무도 나를 사랑하지 않을 거야."	
	"전체 시험 문제 중에 40%는 찍었어. 내 시험은 완전 망했어."	
 '과대' 괴물	"친구들이 항상 나를 놀려. 사람들은 다 나를 괴롭히려고 해!"	
	"어떤 사람도 나랑 사귀고 싶어 하지 않아. 나는 평생 동안 혼자일 거야."	
 '엑스레이' 유령	"그 일은 너무 쉬운 일인데, 그 사람은 못하더라. 이건 능력의 문제가 아니라, 의지의 문제로 보여."	
	"선생님은 항상 질문에 답변할 사람으로 나를 지목하셔. 그 선생님이 나를 싫어하시는 게 틀림없어."	

부록 7-9 교수자용 참고 자료: "괴물의 집으로 떠나는 모험" 모범 답안

옛날 옛적에 사람들의 마음속에 예고 없이 침입하는 괴물들이 있었습니다.

'흑백' 야수	반박 질문 예시
학업에서 실패하면, 내 미래에 좋은 일은 없을 거야!	너의 인생에는 공부 말고 다른 중요한 것들도 많지 않아?
나는 지난 시험에서 100점을 받고 싶었는데, 90점을 받았어. 나는 구제불능이야.	한 번 목표 점수를 못 받았다고 네가 '구제불능'이라는 거야? 시험을 준비하는 과정에서 배우거나 느꼈던 다른 것은 없었어?

'암울' 코브라	반박 질문 예시
난 너무 못생겼어. 아무도 나를 사랑하지 않을 거야.	외모만이 너의 사랑받을 가치를 결정하는 단 하나의 조건이라고 생각해? 친절하고, 성실하고, 재밌는 것 같은 다른 내면의 아름다움도 너가 사랑받을 만한 사람이라는 걸 알려 주지 않아? 과연 외적인 아름다움에 절대적인 기준이 있을까?
전체 시험 문제 중에 40%는 찍었어. 내 시험은 완전 망했어.	전체 시험 문제의 60%를 풀 수 있었으니, 완전 망했다고는 할 수 없지 않을까?

'과대' 괴물	반박 질문 예시
친구들이 항상 나를 놀려. 사람들은 다 나를 괴롭히려고 해!	너 정말 모든 사람이 너를 싫어한다고 생각해? 그 생각을 뒷받침하는 증거가 있어? 네게 잘해 주는 사람들도 많지 않아?
어떤 사람도 나랑 사귀고 싶어 하지 않아. 나는 평생 동안 혼자일 거야.	너와 지금 사귀는 사람이 없다는 게 너가 모두에게 매력이 없다는 것을 의미할까? 그리고 지금 너와 사귀는 사람이 없는 게 너가 평생 동안 혼자일 것이라는 사실을 의미할까?

'엑스레이' 유령	반박 질문 예시
그 일은 너무 쉬운 일인데, 그 사람은 못 하더라. 이건 능력의 문제가 아니라, 의지의 문제로 보여.	그 사람이 그 일을 해결하기를 원하지 않았다는 걸 뒷받침하는 증거가 있어? 어떤 일을 해결하기 어려운 정도가 모든 사람에게 똑같다고 생각해?
선생님은 항상 질문에 답변할 사람으로 나를 지목하셔. 그 선생님이 나를 싫어하시는 게 틀림없어.	선생님이 매번 지목하는 학생은 어떤 학생일까? 좋아하는 학생이 아닐까? 혹은 답을 알 것 같다고 생각하는 학생이 아닐까? 아니면 좀 더 협조적인 태도를 가졌다고 생각하는 학생이 아닐까?

부록 7-10 보충 활동 자료: 일그러진 괴물 사냥하기

모둠: ____________________

일상생활에서 존재하는 (자신 또는 타인에 대한) 왜곡된 사고를 찾고, 이러한 사고에 맞서기 위한 반박 질문들을 적어 주세요.

'흑백' 야수	'과대' 괴물
괴물의 말:  반박 질문:	괴물의 말:  반박 질문:
'암울' 코브라	**'엑스레이' 유령**
괴물의 말:  반박 질문:	괴물의 말:  반박 질문:

부록 7-11 성장 확인 질문

이름: ____________ 반: ____________ 날짜: ____________

1. 수업 과제

1) '사각형 게임' 활동을 통해 무엇을 배웠나요?

2) 활동에서 언급된 왜곡된 사고의 네 가지 종류는 무엇인가요?

3) 네 가지 왜곡된 사고의 특징은 무엇인가요?

2. 숙제

1) 스스로 일상생활에서 왜곡된 사고를 하고 있다고 생각하나요?

2) 만약 왜곡된 사고가 나타난다면, 어떻게 해야 할까요?

3) 왜곡된 사고에 시달려 괴로울 때는 어떻게 대처해야 할까요?

대단원 8

친사회적 규범

들어가며

친사회적 규범(prosocial norms)은 공동체의 신념을 강화하고 개인의 행동을 유도하는 명확하고, 긍정적이며, 건전하고, 도덕적인 기준을 말한다. 친사회적 규범 중 하나의 예시로 '이타주의'가 있으며, 그 외에도 협동, 나눔, 배려, 도움 행동, 타인에 대한 책임감이 친사회적 규범에 포함된다. 이타주의와 친사회적 규범은 모두 화목한 가정이나 따뜻한 면학 공동체와 같은 상대적으로 응집력이 높은 집단에서 잘 발달한다. 청소년들은 또한 도덕적 관습(도덕성의 문제 포함)이나 지역 관습(예절과 일상 규칙 포함)에 대해 논의함으로써 친사회적 규범을 학습할 수 있다.

친사회적 규범을 준수하고 그에 따라 행동하려 할 때, 사람들은 결과에 따른 보상과 비용을 비교하게 된다. 예를 들어, 광복절 기념 행사에서 독립유공자 후손들을 위한 기금 모금 행사에 참여하는 것은 평소에 길거리에서 잠을 자는 노숙자를 개인적으로 돕는 것보다 부담이 적기 때문에 사람들은 직접적으로 어려운 사람에게 도움을 제공하기보다는 기금 모금에 참여하는 것을 선택한다.

사춘기 초반에 청소년들은 점차 쾌락주의적인 사고를 친사회적 관점에 기반한 고등 수준의 도덕적 추론으로 대체한다. 이 과정은 사회적 책임감과 친사회적 행동의 발달과 관련이 있다. 한 연구진에 근거하면 도덕적 추론과 친사회적 행동 사이에는 밀접한 연관성이 있다.

Level 1 과정은 '학교에서의 학생'과 '부모님의 자녀'라는 청소년에게 중요한 두 가지 사회적 정체성에 따르는 규범을 정의하고 인식하는 학생들의 능력을 기르는 데 중점을 두었다. Level 2 과정은 학생들이 다양한 사회적 규범 중 특정한 규범을 따르는 이유와 결과를 탐색하도록 돕는다. 이 교육과정의 목표는 학생들이 사회적 규범을 따르는 이유를 파악하고, 상충되는 사회적 규범이 있을 때 각각을 준수하며 뒤따르는 결과를 이해하도록 유도하는 것이다.

Level 2 과정은 네 개의 소단원으로 구성되어 있다. 소단원 1을 통해 학생들은 모든 사람은 나름대로 각자의 사회적 책임을 가지고 있음을 배운다. 동시에 사회 각 구성원은 서로 다른 사회적 규범을 가지고 있으며, 연령대나 배경에 따라 사회적 책임이 달라질 수 있음을 이해한다. 소단원 2를 통해 학생들은 사회는 연령대와 배경에 따라 다른 친사회적 행동을 기대한다는 것을 인식하고, 이 기대에 부합하는 행동이 좋을 수도 나쁠 수도 있다는 것을 이해한다. 소단원 3을 통해 학생들은 사회적 규범을 준수할 때 얻을 수 있는 이익과 규범을 위반할 때 경험할 수 있는 불이익을 인식하고, 이익과 불이익을 구분하는 전반적인 능력을 발달시킨다. 마지막으로, 소단원 4를 통해 학생들은 논쟁의 여지가 있는 문제나 상황에서 사회적 규범을 따를 때 얻을 수 있

는 이익과 그를 위반했을 때 경험할 수 있는 불이익을 분석하고 고려하는 능력을 기른다. 즉, 학생들은 논쟁의 여지가 있는 사회적 문제를 마주했을 때 자신의 이익을 우선시하기보다는 타협하고 상호 이해를 바탕으로 한 해결책을 찾는 방법을 배운다.

개관

소단원	소단원 목적	학습 목표
다양한 역할과 다양한 의무 (30분)	모든 사람들이 각자의 사회적 책임을 갖고 있음을 이해한다.	1. 같은 문제나 상황에서도 역할에 따라 동일한 규범이 적용되지 않을 수 있음을 이해한다. 2. 연령대나 배경에 따라 다른 사회적 책임을 가진다는 점을 이해한다.
사람들이 말하는 대로 하는 게 좋을까 (30분)	행동의 이면에 존재하는 다양한 사회적 기대를 파악한다.	1. 연령대나 배경에 따라 사람들에게 다른 행동이 기대된다는 점을 이해한다. 2. 사회적 기대에 부응하는 행동이 좋을 수도 나쁠 수도 있다는 점을 이해한다. 3. 무조건 사회적 기대에 따라 행동하기보다는 합리적으로 결정을 내려야 한다는 점을 이해한다.
날씬한 게 유행인가요 (30분)	사회적 규범을 준수할 때 뒤따르는 이익과 그를 위반할 때 경험하는 불이익을 파악한다.	논란의 여지가 있는 상황에서 특정 사회적 규범을 따를 때 경험할 수 있는 이익과 불이익을 파악한다.
힘의 균형 (30분)	상충하는 규범에 잠재된 사회적 이득과 손실을 평가하고 상황에 따라 적절하게 반응하는 법을 배운다.	1. 논란의 여지가 있는 문제나 상황을 마주했을 때, 사회적 규범을 따르는 것의 이득과 손실을 평가하는 능력을 기른다. 2. 논란의 여지가 있는 문제나 상황을 마주했을 때, 서로 다른 당사자의 이해관계를 고려해야 할 필요성을 이해한다.

이 대단원에 포함된 모든 활동지 및 파워포인트 슬라이드와 영상 자료 등은 학지사 홈페이지(www.hakjisa.co.kr)에서 내려받을 수 있습니다.

소단원 1

다양한 역할과 다양한 의무

1. 소단원 목적

모든 사람들이 각자의 사회적 책임을 갖고 있음을 이해한다.

2. 학습 목표

① 같은 문제나 상황에서도 역할에 따라 동일한 규범이 적용되지 않을 수 있음을 이해한다.
② 연령대나 배경에 따라 다른 사회적 책임을 가진다는 점을 이해한다.

3. 수업 내용

활동	절차
1. 준비 활동(5분) ▷ **교수자료** - [부록 8-1] 학급 게임: 할까 말까 뽑기 게임 - [부록 8-2] 교수자용 참고 자료: '할까 말까 뽑기 게임' 규칙	1. 학급 게임 "할까 말까 뽑기 게임"([부록 8-1])을 시작한다. '지위' '행동' '상황'의 세 가지 카테고리가 있으며, 교수자는 세 가지 카테고리에서 한 가지 항목씩 무작위로 선택한다. 2. 교수자는 큰 목소리로 "해당 지위의 사람은 해당 상황에서 해당 행동을 할까요, 하지 말까요?"라고 학생들에게 말한다. 3. 선택된 조합이 사회에서 수용될 수 있다면, 학생들은 손을 들어 'O' 모양을 만든다. 만약 선택된 조합이 사회에서 수용될 수 없다면, 학생들은 손을 들어 'X' 모양을 만든다. 4. 몇 차례 게임을 진행하며, 각 조합에 대한 학생들의 반응을 기록한다. 게임을 마친 후 논란이 되었던 상황에 대해 논의하는 시간을 가진다. 5. 모든 절차를 마무리한 후, 다음의 결론을 학생들에게 전달한다. • 상황과 지위가 맞지 않을 때, 몇몇 행동은 부적절하게 여겨질 수 있습니다. 사람들은 자신이 하고 싶은 행동을 할 권리가 있지만, 몇몇 행동은 지위나 상황과 맞지 않아 부적절하거나 불쾌하게 여겨질 수 있습니다. 이는 반드시 부정적인 행동에만 해당되는 것은 아닙니다. 6. 자세한 설명은 교수자용 참고 자료([부록 8-2])를 통해 확인한다.

<table>
<tr><td>2. 역할 놀이: 도덕 법정 (15분)

▷ 교수자료
- [부록 8-3] 학생용 참고 자료: 도덕 법정 등장인물 정보 카드
- [부록 8-4] 파워포인트 슬라이드: 도덕 법정 등장인물 정보</td><td>목표: 같은 상황일지라도 책임이 달라질 수 있음을 이해한다.
1. 학생들을 작은 모둠으로 나눈다. 간단히 다음에 제시된 '도덕 법정'의 상황을 설명한다.
• 토요일 아침이었습니다. 한 남성이 외딴 해변에서 물에 빠져 허우적거리고 있었습니다. 몇몇 사람들이 지나갔지만 도와주지 않았습니다. 결국 그 남자는 익사했습니다.
2. 각 모둠에 학생용 참고 자료([부록 8-3])를 배부한다.
3. 학생들이 의견을 발표할 때, 교수자는 학생들이 참고할 수 있도록 파워포인트 슬라이드([부록 8-4])를 보여 주며 주의를 집중시킬 수 있다.
4. 각 모둠의 학생들에게 판사와 배심원의 역할을 연기해 보고 이야기 속의 사람들이 지위, 배경, 도덕 등에 따라 책임이 있는지 판단해 보도록 지시한다.
5. 토론의 시간을 10분으로 제한한다. 각 모둠은 한 명의 대표자를 뽑고, 대표자는 모둠의 판단과 이유에 대해 전체 학급에 발표한다. 다음과 같이 발표할 수 있다.
• 재판장 님(이 상황에서는 교수자가 해당), 배심원단은 만장일치로 피고인은 사고에 책임이 있다/없다고 평결했습니다. 그 이유는…….
6. 학생들이 발표를 마치면, 전체 학급에게 다음에 대한 결정을 내려 보도록 지시한다.
• 누구에게 가장 큰 책임이 있나요?
• 누구에게 가장 작은 책임이 있나요?</td></tr>
<tr><td>3. 결론(5분)</td><td>다음의 결론을 학생들에게 전달한다.
• 이전 활동에서 민서, 현우, 다은, 수호는 범죄를 저지르지는 않았지만, 모둠마다 이들의 행동에 대해 다른 판결을 내렸고, 판결 과정에서 각자가 가진 배경도 고려되었다.
• 사회 구성원마다 다른 사회적 규범이 적용된다. 연령대나 배경에 따라 사람들은 서로 다른 사회적 책임을 가질 수 있다. 학생들의 판단은 일상생활에서 사람들의 행동이 사회적 규범과 도덕적 기준에 의해 제한된다는 점을 반영한다.</td></tr>
<tr><td>4. 마무리 활동(5분)

▷ 교수자료
- [부록 8-5] 성장 확인 질문</td><td>1. 성장 확인 질문을 공유하고 학생들이 소단원 활동을 돌아볼 수 있도록 유도한다.
2. 소단원 활동에 대한 학생들의 참여를 칭찬한다.</td></tr>
</table>

4. 세부 지도 사항

1) 준비 활동

- 교수자는 상황에 따라 투표 방법을 손을 들어 '○'나 '×'를 만드는 것에서 다른 방법으로 바꿀 수 있다.
- 교수자가 제시한 '지위'와 '행동' '상황'의 조합을 듣고, 학생들은 해당 행동이 사회에서 수용될 수 있는지 여부를 결정하고 그 결정에 대한 자세한 설명을 제공해야 한다.
- 만약 선택된 조합이 논란의 여지가 있다면, 교수자는 다양한 도덕성의 측면과 사회적 규범, 사회 질서, 사회적 책임, 사회적 기준, 사회적 가치 등 다양한 사회적 수준에 대해 학생들이 결정을 내려볼 수 있도록 지도한다.
- 만약 선택된 조합이 중립적인 행동이라면, 교수자는 다수의 선택을 답으로 간주할 수 있다. 학생들의 결정은 현재의 사회적 관점을 반영한다.
  - 예시: 여성(지위) + 화장하기(행동) + 식당(상황)
  - 만약 다수의 학생들이 이 조합이 사회에서 수용 가능하다고 판단한다면, 이 조합은 사회에서 수용 가능한 것으로 간주한다.
  - 다음과 같은 형태로 설명할 수 있다. "과거에는 문화권에 관계없이 이런 행동이 부적절하다고 여겨졌지만, 이제 사회는 이런 행동에 더 관대해졌습니다."

2) 도덕 법정

- 이야기 속의 사람들은 어떤 법적 책임도 가지지 않으며, 학생들은 도덕적 관점에 따라 그 사람이 사고에 책임이 있는지를 판단해야 한다는 점에 주목한다.
- 학생들이 판단을 내리는 동안, 교수자는 학생들이 지위, 나이, 능력 등을 포함한 개별 등장인물의 개인적 특성에 주의를 기울이도록 지도한다.
- 학생들이 의견을 발표할 때, 교수자는 학생들이 결정의 이유에 대해 설명할 수 있도록 돕는다.
- 법과 도덕의 관계는 다음과 같다.

  ① 법과 도덕의 유사성

  - 사람들의 행동의 규범과 기준을 설정한다.

– 사람들의 사회적 권리, 의무, 책임을 규정한다.

– 무엇이 옳고 그르며, 금지되는지 알려 준다.

– 사회적 질서를 보장하고, 사람들의 생명과 재산을 보호한다.

② 법과 도덕의 차이점

– 동일한 목적을 가질지라도, 법과 도덕은 사람들에게 동일한 행동을 요구하지 않는다.

– 법과 도덕은 모두 사람의 행동을 제한하지만, 법이 반드시 도덕적 또는 사회적 의무를 포함하지는 않으며, 도덕적 의무가 반드시 법으로 해석되지도 않는다.

– 다음의 사례에서 행동이 도덕적인지 비도덕적인지에 대한 판단은 논쟁의 여지가 있다. 교수자는 학생에게 정답이나 직접 판단을 제시하기보다는, 몇몇 사례를 활용해 토론을 진행할 수 있다.

예시	법		도덕	
	합법적	불법적	도덕적	비도덕적
살인, 심각한 신체적 상해		✓		✓
거짓말: 위증		✓		✓
거짓말: 선생님께 벌을 받은 진짜 이유를 부모님께 숨기기	✓			✓
사취		✓		✓
놀리려는 목적으로 다른 사람 속이기	✓			✓
세계 무역 기구(WTO) 회의가 열리는 동안, 개발도상국의 사람들이 사전 신고 없이 회의장 주변을 행진하며 WTO 협정이 자신들의 생계에 큰 영향을 미치고 있다고 시위했다. 시위대는 피켓을 들고 구호를 외치며, 회의 참석자들에게 자신들의 목소리를 전달하려 했다.		✓	✓	

3) 결론

학생들에게 현실에서 재판을 받을 때, 판사는 법과 증거만 고려할 뿐 아니라 피고인의 지위와 연령 또한 고려한다는 점을 전달한다.

5. 보충 활동(선택 사항)

활동	내용	권장 사항
학생 법정	**목표: 연령대나 배경에 따라 사회적 책임이 달라진다는 점을 이해한다.** 학생들이 모의 재판을 열고 각각 판사, 피고인, 검사, 증인, 배심원(나머지 학생들)의 역할을 맡도록 지시한다. 학생들의 일상생활과 관련된 시사 문제나 사건들, 기타 논란거리가 되거나 관심을 끄는 사건들을 미리 재판의 주제로 사용할 수 있도록 준비한다.	활동을 진행하는 동안, 교수자는 학생들의 역할을 바꿈으로써 더 많은 학생이 활동에 적극적으로 참여하고 창의적으로 생각할 수 있는 기회를 가지도록 돕는다.

부록 8-1 학급 게임: 할까 말까 뽑기 게임

지위	행동	상황
• 교사	• 농구하기	• 길거리
• 학생	• 컴퓨터 게임 하기	• 교실
• 의사	• 흡연	• 놀이터
• 환자	• 전화 통화하기	• 집
• 어른	• 간식 먹기	• 운동장
• 청소년	• 수면	• 병원 입구
• 아이	• 화장하기	• 식당
• 노인	• 발치	• 영화관에서 영화 상영 도중
• 부모	• 춤추기	• 수영장 안
• 딸/아들		• 버스 안
• 여자		• 슈퍼마켓
• 남자		

부록 8-2 교수자용 참고 자료: "할까 말까 뽑기 게임" 규칙

이름: ______________________ 반: ______________________ 날짜: ______________________

1. 게임에는 '지위' '행동' '상황'이라는 세 개의 열이 있다.
2. 교수자가 '지위' '행동' '상황'의 열에 있는 항목 중 하나를 선택해 무작위 조합을 만든다. 교수자는 이때 "해당 지위를 가진 사람은 해당 상황에서 해당 행동을 해야 할까요, 하지 말아야 할까요?"라고 질문한다. 예를 들어, '교사' '흡연' '교실'의 조합이 만들어졌다면, 교수자는 학생들에게 "교사는 교실에서 흡연을 해야 할까요, 하지 말아야 할까요?"라고 질문한다.
3. 선택된 조합은 사회에서 수용 가능할 수도, 수용 가능하지 않을 수도 있다. 해당 조합이 사회에서 수용 가능하다면, 학생들은 손을 들어 '○' 모양을 만든다. 반면 해당 조합이 사회에서 수용 불가능하다면, 학생들은 손을 들어 '×' 모양을 만든다.
4. 교수자는 또 다른 조합을 무작위로 선택하고, '해야 할까요, 하지 말아야 할까요?' 형태로 질문한다. 이 과정을 몇 차례 반복한다.
5. 조합에 따른 학생들의 응답을 기록한다. 논란이 있던 상황의 경우 게임을 마친 후 학생들과 논의하는 시간을 가진다.

'지위' 열의 내용	교사, 학생, 의사, 환자, 어른, 청소년, 아이, 노인, 부모, 딸/아들, 여자, 남자
'행동' 열의 내용	농구하기, 컴퓨터 게임 하기, 흡연, 전화 통화하기, 간식 먹기, 수면, 화장하기, 발치, 춤추기
'상황' 열의 내용	길거리, 교실, 놀이터, 집, 운동장, 병원 입구, 식당, 영화관에서 영화 상영 도중, 수영장 안, 버스 안, 슈퍼마켓

부록 8-3 학생용 참고 자료: 도덕 법정 등장인물 정보 카드

이름: 민서 **나이:** 34
직업: 사무보조
능력: 수영을 할 줄 모름

사고를 발견했을 때…

물에 직접 들어가지는 못했지만, 구조대에 전화를 걸어 도움을 요청했다. 그러나 해변이 너무 멀어서 해양 구조 대원이 도착하는 데 시간이 오래 걸렸다.

이름: 현우 **나이:** 28
직업: 구조 대원(휴가 중)
능력: 수영을 잘 하고, 인명구조에 대한 지식이 많음

사고를 발견했을 때…

물에 직접 들어가지는 않았지만, 구조대에 전화를 걸어 도움을 요청했다. 그러나 해변이 너무 멀어서 해양 구조 대원이 도착하는 데 시간이 오래 걸렸다.

이름: 다은 **나이:** 14
직업: 학생
능력: 수영을 할 줄 알지만, 인명구조에 대한 지식은 없음

사고를 발견했을 때…

물에 직접 들어가지 않았고, 핸드폰이 있었지만 누구에게 전화해야 할지 몰라 구조대에 전화를 걸어 도움을 요청하지 않았다.

이름: 수호 **나이:** 44
직업: 수영 강사
능력: 수영을 할 수 있고 인명구조에 대한 기초 지식이 있음

사고를 발견했을 때…

물에 직접 들어가지 않았고, 핸드폰이 있었지만 외딴 해변에서 바다에 빠진 사람은 불법이주민이라 생각했기 때문에 구조대에 전화를 걸지 않았다.

부록 8-5 성장 확인 질문

이름: ____________ 반: ____________ 날짜: ____________

1. 수업 과제

1) "연령대나 배경에 따라 사람들은 서로 다른 사회적 책임을 가진다."라는 말에 동의하나요?

2) 도덕적 관점으로 판단해야 하는 상황은 어떤 상황이라고 생각하나요?

3) 법과 도덕의 차이는 무엇인가요?

2. 숙제

1) 법을 준수할 뿐 아니라 도덕적 측면을 고려해야 하는 이유는 무엇일까요?

2) 어떤 상황에 대해 판단할 때 도덕적인 측면을 반드시 고려해야 한다고 생각하나요?

3) "부유하고, 사회적 지위와 교육 수준이 높고, 능력이 뛰어난 사람일수록 사회에 더 많이 기여해야 하며, 이것이 그의 사회적 책임이다."라는 말에 동의하나요?

소단원 2

사람들이 말하는 대로 하는 게 좋을까

1. 소단원 목적

행동의 이면에 존재하는 다양한 사회적 기대를 파악한다.

2. 학습 목표

① 연령대나 배경에 따라 사람들에게 다른 행동이 기대된다는 점을 이해한다.

② 사회적 기대에 부응하는 행동이 좋을 수도 나쁠 수도 있다는 점을 이해한다.

③ 무조건 사회적 기대에 따라 행동하기보다는 합리적으로 결정을 내려야 한다는 점을 이해한다.

3. 수업 내용

활동	절차
1. 준비 활동: 장군께서 말씀하시길……. **(3분)**	1. 학생들은 이 활동에서 '군인'의 역할을 맡게 된다. 교수자는 학생들에게 행군을 지시한다. 학생들은 다음의 상황에 맞춰 행군을 진행한다. • 교수자가 "장군께서 말씀하시길, 행군을 멈춰라."라고 말하면, 학생들은 즉시 행군을 멈춰야 한다. • 교수자가 "행군을 멈추지 마라."라고 말하면, 학생들은 행군을 지속한다. • 학생들은 장군의 명령만을 따라야 하며, 장군이 아닌 사람으로부터의 명령은 무시해야 한다. 2. 장군의 명령을 따르지 않거나, 장군이 아닌 사람의 명령을 따른 학생들은 게임에서 제외된다. 3. 명령을 바꿔 가며 게임을 지속한다. 다음과 같은 명령을 내릴 수 있다. • 장군께서 말씀하시길, 팔을 움직이지 마라. • 다리를 움직이지 마라. • 왼쪽 팔과 오른쪽 다리를 움직이지 마라. • 장군께서 말씀하시길, 좌향좌. 4. 마지막까지 게임에 남은 학생이 우승자가 된다. 5. 학생들에게 군인은 질문 없이 명령에 복종해야 한다고 주장한다. 학생들에게 군인 역할을 할 때 느꼈던 감정을 질문한다.

2. 전체 토론: 사람들이 말하는 대로 하는 게 좋을까?**(17분)** ▷ **교수자료** - [부록 8-6] 모둠 활동지: 사람들이 말하는 대로 하는 게 좋을까 - [부록 8-7] 파워포인트 슬라이드: 사람들이 말하는 대로 하는 게 좋을까	**목표: 기대에 부응하는 행동이 반드시 좋은 행동은 아닐 수 있으며, 스스로 판단하고 옳지 않은 것은 거부할 수 있는 용기를 가져야 한다는 점 이해하기** 1. 학생들을 작은 모둠으로 나눈다. 2. 파워포인트 슬라이드([부록 8-7])를 보여 주고, 학생들에게 간단히 "사람들이 말하는 대로 하는 게 좋을까" 이야기의 배경에 대해 다음과 같이 설명한다. • 설 연휴 첫날에, 친척들이 태우의 집을 방문했습니다. 저녁 식사 이후 집안 어른들은 술을 마시기 시작했고, 태우에게 한 잔 마셔보라고 권했습니다. 3. "사람들이 말하는 대로 하는 게 좋을까" 활동지([부록 8-6])를 배부한다. 4. 학생들에게 5분의 시간을 주고 사례에 대해 토론하도록 지시한다. 각 모둠은 이야기 속 등장인물(우빈, 태우, 솔)의 행동에 대해 결정을 내려야 한다. 5. 학생들에게 다음의 내용을 발표하도록 지시한다. • 어떤 사람이 술을 마시게 될까요? 그 이유는 무엇일까요? • 이 결정에 뒤따르는 결과는 무엇일까요? 6. 학생들이 발표를 마치면, 다음의 질문을 던지며 학생들의 생각을 유도한다. • 다수가 동의하는 결정이 반드시 옳은(또는 최선의) 결정일까요? • 스스로는 그 행동이 잘못되었다고 생각할지라도 다른 사람들이 동참하기를 기대한다면 어떻게 해야 할까요? • 앞선 상황에서 세 사람은 모두 동참하거나 모두 거절해야 할까요? 아니면 각자 나름의 근거로 결정해야 할까요?
3. 결론(5분)	다음의 결론을 학생들에게 전달한다. • 동일한 상황일지라도, 연령대나 배경에 따라 기대되는 행동이 다릅니다. • 사람들의 기대에 부응하는 행동이 반드시 좋은 것은 아닙니다. 옳지 않은 행동일 때는 다수의 의견에 휘둘리지 않아야 하며, 필요하다면 확실하게 거부해야 합니다.
4. 마무리 활동(5분) ▷ **교수자료** - [부록 8-9] 성장 확인 질문	1. 성장 확인 질문을 공유하고 학생들이 소단원 활동을 돌아볼 수 있도록 유도한다. 2. 소단원 활동에 대한 학생들의 참여를 칭찬한다.

4. 세부 지도 사항

1) 준비 활동

• 행군할 때 취하는 자세를 수정하면서 활동의 난이도를 조절한다. 예를 들어, '왼팔과 오른다리 움직이지 않기' '왼손은 오른쪽 귀에, 오른손은 왼쪽 어깨에 올리기'와 같은 동작은 수행하기 어렵다.

2) 사람들이 말하는 대로 하는 게 좋을까

- 우빈은 술을 마시고 싶지 않았지만, 자녀 세대 중 나이가 가장 많았고, 법적으로 술을 마실 수 있는 나이였다. 솔은 술자리에 참여하고 싶었지만, 너무 어렸다. 태우는 솔이 술자리에 참여해서는 안 된다는 걸 알고 있었지만, 솔이 가장 술을 마셔 보고 싶어 한다는 것도 알고 있었다.
- 학급 토론을 위해 다른 주제도 고려한다. 예를 들어, 싱가포르에서는 1992년부터 껌 판매가 금지되었고, 공공장소에서 껌을 씹는 것도 허용되지 않는다. 이 법은 사람들이 씹고 뱉은 껌이 공공장소에 붙으면 제거하는 데 많은 노력이 필요하다는 점을 근거로, 공공 위생과 청결을 유지하기 위해 제정되었다. 교수자는 학생들이 이러한 법이 싱가포르 또는 다른 국가에서 필요한지 여부와 실행 가능성에 대해 고민해 보도록 지도할 수 있다.

3) 결론

- 학생들의 의견을 요약하고 학생들의 노력을 칭찬한다. 학생들의 활동에 대한 칭찬과 인정의 의미를 담아 박수를 보낼 수 있다.

5. 보충 활동(선택 사항)

활동	내용	권장 사항
나의 결정	**목표: 도박의 의미 생각해 보기** 학생들을 작은 모둠으로 나눈다. [부록 8-8]을 참고해, 도박의 의미와 도박이 좋지 않은 이유에 대해 학생들이 생각해 보도록 지도한다.	교수자는 자신의 의견을 표현하지 않고, 우선 학생들의 의견을 이해하도록 노력해야 한다. 교수자는 필요시 적절하게 학생들을 지도해야 한다.

부록 8-6 모둠 활동지: 사람들이 말하는 대로 하는 게 좋을까

모둠: ______________________

배경

설 연휴 첫날, 친척들이 태우의 집을 방문했습니다. 저녁을 먹은 후, 우빈(만 19세), 태우(만 15세), 솔(만 12세)은 컴퓨터 게임을 하고 있었고, 그들의 어머니는 마트에 장을 보러 가셨습니다. 어머니들은 외출 전 아이들에게 손님들에게 신경을 쓰라고 당부하셨습니다.

그동안, 집안의 어른들께서 술자리를 만들기 시작하셨습니다. 그들은 술을 마시면 분위기도 좋아지고, 재밌는 이야기도 많이 하게 되며, 어른들이 있을 때 한 잔 하는 건 괜찮다고 말씀하셨습니다. 어른들은 아이들에게 술자리를 같이 하자고 설득하셨고, 흥을 깨지 말고 한 사람만 와서 마셔 보라고 권하셨습니다.

다음은 우빈, 태우, 솔의 반응입니다. 이들의 반응을 검토해 술자리에 대한 참여 여부를 결정하고, 이 결정에 어떤 결과가 따를지 생각해서 적어 주세요.

우빈: 저는 그냥 계속 컴퓨터 게임을 하고 싶어요.

우빈이는 어떤 결정을 내릴까요? □ 참여한다 □ 참여하지 않는다
이 결정의 결과는 어떻게 될까요?

____

____

태우: 다들 괜찮다고 하는데, 명절에는 그럴 수도 있는 거겠죠? 저는 술 마셔 보고 싶어요!

태우는 어떤 결정을 내릴까요? □ 참여한다 □ 참여하지 않는다
이 결정의 결과는 어떻게 될까요?

____

____

솔: 엄마가 술은 중독의 위험이 있으니 입에도 대지 말라고 했지만……. 어른들이 분위기 깨지 말라고 말씀하시잖아.

솔은 어떤 결정을 내릴까요? □ 참여한다 □ 참여하지 않는다
이 결정의 결과는 어떻게 될까요?

____

____

부록 8-8 보충 활동: 나의 결정

토론 주제

1. 도박의 기능은 무엇일까요? (예: 사람들과 친해지도록 해 준다, 재미있다, 돈을 벌 수 있다 등)

2. 도박은 반드시 잘못된 것일까요?

3. 금전 거래나 중독의 위험이 없다면 도박은 잘못된 것일까요?

4. 온라인 도박 게임은 잘못된 것일까요?

사고를 확장하기 위해 다음의 주제에 대해 토론해 볼 수 있다.

1. 사람들이 사회에서 모든 것에 내기를 건다는 말이 사실일까요? 예를 들어, 경마 같은 스포츠에 베팅하는 것은 일종의 도박입니다. 이런 형태의 내기가 도박인지 아닌지의 여부는 이러한 문제를 바라보는 시각과 그를 대하는 자신의 태도가 얼마나 정직한지에 달려 있습니다.

2. 사람들은 항상 스스로에게 이로운 결과를 주는 기회를 탐색합니다. 그러나 장기적인 결과나 수익을 기다리는 것은 어렵습니다. 만약 사람들이 단기적인 이득을 얻는 데 집중한다면, 개인과 사회의 발전에 어떤 영향을 미칠까요?

부록 8-9 성장 확인 질문

이름: ______________ 반: ______________ 날짜: ______________

1. 기대에 부응하는 행동이 항상 옳지만은 않은 이유는 무엇인가요?

2. 스스로 무엇이 옳고 그른지 잘 판단할 수 있다고 생각하나요?
   필요한 경우 다수의 결정에 따르는 것을 거부할 수 있을까요?

3. 소단원 활동을 통해 배운 내용이 나의 삶과 성장에 어떻게 도움이 될 수 있을까요?

소단원 3

날씬한 게 유행인가요

1. 소단원 목적

사회적 규범을 준수할 때 뒤따르는 이익과 그를 위반할 때 경험하는 불이익을 파악한다.

2. 학습 목표

논란의 여지가 있는 상황에서 특정 사회적 규범을 따를 때 경험할 수 있는 이익과 불이익을 파악한다.

3. 수업 내용

활동	절차
1. 모둠 토론: 날씬한 게 유행인가요(1) **(8분)** ▷ **교수자료** - [부록 8-10] 교수자용 참고 자료: 날씬한 게 유행인가요 – 체중 감량에 대한 찬성과 반대 입장 예시 - [부록 8-11] 활동지: "날씬한 게 유행인가요" 등장인물 A의 그림 카드 - [부록 8-12] 활동지: "날씬한 게 유행인가요" 등장인물 B의 그림 카드 - 도화지 8장, 마커 펜	**목표: 체중 감량의 장점과 단점을 구분한다.** 1. 학생들을 작은 모둠으로 나눈다. 절반의 모둠은 등장인물 A인 시호의 이야기를, 다른 절반의 모둠은 등장인물 B인 다미의 이야기를 주제로 논의한다. 그림 카드[부록 8-11, 12], 도화지, 마커를 각 모둠에 배부한다. 2. "시호와 다미는 모두 또래 친구들로부터 체중과 몸매에 대한 의견을 들은 이후, 살을 빼고 몸매를 가꿔야 한다고 느낍니다"라고 운을 떼며, "시호와 다미가 살을 빼야 한다고 생각하나요?"라고 질문한다. 3. 각 모둠은 다음을 주제로 토론한다. • 모둠 1: 시호에게 살을 빼거나 몸매를 가꾸지 않아도 된다고 설득한다. • 모둠 2: 시호에게 살을 빼고 몸매를 가꿔야 한다고 설득한다. • 모둠 3: 다미에게 살을 빼거나 몸매를 가꾸지 않아도 된다고 설득한다. • 모둠 4: 다미에게 살을 빼고 몸매를 가꿔야 한다고 설득한다. 4. 학생들은 도화지에 모둠에서 내린 결론의 근거를 기록한다. 이는 다음 활동의 자료로 사용된다.

2. 전체 토론: 날씬한 게 유행인가요(2) **(8분)** - [부록 8-13] 파워포인트 슬라이드: 날씬한 게 유행인가요 이야기 속 등장인물	**목표: 체중 감량의 장점과 단점에 대해 깊이 고민해 본다.** 1. "날씬한 게 유행인가요" 파워포인트 슬라이드([부록 8-13])를 재생한다. 2. 각 모둠은 살을 빼거나 빼지 않도록 시호나 다미를 설득하기 위해 세웠던 논리를 전체 학급에 발표한다. 3. 학생들은 앞선 활동의 결과물인 도화지를 칠판에 붙인다. 학생들과 함께 각 모둠의 논리를 수용할 수 있는지 여부와 이 논리를 들었을 때 시호와 다미가 어떤 감정을 느낄 것 같은지를 논의한다. 4. 논의를 마친 후, 학생들에게 "시호와 다미가 살을 빼거나 몸매를 가꿔야 한다고 생각하나요? 그들은 다른 사람의 말을 들어야 할까요? 그 이유는 무엇일까요?"라고 질문한다. 5. 마지막으로, 논의의 결과를 요약하고 정리한다.
3. 결론(4분)	다음의 결론을 학생들에게 전달한다. • 사회적 이득과 손실은 사람들의 일상 속 행동과 결정에 지대한 영향을 미칩니다. 이와 같은 사회적 이득과 손실은 사람들이 올바른 행동을 하도록 도울 수도 있지만, 삶의 선택지를 제한하기도 합니다. 다미의 경우, 다미의 친구들은 다미에게 살을 빼면, 지금보다 더 매력적인 사람이 될 수 있다고 말합니다(즉, 사회적 이득). 만약 다미가 친구들에게 영향을 받는다면, 다미는 자신을 위한 최상의 선택을 만들 수 없을 것입니다. 또한 살을 빼는 것을 지속할 경우 다미의 건강을 해칠 수 있습니다. • 일상생활에서 사회적 압력(사회적 이득 및 손실)이 사람들의 선택에 미치는 영향에 주의를 기울일 필요가 있습니다. 사회적 이득과 손실에 대한 고려는 사람들이 최선의 선택을 하는 데 도움이 될 수도 있고, 방해가 될 수도 있습니다. 스스로 고민하는 것 없이 사회의 기대에 무작정 순응하는 것을 피하고 독립적으로 합리적인 결정을 내리는 것이 중요합니다.
4. 마무리 활동(5분) ▷ **교수자료** - [부록 8-14] 성장 확인 질문	1. 성장 확인 질문을 공유하고 학생들이 소단원 활동을 돌아볼 수 있도록 유도한다. 2. 소단원 활동에 대한 학생들의 참여를 칭찬한다.

4. 세부 지도 사항

1) 날씬한 게 유행인가요(1)

• 체중 감량과 체형 유지는 사회의 큰 관심사가 되었다. 이 소단원 활동은 체중 감량 또는 체형 유지의 개인적 또는 사회적 가치를 탐구하는 것을 목표로 하지 않는다. 이 소단원 활동의 목적은 학생들이 또래 집단이나 사회적 압력(사회적 이득 및 손실)이 선택과 행동

에 미치는 영향을 이해하도록 지도하는 것이다.

- 활동을 진행하는 동안 모둠의 관심사에 따라 이야기 속 한 인물을 선택하고 토론한다.
- 만약 학생들이 시호나 다미에게 살을 빼거나 몸매를 가꾸라고 설득하는 이유를 떠올리기 어려워한다면, 교수자는 학생들이 시호나 다미가 체중 감량을 통해 얻을 수 있는 이익과 불이익을 생각해 보도록 지도할 수 있다. 다음의 예시를 떠올려 볼 수 있다.
  - 시호나 다미의 건강에 미치는 영향
  - 시호나 다미에게 미치는 심리적 영향. 예를 들어, 시호나 다미가 몸매를 가꾸고 더 날씬하기 원하는 또래 집단의 압박에 대처하는 것
  - 시호나 다미의 친구 관계나 또래 집단과의 관계에 미치는 영향
- 문헌에 따르면 남성은 여성에 비해 체중이나 체형에 덜 민감하다. 심지어 일부 남성은 체중이 많이 나갈수록, 더 위압적이고 강해 보일 수 있다고 생각한다. 반면, 사회는 여성의 체형과 체중에 더 엄격한 기준과 기대를 제시하고 있다.
- 학생들이 모둠활동 중 학급 동료들의 체형을 놀리거나 지적하지 않도록 주의깊게 지도한다.

2) 날씬한 게 유행인가요(2)

- 사회적 압력은 사람들이 사회의 합의에 따른 특정한 기준에 순응하도록 만든다. 사회적 압력이나 통제의 영향은 긍정적(예: 사회의 인정)이거나 부정적(예: 불이익의 경험)일 수 있고, 공식적(예: 법)이거나 비공식적(예: 비난)일 수 있다. 다른 사람들로부터 예상되는 보상이나 제재는 사람들이 사회적 기대나 기준에 맞춰 행동하도록 유도한다.
- 갈등이론가들은 사회적 통제를 개인의 행동을 조정하는 사회적 메커니즘으로 해석한다. 그러나 체계이론가들이나 규범적 기능주의자들은 사회화와 가치 합의의 관련성을 강조한다.
- 사회적 통제의 정의에 따라, 교수자는 학생들이 제시하는 이유를 사회적 이득과 손실로 나눌 수 있다. 이후 사회적 압력이 시호와 다미의 체중 조절 여부 결정에 미치는 긍정적 또는 부정적 영향에 대해 학생들과 논의한다.
- 만약 학생들이 "시호나 다미가 왜 꼭 살을 빼야 하나요?"라는 등의 질문을 한다면, 교수자는 신체 질량 지수(Body Mass Index: BMI)를 참고 자료로 제시할 수 있다. BMI의 계산 방법은 다음과 같다.

– BMI = 체중(Kg) / 키^2 (m^2)

– 세계보건기구(World Health Organization)의 체중 분류 기준

체중 분류	BMI(아시아인 기준)
저체중	< 18.5
정상	18.5 ~ 22.9
과제충	23.0 ~ 24.9
비만	≥ 25.0

5. 보충 활동(선택 사항)

활동	내용	권장 사항
토론	**목표: 사회적 이득과 손실을 구분하고 그것이 선택과 행동에 미치는 영향을 파악한다.** 토론을 진행하기 전, 개념을 설명하기 위해 청소년의 일상에서 관련된 주제를 준비한다. 예를 들어, 흡연이나 불법 사이트를 통해 영화나 음악을 다운로드하는 것 등이 있다. 학생들을 '찬성'과 '반대'의 양측으로 나누어 토론을 진행한다. 마지막으로, 학생들이 사회적 이득과 손실이 일상생활에서의 결정에 미치는 영향을 토론할 수 있도록 지도한다.	학생들이 자신의 의견을 제안할 수 있도록 독려한다. 이는 더 많은 학생들이 토론에 참여하고 자신이 생각과 느낌을 말할 수 있는 기회를 가지도록 돕는다.

부록 8-10 교수자용 참고 자료: 날씬한 게 유행인가요 - 체중 감량에 대한 찬성과 반대 입장 예시

다음은 학생들이 제시할 수 있는 논거의 예시입니다. '세부 지도 사항'을 참고하면서, 교수자는 다음의 정보에 따라 부정적인 사회적 통제와 긍정적인 사회적 통제를 구분해야 합니다.

장점 | 단점

시호는 살을 빼거나 몸매 관리할 필요가 없다.	
• 먹고 싶은 건 무엇이든 먹을 수 있다.	• 과체중이나 비만으로 인해 심장병, 고콜레스테롤, 당뇨병, 고혈압 등의 건강 문제나 질병을 앓을 수 있다.
• 유사한 생활방식(예: 운동을 전혀 하지 않음)을 가진 친구들과 동질감을 느낄 수 있다.	• 큰 사이즈 또는 특대 사이즈의 옷을 사기 위한 노력이 많이 든다. 이러한 옷은 일반 사이즈의 옷보다 구하기 어려울 수 있다.
• 기분이 좋아지기 위해 맛있는 음식을 먹는 방법을 활용할 수 있다.	

시호는 살을 빼거나 몸매 관리를 해야 한다.	
• 몸매가 좋고 날씬하면 더 매력적으로 보일 수 있다.	• 저체중으로 인해 영양실조, 호르몬 불균형, 정서 불안, 그리고 섭식 장애(예: 거식증 또는 폭식증) 등의 건강 문제가 발생할 수 있다.
• 심장병, 고콜레스테롤, 당뇨병, 고혈압 등 과체중으로 인해 발생할 수 있는 건강 문제나 질병을 예방할 수 있다.	• 운동하라는 조언을 무시한다는 이유로 친구들로부터 따돌림을 당할 수 있다.

✔ 장점 ✘ 단점

다미는 살을 빼거나 몸매 관리를 해야 한다.	
• 날씬한 몸매를 가지면 더 매력적으로 보일 수 있다.	• 지나치게 마른 몸매는 매력적이지 않다.
• 다른 사람에게 놀림을 받지 않을 수 있다.	• 저체중으로 인해 영양실조, 호르몬 불균형, 정서 불안, 그리고 섭식 장애(예: 거식증 또는 폭식증) 등의 건강 문제가 발생할 수 있다.
• 또래 집단의 규범과 문화에 어울릴 수 있다.	

다미는 살을 빼거나 몸매 관리할 필요가 없다.	
• BMI가 이미 저체중으로 나타났다.	• 다른 사람으로부터 놀림을 받을 수 있다.
• 과도한 체중 감소로 인해 발생하는 영양실조, 호르몬 불균형, 정서 불안, 그리고 섭식 장애 등 건강 문제나 질병을 예방할 수 있다.	• 운동하라는 조언을 무시한다는 이유로 친구들로부터 인기가 떨어질 수 있다.
• 지금 그대로도 매력적으로 보인다.	
• 지금 그대로도 건강해 보인다.	

부록 8-11 활동지: "날씬한 게 유행인가요" 등장인물 A의 그림 카드

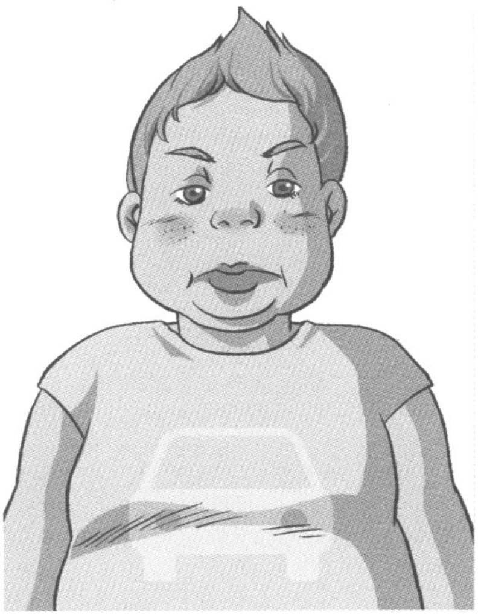

이름: 시호 **나이**: 17
몸무게: 79kg **성별**: 남
키: 183cm **BMI**: 23.6

시호는 뚱뚱하다고 친구들에게 놀림을 받고 있습니다. 시호와 가장 친한 친구 중 한 명 또한 시호에게 살을 빼야 할 것 같다고 말했습니다. 그러나 자신이 정상 체중이라고 믿고 있는 시호는 이 상황이 불편하기만 합니다. 시호는 살을 빼야 할까요?

시호는 여러분의 의견을 구하고 있습니다.

여러분의 의무는 시호가 살을 빼도록 설득하는 것입니다.

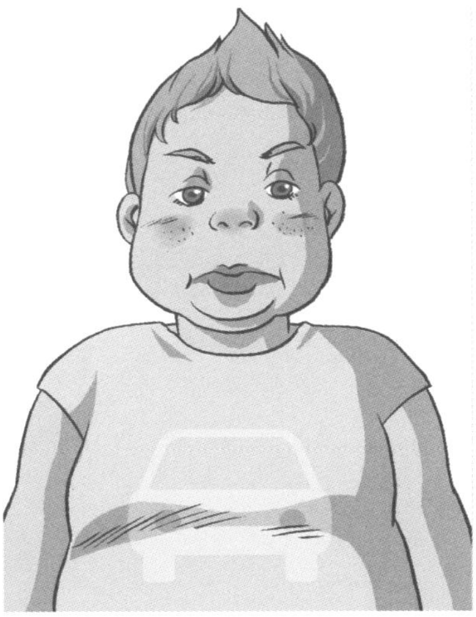

이름: 시호 **나이**: 17
몸무게: 79kg **성별**: 남
키: 183cm **BMI**: 23.6

시호는 뚱뚱하다고 친구들에게 놀림을 받고 있습니다. 시호와 가장 친한 친구 중 한 명 또한 시호에게 살을 빼야 할 것 같다고 말했습니다. 그러나 자신이 정상 체중이라고 믿고 있는 시호는 이 상황이 불편하기만 합니다. 시호는 살을 빼야 할까요?

시호는 여러분의 의견을 구하고 있습니다.

여러분의 의무는 시호가 살을 빼지 않도록 설득하는 것입니다.

부록 8-12 활동지: "날씬한 게 유행인가요" 등장인물 B의 그림 카드

이름: 다미 **나이**: 15
몸무게: 54kg **성별**: 여
키: 172cm **BMI**: 18.3

다미는 친구들에게 놀림을 받고 있습니다. 친구들은 다미에게 통통해 보인다고 말했습니다. 다미는 이에 동의했고, 헬스장에서 개인 지도를 받기 시작했습니다. 한편, 다미의 친구 중 한 명은 다미의 체중은 정상이며, 살을 뺄 필요가 전혀 없다고 조언했습니다. 다미는 이 상황이 불편하기만 합니다. 다미는 살을 빼야 할까요?

다미는 여러분의 의견을 구하고 있습니다.

여러분의 의무는 다미가 살을 빼도록 설득하는 것입니다.

이름: 다미 **나이**: 15
몸무게: 54kg **성별**: 여
키: 172cm **BMI**: 18.3

다미는 친구들에게 놀림을 받고 있습니다. 친구들은 다미에게 통통해 보인다고 말했습니다. 다미는 이에 동의했고, 헬스장에서 개인 지도를 받기 시작했습니다. 한편, 다미의 친구 중 한 명은 다미의 체중은 정상이며, 살을 뺄 필요가 전혀 없다고 조언했습니다. 다미는 이 상황이 불편하기만 합니다. 다미는 살을 빼야 할까요?

다미는 여러분의 의견을 구하고 있습니다.

여러분의 의무는 다미가 살을 빼지 않도록 설득하는 것입니다.

부록 8-14 성장 확인 질문

이름: ______________________ 반: ______________________ 날짜: ______________________

1. "외모가 아름다움의 유일한 기준은 아니다. 내면의 아름다움도 중요하다."는 말에 동의하나요? 그 이유는 무엇인가요?

2. 한 사람에 대한 긍정적인 또는 부정적인 사회의 반응이 사람들의 행동에 영향을 미친다고 생각하나요?

3. 앞선 질문에 대한 답변의 사례를 제시해 주세요.

소단원 4

힘의 균형

1. 소단원 목적

상충하는 규범에 잠재된 사회적 이득과 손실을 평가하고 상황에 따라 적절하게 반응하는 법을 배운다.

2. 학습 목표

① 논란의 여지가 있는 문제나 상황을 마주했을 때, 사회적 규범을 따르는 것의 이득과 손실을 평가하는 능력을 기른다.

② 논란의 여지가 있는 문제나 상황을 마주했을 때, 서로 다른 당사자의 이해관계를 고려해야 할 필요성을 이해한다.

3. 수업 내용

활동	절차
1. 준비 활동(3분) ▷ **교수자료** - [부록 8-15] 파워포인트 슬라이드: 길거리 흡연 및 보행 중 흡연을 금지한다	1. 파워포인트 슬라이드([부록 8-15])를 학생들에게 제시하고 학생들이 읽을 수 있는 시간을 가진다. 2. 이후 학생들에게 다음의 내용을 질문한다. • 뉴스 기사에 대해 어떻게 생각하나요? • 뉴스 기사의 핵심적인 메시지는 무엇일까요?

<table>
<tr><td>2. 역할 놀이: 입법공청회(18분)

▷ 교수자료
- [부록 8-16] 파워포인트 슬라이드: 입법기관 사진
- [부록 8-17] 교수자용 참고 자료: 입법공청회
- [부록 8-18] 사전 준비를 위한 참고 자료: 입법공청회 – 참여자들의 다양한 의견</td><td>목표: 일반적으로 정책은 공공의 이익을 위해 만들어진다는 점을 이해한다.
1. 파워포인트 슬라이드([부록 8-16])를 화면에 띄운다.
2. 학생들은 모의 입법공청회를 진행한다. 회의의 주제는 '길거리 흡연 및 보행 중 흡연을 금지한다'라는 법안의 필요성에 대해 논의하는 것이다. 공청회 절차는 [부록 8-17]을 참고하여 진행한다.
3. 다섯 명의 학생을 뽑아 역할을 할당한다. 이후 다음의 역할에 맞는 카드([부록 8-18])를 배부한다.
• 기획재정부 장관(반대, 지나친 규제로 인한 경제적 손실 발생 우려)
• 보건복지부 장관(찬성, 시민 건강 증진과 공공장소 안전 보장)
• 시민권 보호 협회 회장(입장 미정, 흡연자의 개인적 자유와 비흡연자의 건강 권리 사이에서 균형을 찾을 필요)
• 담배 제조회사 노동조합 위원장과 기타 노동조합 대표(반대, 흡연 근로자들의 권리 침해 및 근로 사기 저하)
• 시민단체 대표(찬성, 비흡연자 권리 보장)
4. 입법공청회의 진행자가 되어 역할을 배정받은 다섯 명의 학생에게 '길거리 흡연 및 보행 중 흡연을 금지한다'는 법에 대한 각자의 입장을 발표하도록 지시한다. 다른 학생들에게 입법공청회의 기타 구성원을 연기하고, 다섯 명의 학생의 입장, 의견, 제안에 동의하는지 또는 반대하는지 여부를 발표하도록 지시한다.
5. 학생들에게 손을 들어 자신의 찬성 또는 반대 입장을 투표하도록 지시한다.</td></tr>
<tr><td>3. 결론(4분)</td><td>1. 학생들이 자신의 결정과 결정을 내리는 과정에서 영향을 미친 요소들에 대해 발표할 수 있는 시간을 가진다.
2. 활동의 핵심을 다음과 같이 학생들에게 전달한다.
• 모의 입법공청회를 통해 학생들은 법 제정 과정에서 정부가 여러 관계자들의 입장에서 균형을 맞추고 다수의 이익을 근거로 최종 결정을 내린다는 점을 이해하게 되었습니다.
• 일상생활에서 사람들은 자신의 이익과 공공의 이익을 고려해 다양한 사안(또는 행동)의 모든 긍정적 측면과 부정적 측면을 비교 및 검토하는 방법을 배워야 합니다. 갈등에 직면했을 때, 사람들은 타협하고 절충안을 모색할 수 있어야 합니다.</td></tr>
<tr><td>4. 마무리 활동(5분)

▷ 교수자료
- [부록 8-19] 성장 확인 질문</td><td>1. 성장 확인 질문을 공유하고 학생들이 소단원 활동을 돌아볼 수 있도록 유도한다.
2. 소단원 활동에 대한 학생들의 참여를 칭찬한다.</td></tr>
</table>

4. 세부 지도 사항

1) 준비 활동

- 한국 외 다른 국가의 금연법에 대해서는 다음을 통해 확인할 수 있다.
  - http://www.smokefreeengland.co.uk/
  - http://www.tobaccofreecenter.org/

2) 입법공청회

- 활동을 진행하는 동안 특정한 역할을 배정 받은 다섯 명의 학생 외에도 모든 학생들은 입법공청회의 구성원이 된다. 입법공청회의 일원이 된 학생들은 자신의 의견을 표현하도록 권장된다.
- 상황에 따라, 교수자는 다음을 시도할 수 있다.
  - 역할 놀이를 사전에 준비한다. 예를 들어, 활동 하루 이전이나 쉬는 시간, 점심 시간 등에 역할 놀이를 준비해 둘 수 있다.
  - 관련된 참고 자료(예: 신문 기사)를 활동 이전에 배부해 학생들의 사전 준비를 도울 수 있다.
  - 칠판에 토론의 양측 입장을 묘사하는 그림이나 표를 그릴 수 있다. 교수자는 학생들이 토론을 명확하게 이해할 수 있도록 양측 입장의 근거를 적을 수 있다.
- 입법공청회의 규칙과 절차를 설명하기 위해, 교수자는 이미 이뤄진 입법공청회를 재현해 보거나 관련 자료를 배부할 수 있다.
- '길거리 흡연 및 보행 중 흡연을 금지한다'에 대한 자료로서, 다음을 참고할 수 있다.
  - https://news.seoul.go.kr/welfare/archives/243460
  - https://easylaw.go.kr/CSP/CnpClsMain.laf?popMenu=ov&csmSeq=718&ccfNo=3&cciNo=2&cnpClsNo=4
- 학생들이 흡연과 금연과 관련된 여러 요인(예: 흡연자와 비흡연자의 건강에 미치는 영향, 선택의 권리나 자유, 사업상의 문제, 일자리에 미치는 영향, 과태료 등)에 대해 생각하도록 지도한다. 학생들이 의사결정 과정에서 관련된 요소들을 복합적으로 생각해 볼 수 있도록 유도한다.

- 활동을 진행하는 동안, 교수자는 입법공청회를 진행하며 적극적인 참여와 상호 존중의 측면에서 학생들에게 모범을 보여야 한다.
- 입법공청회를 진행하며 교수자는 다음의 권한을 갖게 된다.
  - 발언권 부여
  - 발언금지 명령
  - 권한 박탈 및 퇴장(교실 구석에 서 있도록 지시) 명령

3) 결론

- 입법공청회 동안 학생들이 참여했던 토론이 금연 법안을 제정했을 때 학생들과 관련된 이들이 받는 영향을 고려해서 진행되었는지 검토해 보도록 지시한다.

5. 보충 활동(선택 사항)

활동	내용	권장 사항
소규모 입법공청회	**목표: 논쟁의 여지가 되는 규범을 평가할 수 있는 능력을 강화한다.** 학생들에게 입법공청회의 구성원이 되어 토론을 진행하도록 지시한다. 최근 논쟁거리가 된 시사 문제를 토론의 주제로 삼을 수 있도록 사전에 준비한다.	학생들의 역할을 바꿔 가며 진행함으로써, 더 많은 학생이 토론에 참여해 창의적인 생각을 해 볼 수 있도록 돕는다.

부록 8-17 교수자용 참고 자료: 입법공청회

A

한국의 입법공청회는 법률안이나 주요 정책에 대한 다양한 의견을 수렴하고 이를 법안 심사에 반영하기 위해 국회에서 개최하는 공식적인 회의를 말한다.

B

입법공청회의 기능

- 의견 수렴: 법안이나 정책에 대한 다양한 이해관계자들의 의견 청취
- 투명성 확보: 입법 과정의 투명성을 높이고 국민의 참여 보장
- 법안 개선: 수렴된 의견을 바탕으로 법안을 수정하거나 보완

C

입법공청회 진행 절차

- 국회의원 또는 정부가 발의한 법안이 해당 상임위원회에 회부되면, 상임위원회가 법안의 중요성과 국민의 관심도를 고려해 입법공청회 개최 여부를 결정한다.
- 공청회 일정과 장소를 정하고, 관련 부처 공무원, 전문가, 시민단체 대표, 노조 대표 등 다양한 이해관계자들을 초청한다.
- 입법공청회가 개최되면 상임위원장이 개회사를 하고 법안의 주요 내용을 소개한다. 발의자 또는 관련 부처 공무원이 법안의 취지와 필요성, 기대 효과 등을 발표한다.
- 초청된 이해관계자들이 각자의 입장에서 법안에 대해 의견을 발표한다.
- 국회의원들이 이해관계자들에게 질문하고 답변을 듣는 시간을 가진다.
- 공청회를 마무리하고 관련 상임위원회는 수렴된 의견을 바탕으로 법안을 수정하거나 보완한다.

부록 8-18 사전 준비를 위한 참고 자료: 입법공청회-참여자들의 다양한 의견

기획재정부 장관	'길거리 흡연 및 보행 중 흡연을 금지한다'에 대한 입장: **반대** **➡ 근거** 흡연자들의 권리를 지나치게 제한하는 것은 국민의 자유를 침해할 뿐 아니라, 담배 제작 및 판매와 관련된 경제적 문제로 이어질 수 있다. 또한 흡연을 금지할 경우 추가적인 단속 비용과 인프라 구축 비용이 발생해 정부 예산에 부담을 줄 수 있다.
보건복지부 장관	'길거리 흡연 및 보행 중 흡연을 금지한다'에 대한 입장: **찬성** **➡ 근거** 간접 흡연은 비흡연자에게 심각한 건강 문제를 초래할 수 있다. 특히 어린이와 노약자의 경우 간접 흡연의 문제뿐 아니라 화상의 위험에도 노출될 수 있다. 길거리 흡연 및 보행 중 흡연 금지를 시민의 건강 증진과 공공장소 안전 보장을 위해 필요하다.
시민권 보호 협회 회장	'길거리 흡연 및 보행 중 흡연을 금지한다'에 대한 입장: **미정** **➡ 근거** 흡연자의 개인적 자유와 비흡연자의 건강 권리 사이에서 균형을 찾아야 한다. 비흡연자들이 피해를 입지 않도록 노력하는 동시에 흡연 구역을 부족하지 않게 마련하는 것도 필요하다.
담배 제조회사 노동조합 위원장 및 기타 노동조합 대표	'길거리 흡연 및 보행 중 흡연을 금지한다'에 대한 입장: **반대** **➡ 근거** 전면 금지는 흡연자들의 권리에 대한 과도한 침해이다. 흡연 구역의 적절한 지정이 필요하다.
시민단체 대표	'길거리 흡연 및 보행 중 흡연을 금지한다'에 대한 입장: **찬성** **➡ 근거** 흡연은 모든 사람의 건강에 해롭다. 비흡연자의 권리가 보장되어야 한다.

부록 8-19 성장 확인 질문

이름: ______________________ 반: ______________________ 날짜: ______________________

1. 수업 과제

1) '길거리 금연'에 대한 나의 의견은 무엇인가요?

2) 흡연 행위가 불법이 되는 것에 대해 지지하나요? 그 이유는 무엇인가요?

3) '갈등이 발생할 때, 사람들은 타협하며 균형을 잡도록 노력해야 한다'는 말에 동의하나요?

2. 숙제

1) '입법공청회' 활동으로부터 무엇을 배웠나요?

2) 서로 다른 이해관계자의 입장을 어떻게 조정할 수 있을까요?

3) 나의 일상에서 논쟁이 일었던 문제에 대해 적어 주세요. 어떤 문제였으며, 어떻게 해결했는지 설명해 주세요.

대단원 9

회복탄력성

들어가며

회복탄력성은 개인의 역량의 관점에서 정의할 수 있다. 역량 회복탄력성은 스트레스를 유발하는 사건에 건강한 방식으로 적응할 수 있는 개인의 능력을 의미한다. 재통합 과정으로서 회복탄력성은 개인이 정상적인 상태로 돌아가거나 심지어 이전보다 더 나은 심리적 상태를 보일 수 있도록 한다. 회복탄력성은 역경을 겪은 후에 더 강화될 수 있다. 한국의 아동과 청소년은 변화하는 환경 속에서 다양한 어려움을 겪고 있다. 따라서 회복탄력성 훈련은 그들이 문제를 해결하고 삶에서 마주치게 되는 여러 도전에 직면하는 데 도움이 될 수 있기 때문에 중요하다.

회복탄력성은 개인이 가진 스트레스에 대한 보호 요인으로 알려진 내적 및 외적 힘이다. 내적 보호 요인으로는 긍정적 정체성, 자기효능감, 낙관주의, 유머, 이타주의, 좋은 성품, 갈등 관리 기술이 있는 반면, 외적 보호 요인으로는 가족, 또래, 지역사회와 긍정적인 관계를 맺고 소속감을 갖는 것이 있다. 두 가지 요인 모두 청소년의 회복탄력성 향상에 기여한다.

Level 2 학생을 대상으로 하는 회복탄력성 교육은 가족에 대한 소속감, 문제 해결 능력, 감정 조절 및 갈등 관리 능력을 향상시키는 데 중점을 두고 있으며, 낙관주의 증진을 목표로 하는 4개의 소단원으로 구성되어 있다. 소단원 1은 실패에 대한 이해를 재구성하고 실패로부터 배우는 것에 목표를 두고 있다. 소단원 2는 유머를 가지고 어려움을 직면하는 법을 가르침으로써 학생들이 인생의 수많은 어려움에 낙관적으로 대처할 수 있도록 돕는다. 소단원 3에서는 회피는 더 큰 어려움으로 이어질 뿐이라는 사실을 이해하고 어려움에 직면했을 때 회피의 함정에 빠지지 않도록 배울 것이며, 소단원 4에서는 삶의 어려움과 도전적인 사건을 만나더라도 중요한 배움의 기회로 삼는 방법을 배울 것이다.

개관

소단원	소단원 목적	학습 목표
생존자 **(30분)**	실패에 대한 이해를 재구성하고 실패로부터 배운다.	1. 실패는 성공의 전조일 수 있음을 이해한다. 2. 과거의 실패에서 무엇을 배울 수 있는지 알아본다.
유머러스한 순간 **(30분)**	유머를 가지고 어려움을 직면하는 법을 배움으로써 인생의 수많은 어려움에 낙관적으로 대처할 수 있는 방법을 배운다.	1. 유머를 가지고 어려움을 직면하는 법을 배운다. 2. 유머의 기본 원칙과 기술을 배운다.
현대판 로빈슨 크루소 **(30분)**	회피는 더 큰 어려움으로 이어질 뿐이라는 사실을 이해하고 어려움에 직면했을 때 회피의 함정에 빠지지 않도록 배운다.	1. 유혹이 왜 그렇게 유혹적인지 이해하고, 유혹에 저항하는 기술을 배운다. 2. 어려움을 회피하는 것으로부터 얻는 단기적인 행복을 멀리한다.
인생은 끝없는 도전 **(30분)**	모든 순간을 배움의 기회로 삼고 삶의 어려움과 도전적인 사건에 용기 있게 맞서는 법을 배운다.	1. 학생들이 성숙해지는 데 도움이 될 수 있는 어려움과 도전들을 파악해 본다. 2. 인생의 중요한 사건 뒤에 숨겨진 가치를 배움의 기회로 생각한다.

이 대단원에 포함된 모든 활동지 및 파워포인트 슬라이드와 영상 자료 등은 학지사 홈페이지(www.hakjisa.co.kr)에서 내려받을 수 있습니다.

소단원 1

생존자

1. 소단원 목적

실패에 대한 이해를 재구성하고 실패로부터 배운다.

2. 학습 목표

① 실패는 성공의 전조일 수 있음을 이해한다.

② 과거의 실패에서 무엇을 배울 수 있는지 알아본다.

3. 수업 내용

활동	절차
1. 준비 활동(2분)	학생들에게 질문을 던지며 시작한다. • 여러분이 경험한 가장 큰 성공과 가장 큰 실패는 무엇인가요?
2. 모둠 토론: 생존자 **(15분)** ▷ **교수자료** - [부록 9-1] 토론 자료: 생존자 - [부록 9-2] 교수자용 참고 자료: 참가자 분석	**목표: 실패는 성공의 전조일 수 있음을 이해한다.** 1. 학생들을 작은 모둠으로 나눈다. 2. 학생들에게 토론 자료([부록 9-1])를 배부한다. 3. 다음 내용을 설명한다. 총 8명의 참가자들은 4그룹을 구성하고 "생존자" 게임에 참여했다. 게임이 끝난 이후, 진행자가 이에 대해 논평했으며 참가자들 또한 스스로를 평가했다. 이에 대한 설명이 토론 자료에 제공되어 있다. 4. 학생들에게 5분 동안 토론할 시간을 주고 가장 성공적인 플레이를 했다고 여겨지는 3명의 참가자를 투표를 통해 선정하게 한다. 5. 모둠별로 선정한 3명의 참가자가 누구인지 학급에 공유한다. 6. 모든 모둠이 다음 내용을 공유하도록 안내한다: • 특정 참가자에게 왜 투표를 했나요(또는 하지 않았나요)? (예: 참가자 1에게 왜 투표를 했거나 하지 않았나요?) • 여러분은 성공과 실패를 어떻게 정의하나요?

	7. 결론을 내리고 강조한다: • 실패는 일시적인 것이며 누구나 직면해야 하는 도전이다. • 실패는 성공의 전조일 수 있으며, 실패는 성공을 배제하지 않는다. 우리는 실패에 용감하게 맞서는 참가자 7로부터 배워야 한다.
3. 자기 성찰: 타임머신 **(5분)** ▷ **교수자료** - [부록 9-3] 활동지: 타임머신	**목표: 과거의 실패에서 무엇을 배울 수 있는지 알아본다.** 1. 활동지([부록 9-3])를 배포하고 내용을 간략히 소개한다. 2. 학생들에게 자신이 실패했던 특정 사건을 떠올리게 하고 그 사건에서 무엇을 배울 수 있는지 생각해 보도록 지시한다. 3. 해당 내용을 작성해 본 뒤 학생들에게 다음 내용을 성찰해 보도록 질문한다. "'실패'에 대한 이해를 다시 구성한다면 실패에 대한 우리의 태도가 어떻게 달라질까요?"
4. 결론(3분)	1. 세계적인 피겨 스케이팅 선수 김연아는 다음과 같은 명언을 남겼다. "중요한 것은 성공하느냐 실패하느냐가 아니라 실패했을 때 다시 일어설 수 있느냐다. 할 수 있다는 믿음을 가지고 한 번 더 도전해 보는 것, 그게 가장 중요하다." 2. 실패에 대한 긍정적인 태도를 가지는 것은 단순히 과제를 완수하는 것보다 더 중요하다. 3. 실패는 최종 결과가 아니며, 실패는 성공의 길로 이어질 수 있다.
5. 마무리 활동(5분) ▷ **교수자료** - [부록 9-4] 성장 확인 질문	1. 성장 확인 질문을 배포하고 학생들이 수업 내용을 되돌아볼 수 있도록 지도한다. 2. 수업에 열심히 참여한 학생들을 칭찬한다.

4. 세부 지도 사항

1) 생존자

- [부록 9-2]는 참가자의 태도들을 분석한 것이다. 교수자는 토론 중에 이 정보를 활용할 수 있다.
- 대부분의 학생들이 참가자 5와 참가자 6이 가장 성공적이었다고 선택한다. 학생들에게 둘의 차이점에 대해 생각해 보고 누가 더 성공적인지 결정하게 한다.
- 학생들에게 배움의 과정이 결과보다 더 중요하다는 점을 생각해 보게 한 후, 참가자 5와 참가자 7 중 누가 더 성공적인지 결정하게 한다.
- 진행자의 논평과 참가자의 자기평가는 참가자에 대한 다른 사람의 의견과 스스로의 견해를 나타낸다. 자기평가는 참가자의 태도를 반영한다. (예: 과정에 중점을 두는지 혹은

결과에 중점을 두는지)

2) 타임머신

- 시간이 충분하다면, 학생들에게 옆자리에 앉은 사람과 자신이 생각한 내용을 공유하도록 한 다음, 그중 일부를 학급에 공유하도록 하여 학생들이 서로에게서 배울 수 있도록 한다.
- 어떤 학생은 활동 초반부터 자신이 실패한 경험이 없다고 말할 수 있다. 그런 학생들에게 교수자는 대인 관계, 학업, 스포츠, 음악 등 삶의 다양한 측면에서 경험을 떠올릴 수 있도록 도와야 한다. 만약 학생이 계속해서 실패를 경험한 적이 없다고 믿는다면, 교수자는 학생에게 자신의 생각을 진지하게 재고해 보도록 요청해야 한다. 정말 실패한 경험이 없는지, 아니면 실패를 실패로 여기지 않는 것인지 탐색해 본다. 후자의 경우, 교수자는 학생에게 마치 참가자 5처럼 지나치게 자신감이 넘치는 것일 수 있음을 상기시킬 수 있다.

3) 결론

- 실패에 대한 올바른 태도는 실패에 용감하게 맞서고 실패를 성찰할 수 있는 것이다. 실패로부터 배우고 목표와 전략을 조정하는 것은 성공하는 데 도움이 될 것이다. 목표 달성에 대해서는 이후 "미래에 대한 믿음"과 관련한 내용에서 포괄적으로 다룰 예정이다.

5. 보충 활동(선택 사항)

활동	내용	권장 사항
현대의 생존자	**목표: 성공에 대한 이해를 높이고 학생들이 실패에 직면하는 태도를 일상에서 실천할 수 있도록 장려한다.** 학생들에게 배운 내용을 바탕으로 그다음 주에 신문, 잡지, 인터넷에서 실패-성공 사례를 수집해 보도록 지시한다.	사례들을 칠판에 적고 학급 투표를 실시하여 가장 성공적인 생존자 3명을 결정한다. 학생들에게 자신의 경험을 통해 배운 내용을 연간 학습 목표에 포함하도록 지시한다.

부록 9-1 토론 자료: 생존자

다음은 "생존자" 게임에 참가하는 4그룹의 참가자들입니다. 각 그룹은 각기 다른 라운드에서 성공하거나 탈락했습니다. 진행자는 각 참가자에 대한 평가를 남겼으며, 이후 참가자들도 스스로를 평가했습니다. 총 8명의 참가자 중 가장 성공적인 플레이를 한 참가자 3명이 누구인지 결정하고 왜 그런 선택을 했는지 설명해 주세요.

그룹 1 – 2라운드에서 패배

참가자 1

임무 실패!

진행자:
"당신은 팀워크가 전혀 없어요! 당신이 임무를 실패하게 했어요!"
자기평가:
"저는 다른 사람들과 함께 일하는 방법을 알지 못했어요. 하지만 이번 기회를 통해 배우고 다음에는 더 잘 임무를 수행할 거예요."

참가자 2

임무 실패!

진행자:
"당신은 그저 협력하는 방법을 모르는 것 같군요!"
자기평가:
"오, 협력이 이렇게 어려운 일인지 이제야 알았어요. 앞으로 다른 사람들과 함께 일하고 싶지 않아요."

그룹 2 – 3라운드에서 패배

참가자 3

임무 실패!

진행자:
"당신은 영리한 것 같아요. 다음에는 임무를 성공적으로 수행할 수 있을 겁니다!"
자기평가:
"저는 과정을 정말 즐겼던 것 같아요. 우리 그룹의 승패와 관계없이 저는 행복합니다."

참가자 4

임무 실패!

진행자:
"운이 나빴군요. 다음에 기회가 있을 겁니다!"
자기평가:
"맞아요. 능력과 더불어 운도 정말 중요한 것 같아요."

그룹 3 – 게임을 성공적으로 끝마침(미션 성공)

참가자 5

임무 성공!

진행자:
"당신은 타고난 리더입니다. 멋져요! 아주 잘했어요!"
자기평가:
"제가 재능이 있다는 걸 증명하네요. 저는 다음에도 우승할 겁니다."

참가자 6

임무 성공!

진행자:
"8명의 참가자 중 당신이 최고입니다. 당신은 어떤 임무도 성공할 수 있는 능력을 가지고 있어요."
자기평가:
"좋은 파트너를 만나서 매우 기쁩니다. 실은 제가 많이 배울 수 있었던 기회였던 것 같습니다."

그룹 4 – 1라운드에서 패배

참가자 7

임무 실패!

진행자:
"대실패군요! 당신은 능력이 전혀 없군요."
자기평가:
"저는 실패가 성공의 전조라고 믿습니다. 이번 경험을 통해 배운 것이 있다고 생각합니다."

참가자 8

임무 실패!

진행자:
"당신이 이 게임에 왜 참가했는지 잘 모르겠습니다."
자기평가:
"저는 쓸모없어요……. 다시는 참가하지 않을 거예요."

부록 9-2 교수자용 참고 자료: 참가자 분석

그룹	참가자	분석
그룹 1	참가자 1	팀 정신이 부족해 실패했습니다. 그러나 자신의 실패를 직면하고 그로부터 배울 수 있을 만큼 충분히 용감합니다.
	참가자 2	팀 정신이 전혀 없습니다. 자신감을 잃었고 더 이상 다른 사람들과 함께 일하려고 하지 않을 것입니다.
그룹 2	참가자 3	높은 능력을 가지고 있습니다. 실패에도 불구하고 게임을 즐깁니다. 행복한 사람입니다.
	참가자 4	높은 능력을 가지고 있으며, 실패를 경험해도 자신감을 잃지 않습니다.
그룹 3	참가자 5	능력이 매우 뛰어나지만 자신감이 지나치게 높습니다. 임무를 성공적으로 수행하는 것에만 집중합니다.
	참가자 6	능력이 매우 뛰어납니다. 그 과정에서 다른 사람들로부터 배우는 방법을 알고 있습니다.
그룹 4	참가자 7	능력은 부족하지만 실패가 성공의 전조라는 것을 이해합니다.
	참가자 8	능력이 부족합니다. 실패 후 더 이상의 도전은 받아들이지 않습니다.

부록 9-3 활동지: 타임머신

과거를 뒤돌아보았을 때 여러분 스스로 큰 실패라고 생각했던 사건이 있다면 무엇이 있는지 떠올려 보세요. 그렇다면 지금은 그 사건을 통해 무엇을 배울 수 있을지 생각해 보세요. 글이나 그림을 통해 그 사건을 설명해 주세요.

그 사건은 어디서 발생했나요? ______________________

그 사건은 언제 발생했나요? ______________________

이제 저는 그 사건을 통해 배울 수 있다고 생각합니다. 왜냐하면,

____

____

부록 9-4 성장 확인 질문

이름: ____________________ 반: ____________________ 날짜: ____________________

1. 수업 과제

1) 여러분은 "성공"과 "실패"를 어떻게 정의하나요?

2) 세계적인 피겨 스케이팅 선수 김연아는 "중요한 것은 성공하느냐 실패하느냐가 아니라 실패했을 때 다시 일어설 수 있느냐다. 할 수 있다는 믿음을 가지고 한 번 더 도전해 보는 것, 그것이 가장 중요하다."라고 말했습니다. 여러분은 이 말에 동의하나요? 왜 그런가요?

3) 실패를 극복하는 예시를 들어 보세요.

2. 숙제

1) 인생에서 가장 큰 실패라고 생각하는 사건을 설명해 주세요. 그 당시 어떤 기분을 느꼈었나요?

2) 지금 돌이켜 보면, 그 실패의 경험에서 무엇을 배웠나요?

3) 여러분은 실패를 경험했을 때 새로운 시작을 하기 위해 스스로를 어떻게 격려하나요?

소단원 2

유머러스한 순간

1. 소단원 목적

유머를 가지고 어려움을 직면하는 법을 배움으로써 인생의 수많은 어려움에 낙관적으로 대처할 수 있는 방법을 배운다.

2. 학습 목표

① 유머를 가지고 어려움을 직면하는 법을 배운다.
② 유머의 기본 원칙과 기술을 배운다.

3. 수업 내용

활동	절차
1. 준비 활동: 유머러스한 순간**(8분)** ▷ **교수자료** - [부록 9-5] 학생용 참고 자료: 유머러스한 순간 - [부록 9-6] 파워포인트 슬라이드: 유머러스한 순간 - [부록 9-8] 팁: 유머의 책	1. 만화([부록 9-5])를 배포하거나 파워포인트 슬라이드 "유머러스한 순간"([부록 9-6])을 재생한다. 이 만화는 유머를 통해 어려움을 극복할 수 있는 방법에 관한 내용이다. 2. 학생들에게 다음의 내용을 질문한다. • 만화를 보고 어떤 기분을 느꼈나요? • 만화에서 유머러스한 부분은 무엇이었나요? • 유머의 효과는 무엇일까요?" 3. 학생들의 답변을 요약하고 유머를 정의해 본다. 추후 활동에 사용할 [부록 9-8]의 내용을 활용할 수 있다.

2. 수업 공유: 어렵게 생각하지 마**(12분)** ▷ **교수자료** - [부록 9-7] 활동지: 어렵게 생각하지 마	**목표: 유머를 가지고 어려움을 직면하는 법을 배운다.** 1. 학생들이 일반적으로 경험하는 4가지 시나리오가 제시되어 있는 활동지([부록 9-7])를 배포한다. 2. 학생들에게 유머 감각을 발휘하여 해당 상황을 어떻게 대처할 것인지를 작성해 보게 한다. 3. 5분 후 학생들에게 다음 내용을 질문한다. • 우리는 시나리오와 같은 상황에서 유머를 가지고 어떻게 대처해야 할까요? • 우리가 유머러스하다고 느끼는 이유는 무엇일까요? 4. 내용을 요약하고 다음과 같은 결론을 내린다. • 우리는 유머를 통해 어려움을 극복하고 더 행복한 삶을 살 수 있다. • 유머는 인신공격이나 지나친 자기 비하가 아니다. 유머를 사용할 때는 신중하고 사려 깊은 판단을 내려야 한다.
3. 짧은 교안: 유머의 책**(3분)** ▷ **교수자료** - [부록 9-8] 팁: 유머의 책	**목표: 유머의 기본 원칙과 기술을 배운다.** 1. 유머를 사용할 때 '해야 할 일'과 '하지 말아야 할 일'이 제시되어 있는 책([부록 9-8])을 학생들에게 배포한다. 2. 시간이 충분하다면 학생들과 공유할 몇 가지 요점을 선정해 보고 관련된 태도에 특별한 주의를 기울인다.
4. 결론(2분)	1. 일이 뜻대로 풀리지 않을 때, 회피나 대립 대신 유머로 대응할 수 있다. 2. 유머를 적절히 사용하면 여러 사람들과의 갈등에 더 기분 좋게 대처할 수 있을 뿐 아니라 이를 해결하는 데 도움이 될 수 있다.
5. 마무리 활동(5분) ▷ **교수자료** - [부록 9-9] 성장 확인 질문	1. 성장 확인 질문을 배포하고 학생들이 수업 내용을 되돌아볼 수 있도록 지도한다. 2. 수업에 열심히 참여한 학생들을 칭찬한다.

4. 세부 지도 사항

1) 준비 활동

- 학생들이 시나리오를 직접 시연해 보게 하는 것은 참여를 독려할 뿐만 아니라 유머가 가져오는 행복을 스스로 느껴 볼 수 있게 한다.
- 유머는 갈등을 해결할 수 있다. 자기 비하도 적절히 수행하면 즐거움을 줄 수 있다. 적절한 자기 비하를 사용하기 위해서는 건강한 정신 상태와 자신의 단점을 어느 정도 수용하는 자세가 필요하다. 제시된 시나리오들은 학생들이 유머의 기술을 배우고 연습해 볼 수 있는 갈등 해결과 적절한 자기 비하의 내용을 포함하고 있다.

- 유머가 반드시 웃음으로 이어지지는 않더라도 밝은 분위기를 유도할 수 있다는 점을 강조한다.

2) 어렵게 생각하지 마

- 수업 공유를 진행할 때, 교수자는 유머의 원칙을 설명하기 위해 학생들이 공유한 예시들을 사용할 수 있다. 이는 학생들이 자신의 답변과 비교하여 생각해 볼 수 있기 때문에 유용하다.
- 유머가 무엇인지 명확히 정의하는 것은 쉽지 않다. 그러나 유머가 부적절한 방식으로 혹은 지나친 자기 비하로 행해지는 것은, ① 조롱(타인에게 상처를 주는 재미), ② 존중의 결여, ③ 인신공격으로 이어질 수 있다는 점은 확실하다.
- 가장 창의적이거나 적극적으로 참여한 학생에게 '창의상' 혹은 '유머상'을 수여한다.

3) 유머의 책

- 학생들에게 유머를 사용할 때는 '언제' '어디서' 사용하는지 주의를 기울여야 한다는 점을 상기시킨다. 예를 들어, 가족 중 연장자와 대화할 때 혹은 누군가의 신체(예: 비만)에 대해 이야기할 때는 과연 유머를 사용하는 것이 적절한지 스스로 판단할 수 있어야 한다.
- 학생들에게 자신만의 '유머의 책'을 만들어 볼 것을 요청한다. 이는 교수자가 학생들이 수업에서 배운 내용을 평가할 수 있는 기회를 제공한다.
- 이 활동은 유머가 무엇인지에 대해 초점을 맞추고 있다. 만약 교수자가 어려움과 역경에도 불구하고 사람들에게 유머감을 주는 핵심 가치에 대해 더 자세히 다루고 싶다면 대단원 12 '명확하고 긍정적인 정체성'의 소단원 1 '인생관'을 참고할 수 있으며, 특히 부록 1 '인생관' 활동지를 활용해 방과 후에 학생들과 토론할 수 있다.

5. 보충 활동(선택 사항)

활동	내용	권장 사항
유머러스하게 만드는 것은 무엇일까?	**목표: 영화를 통해 유머를 사용할 때 '해야 할 일'과 '하지 말아야 할 일'을 배운다.** 학생들과 함께 특정 코미디 영화(국내 또는 해외)를 시청한다. 학생들에게 유머러스한 부분이나 유머의 원칙에 어긋나는 부분을 메모하고 시청 후 학급과 공유하도록 안내한다.	시간이 충분하다면 해당 활동을 수업 중에 준비 활동으로 하고 학생들과 토론 이후 유머가 무엇인지에 대해 요약해 본다.
일상의 유머	**목표: 삶의 일부분이기도 한 유머 감각을 가지고 역경을 직면하는 법을 배운다.** 학생들에게 특정 사건에 대해 어떻게 대처할 것인지 작성해 보게 하고 해당 사건을 유머러스하게 대응하기 위해서는 어떻게 할 것인지 결정해 보도록 한다. 일주일 후 작성한 내용을 학급에 발표하도록 지시한다.	학생들의 발표 중 대표적인 사례를 게시하고 학생들이 서로 배울 수 있도록 한다.

부록 9-5

학생용 참고 자료: 유머러스한 순간

부담

동물

좋은 소식

부록 9-7 활동지: 어렵게 생각하지 마

이름: ____________________

여러분은 다음과 같은 어려운 상황에서 어떻게 유머로 대처할 건가요?

시나리오 1

당신과 반 친구들은 예선 농구 경기에서 예기치 않게 패배했습니다. 팀 리더로서 당신은 팀원들에게 다음과 같이 말합니다.

"____________________________________"

시나리오 2

시험 전, 당신은 친구들 앞에서 매우 자신감 넘치는 모습을 보여 줬습니다. 그러나 시험을 망치고 말았습니다. 당신은 친구들에게 다음과 같이 말합니다.

"____________________________________"

시나리오 3

반 친구들은 당신이 곰처럼 크다고 놀립니다. 당신은 친구들에게 다음과 같이 말할 것입니다.

"____________________________________"

시나리오 4

당신은 항상 말을 더듬습니다. 반 친구들은 이것을 두고 당신을 짓궂게 놀립니다. 당신은 친구들에게 다음과 같이 말할 것입니다.

"____________________________________"

부록 9-8

팁:
유머의 책

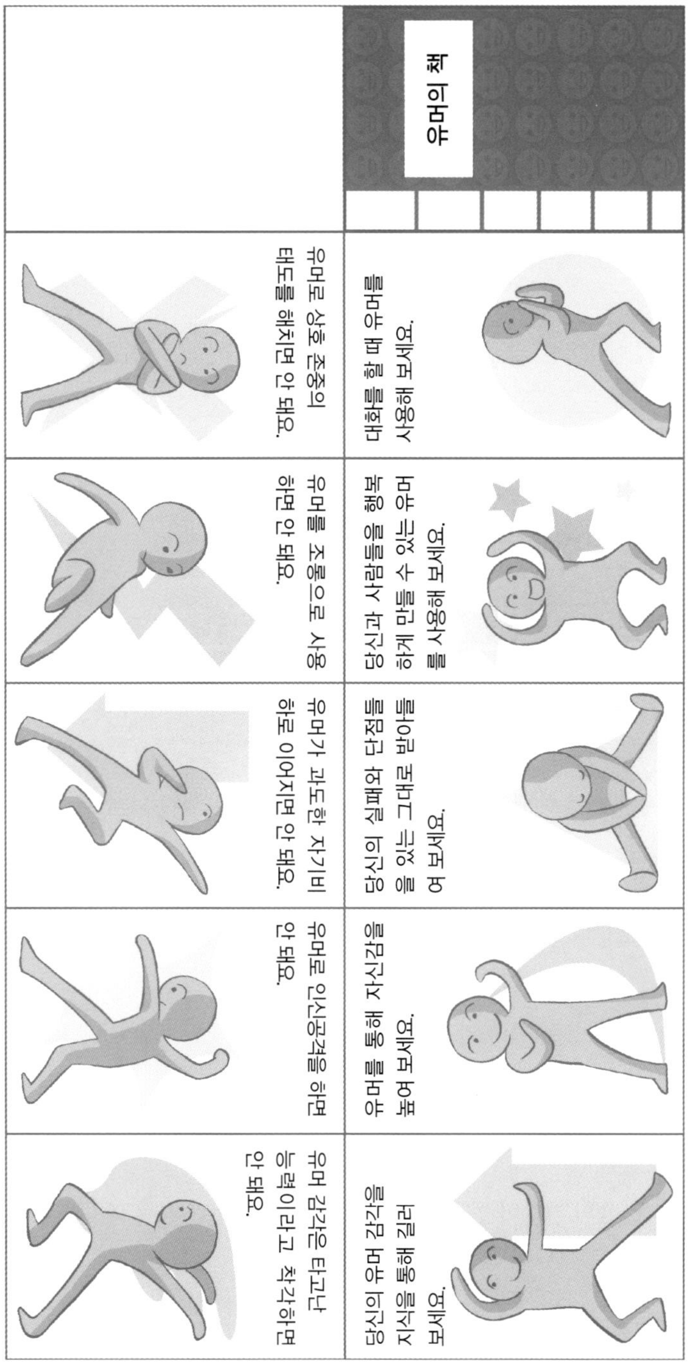
유머의 책
대화를 할 때 유머를
사용해 보세요.
당신과 사람들을 행복
하게 만들 수 있는 유머
를 사용해 보세요.
당신의 실패와 단점들
을 있는 그대로 받아들
여 보세요.
유머를 통해 자신감을
높여 보세요.
당신의 유머 감각을
지식을 통해 길러
보세요.
유머로 상호 존중의
태도를 해치면 안 돼요.
유머를 조롱으로 사용
하면 안 돼요.
유머가 과도한 자기비
하로 이어지면 안 돼요.
유머로 인신공격을 하면
안 돼요.
유머 감각은 타고난
능력이라고 착각하면
안 돼요.

부록 9-9 성장 확인 질문

이름: ______________ 반: ______________ 날짜: ______________

1. 수업 과제

1) 유머를 가지고 어려움을 직면하는 것의 장점은 무엇인가요?

2) 유머를 사용할 때 주의해야 할 상황에는 어떤 것이 있을까요?

3) 지나친 자기 비하적 유머를 사용할 때의 단점은 무엇인가요?

2. 숙제

1) 다른 사람에게 유머러스한 대답을 할 때 '경솔하다' 혹은 '바보 같다'는 오해를 받을까 봐 두려움을 느끼나요? 왜 그런가요?

2) 다른 사람에게 유머를 사용할 때 우리가 고려해야 할 점은 무엇일까요?

3) 어려움을 직면할 때, '유머 감각이 있는 사람'과 '유머 감각이 없는 사람'의 차이는 무엇일까요?

소단원 3

현대판 로빈슨 크루소

1. 소단원 목적

회피는 더 큰 어려움으로 이어질 뿐이라는 사실을 이해하고 어려움에 직면했을 때 회피의 함정에 빠지지 않도록 배운다.

2. 학습 목표

① 유혹이 왜 그렇게 유혹적인지 이해하고, 유혹에 저항하는 기술을 배운다.
② 어려움을 회피하는 것으로부터 얻는 단기적인 행복을 멀리한다.

3. 수업 내용

활동	절차
1. 준비 활동(3분)	1. 학생들에게 질문을 던지며 시작한다. • 여러분은 일이 뜻대로 풀리지 않을 때 어떻게 하나요? 2. 학생들의 응답을 간단히 요약한 후 학급에 다음과 같이 말한다. • 여러분이 하는 선택이 매번 여러분에게 긍정적인가요? • 오늘 우리는 함께 모험을 시작할 것입니다. 이 모험에서 우리는 위험에 빠진 선원들을 위해 어떤 선택을 내리게 될 것입니다.
2. 모둠 토론: 현대판 로빈슨 크루소**(20분)** ▷ **교수자료** - [부록 9-10] 파워포인트 슬라이드: 현대판 로빈슨 크루소 - [부록 9-11] 교수자용 참고 자료: 현대판 로빈슨 크루소 내용	**목표: 유혹이 왜 그렇게 유혹적인지 이해하고, 유혹에 저항하는 기술을 배움으로써 학생들이 회피를 선택하거나 단기적인 행복을 좇지 않도록 돕는다.** 1. 학생들에게 [부록 9-10] 파워포인트의 이미지를 보여 주며 활동을 시작한다. 2. 교수자는 [부록 9-11]를 참고하여 토론 자료의 주된 이야기를 설명한다. • 전투에서 패배한 전함이 집으로 돌아가던 중 폭풍우를 만났습니다. 집으로 돌아가려면 3가지 경로 중 하나를 선택해야 합니다. 하지만 어느 경로를 선택하든 유혹을 받을 수밖에 없는 상황입니다. 만약 선원들이 유혹을 뿌리치지 못하면 영원히 목적지에 도착할 수 없습니다. 3. 학생들에게 자료에 제시되어 있는 세 가지 경로 중 한 가지를 선택하도록 지시하며, 손을 들어 자신의 선택을 표시하게 한다. • 애꾸눈 거인 섬('컴퓨터 게임의 유혹'을 상징함)

- [부록 9-12] 교수자용 참고 자료: 현대판 로빈슨 크루소 예시 답변 - [부록 9-13] 모둠 활동지: 현대판 로빈슨 크루소	• 인어 바위('바람직하지 않은 친구들과 어울리는 것'을 상징함) • 망각의 도시('흡연과 음주'를 상징함) 4. 교수자는 다수결의 원칙에 따라 학생들의 응답을 종합하여 하나의 경로를 결정한다. 5. 학생들을 2개의 모둠으로 나누고 5분 동안 다음 내용에 대한 이유를 생각해 보고 결정하게 한다. • 모둠 1: 유혹을 받아들이는 이유 • 모둠 2: 유혹을 거부하는 이유 6. 교수자는 토론을 촉진하기 위해 모둠을 여러 개의 하위 모둠으로 나눌 수 있다. 단, 같은 모둠에 속해 있는 하위 모둠들은 모두 동일한 지침을 따라야 한다는 규칙을 강조한다. 각 모둠에 활동지([부록 9-13])를 배포한다. 7. 두 모둠의 학생들에게 토론 내용을 학급 전체와 공유하도록 요청한다. 교수자는 학생들의 근거를 듣고 그 근거가 타당한지 판단해야 한다. 칠판에 학생들의 답을 적고 타당한 근거를 제시한 답에 대해서는 긍정적인 평가를 한다. 제시된 근거의 양과 질을 고려하여 학생들을 칭찬한다. 8. 요약하고 결론을 내린다. [부록 9-12]를 참고하여 학생들이 미처 생각하지 못한 근거도 함께 이야기해 줄 수 있다.
3. 결론(2분)	1. 우리가 바라던 것과는 반대로 일이 진행되는 것은 드문 일이 아니다. 만약 비관적으로 생각하고 현실을 회피하는 선택을 한다면 더 큰 어려움에 부딪힐 수밖에 없다. 2. 우리는 '어려움'과 '유혹' 자체를 통제할 수는 없지만, 이를 받아들일지 거부할지는 선택할 수 있다.
4. 마무리 활동(5분) ▷ **교수자료** - [부록 9-15] 성장 확인 질문	1. 성장 확인 질문을 배포하고 학생들이 수업 내용을 되돌아볼 수 있도록 지도한다. 2. 수업에 열심히 참여한 학생들을 칭찬한다.

4. 세부 지도 사항

1) 현대판 로빈슨 크루소

- 학생들은 자신의 문제로 인해 특정 경로를 회피할 수 있다(예: 모둠 내 대부분의 학생이 흡연 또는 음주 습관이 있는 경우 해당 선택을 회피할 수 있음). 이와 관련해서 교수자는 학생들이 유혹에 직면해 보도록 유도할 수 있다.
- 참여를 독려하기 위해 교수자는 각 모둠의 대표자가 나와 자신의 모둠이 생각한 근거를 칠판에 적도록 요청할 수 있다. 만약 학생들이 충분히 성숙하다면, 교수자는 여러 학

생들에게 패널을 구성하여 답변이 타당한지 결정하게 할 수 있다(패널의 구성원 수는 홀수여야 함).

- 유혹을 받아들이는 그룹이 그렇지 않은 그룹보다 더 많은 양의 근거를 가지고 있는 것이 일반적이다. 이는 유혹을 거부하는 것보다 받아들이는 것이 더 쉽다는 것을 의미한다. 이와 관련하여, 학생들에게 제시된 근거의 '내용(질)'에 주의를 기울이도록 요청한다. 유혹을 받아들이는 것은 문제를 단기적으로 회피하는 것일 뿐임을 강조한다.
- 유혹을 거부하는 것은 대개 잠시 동안의 고독과 우울함으로 이어지거나, 조롱의 대상이 될 수 있으므로 용기가 필요한 일임을 학생들에게 상기시킨다. 이러한 상황에서는 학생들이 건강한 생활 방식을 실천하는 친구나 어른들에게 도움을 받을 수 있도록 격려한다.
- 시간이 충분하다면 학생들이 수업 중에 '나의 항해 지도'를 완성할 수 있도록 안내한다(자세한 내용은 보충 활동 참조). 이 활동은 원칙을 일상생활에서의 실천과 연결하는 역할을 하기에 가장 유용하다.

2) 결론

- 역경에 대처할 때 회피하려는 생각은 거부해야 함을 강조한다. 이는 당장은 쉬운 선택지일지 모르지만 장기적으로는 더 큰 어려움으로 이어질 수 있는 결정이다.
- 이 소단원에서는 학생들이 유혹을 멀리하는 것을 가르치는 데 중점을 두고 있다. 어려움을 긍정적으로 직면하는 법과 관련해서는 소단원 1 '생존자'와 소단원 4 '인생은 끝없는 도전'을 참고할 수 있다.

5. 보충 활동(선택 사항)

활동	내용	권장 사항
나의 항해 지도	**목표: 학생들이 배운 내용을 일상생활에 적용할 수 있게 한다.** **학생들에게 [부록 9-14]를 배포한다. 학생들에게 다음 내용을 작성해 보도록 요청한다.** • 나의 가장 큰 목표는 무엇인가? • 올해 나에게 어떤 어려움이 있었는가? • 그 시기 동안 어떤 유혹이 있었는가? • 나는 유혹을 어떻게 거부했나?	

부록 9-11 교수자용 참고 자료: 현대판 로빈슨 크루소 내용

전투에서 패배한 전함이 집으로 돌아가던 중 폭풍우를 만났습니다. 집으로 돌아가려면 세 가지 경로 중 하나를 선택해야 합니다. 하지만 어느 경로를 선택하든 유혹을 받을 수밖에 없는 상황입니다. 만약 선원들이 유혹을 뿌리치지 못하면 영원히 목적지에 도착할 수 없을 것입니다.

부록 9-12

교수자용 참고 자료: 현대판 로빈슨 크루소 예시 답변

유혹 1 애꾸눈 거인 섬 ('컴퓨터 게임의 유혹'을 상징함)

답변 제안(다른 답변도 가능):

유혹을 받아들이는 이유	유혹을 거부하는 이유
• 가상 현실에서 즐거운 시간을 보낼 수 있음 • 신나고 재미있음 • 외출하지 않아도 됨 • 더 이상 외로움을 느끼지 않음	• 단기적인 행복이기 때문 • 컴퓨터는 게임만을 위한 도구가 아님 • 더 건강한 대안들이 존재함 • 더 큰 인생의 목표를 달성하는 데 도움이 되지 않음

유혹 2 인어 바위 ('바람직하지 않은 친구들과 어울리는 것'을 상징함)

답변 제안(다른 답변도 가능):

유혹을 받아들이는 이유	유혹을 거부하는 이유
• 타인에게 인정받는 느낌 • 친구들과 나의 고민을 공유할 수 있음 • 불행한 일을 잊을 수 있음 • 함께 놀지 않으면 웃음거리가 될 수 있음 • 안심이 됨	• 그 친구들은 나에게 가장 좋은 것이 무엇인지 고려하지 않을 수 있음 • 친구들의 조언이 더 많은 문제를 야기할 수 있음 • 주변에 좋은 친구들이 많기 때문에 굳이 나쁜 친구들과 어울릴 필요는 없음

유혹 3 망각의 도시 ('흡연과 음주'를 상징함)

답변 제안(다른 답변도 가능):

유혹을 받아들이는 이유	유혹을 거부하는 이유
• 긴장을 완화하는 데 도움이 됨 • 몇몇 친구들에게 인정받는 느낌 • 성숙하다는 느낌 • 다른 사람도 하기 때문	• 흡연과 음주는 장기적으로 유해함 • 비용이 발생함 • 대인 관계에 방해가 됨 • 문제를 해결하지는 못함

부록 9-13 모둠 활동지: 현대판 로빈슨 크루소

유혹을 받아들이는 이유: 모둠: ______________

유혹을 거부하는 이유: 모둠: ______________

부록 9-14

보충 활동: 나의 항해 지도

이름: ____________________

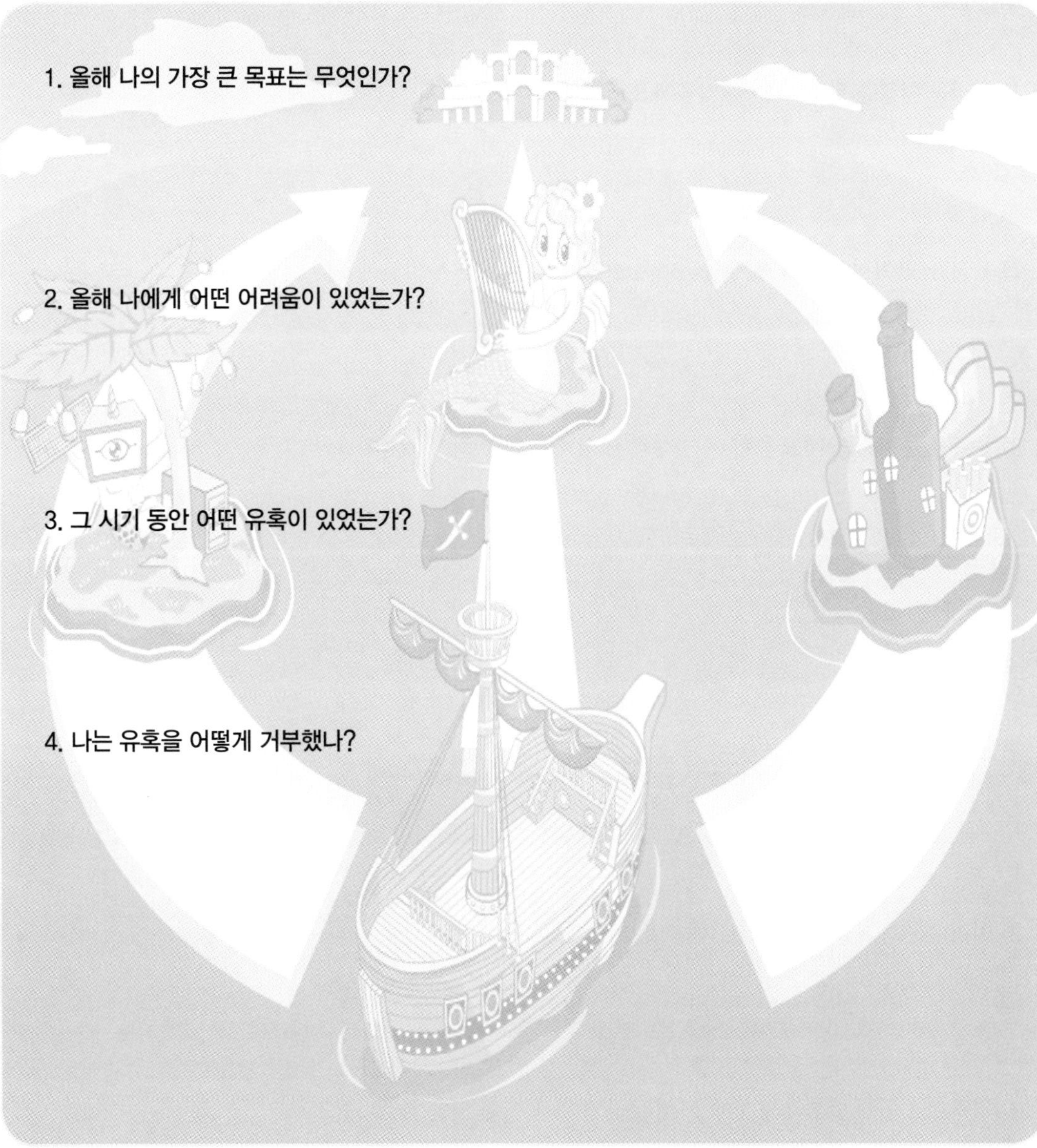

1. 올해 나의 가장 큰 목표는 무엇인가?

2. 올해 나에게 어떤 어려움이 있었는가?

3. 그 시기 동안 어떤 유혹이 있었는가?

4. 나는 유혹을 어떻게 거부했나?

부록 9-15 성장 확인 질문

이름: ________________ 반: ________________ 날짜: ________________

1. 수업 과제

1) 우리는 역경을 항상 피할 수 있을까요? 왜 그런가요?

2) 우리가 '단기적인 행복'에 중독되어서는 안 되는 이유는 무엇일까요?

3) 유혹을 물리치는 데 도움이 되는 성격 특성에는 어떤 것이 있을까요?

2. 숙제

1) 여러분의 인생에서 요즘 가장 큰 유혹은 무엇인가요?

2) 여러분은 유혹을 물리치기 위해 어떤 일을 하겠나요?

3) 역경으로 인해 발생하는 문제를 '해결'하기 위해 어떤 일을 하겠나요?

소단원 4

인생은 끝없는 도전

1. 소단원 목적

모든 순간을 배움의 기회로 삼고 삶의 어려움과 도전적인 사건에 용기 있게 맞서는 법을 배운다.

2. 학습 목표

① 학생들이 성숙해지는 데 도움이 될 수 있는 어려움과 도전들을 파악해 본다.

② 인생의 중요한 사건 뒤에 숨겨진 가치를 배움의 기회로 생각한다.

3. 수업 내용

활동	절차
1. 준비 활동: 나는 무엇에 직면하고 있나**(8분)** ▷ **교수자료** - [부록 9-16] 교수자용 참고 자료: 나는 무엇에 직면하고 있나 지침서	1. 게임의 룰([부록 9-16])을 소개하고 게임을 진행한다. 2. 게임이 끝났을 때 학생들에게 다음 내용을 말한다. • 여러분 대부분이 불쾌한 표정을 짓거나 회피하는 태도를 보이는 것을 볼 수 있었습니다. 실제 삶에서 어려움과 도전에 직면했을 때 우리는 어떻게 대응해야 할까요? 먼저 우리가 어떤 문제와 도전에 직면할 수 있는지 살펴봅시다.

2. 학급 공유: 매일의 도전**(8분)** ▷ **교수자료** - [부록 9-17] 파워포인트 슬라이드: 매일의 도전 - [부록 9-18] 교수자용 참고 자료: 매일의 도전 내용 - [부록 9-19] 활동지: 인생은 끝없는 도전	**목표: 학생들이 성숙해지는 데 도움이 될 수 있는 어려움과 도전들을 파악해 본다.** 1. 학생들에게 활동지([부록 9-19])를 배포한다. 파워포인트 슬라이드 "매일의 도전"([부록 9-17])을 교실 화면에 띄운다. 2. 파워포인트에는 학생들이 일상생활에서 겪을 수 있는 어려움과 도전을 보여 주는 큰 만화가 표시되어 있다. 3. 학생들에게 만화를 읽을 시간을 잠시 주고 난 뒤, 다음 내용을 요청한다. • 만화 캐릭터를 참고하여 지난 한 달 동안 겪었던 어려움이나 도전을 하나씩 고릅니다. • 해당 어려움에 맞서기로 선택했었는지, 아니면 피하기로 선택했었는지 기억을 떠올려 봅니다. • 아직 이 활동에서는 "나는 ______를 배울 수 있다."의 문장은 무시합니다. 4. 학생들에게 다음 내용을 공유하도록 요청한다. • 어떤 어려움이나 도전을 선택했습니까? • 일반적으로 문제에 직면하는 편인가, 피하는 편입니까? 5. 요약하고 결론을 내린다. • 성장하면서 어려움과 도전적인 사건을 겪는 것은 당연한 일입니다. • 우리가 겪는 어려움과 도전적인 사건들은 또래 친구들 사이에서 공통적으로 나타나는 경우가 많습니다. 따라서 학생들은 어려움을 함께 공유하고 적절하게 대처함으로써 서로를 돕는 것이 권장됩니다.
3. 자기 성찰: 인생은 끝없는 도전**(7분)** ▷ **교수자료** - [부록 9-19] 활동지: 인생은 끝없는 도전 - [부록 9-20] 교수자용 참고 자료: 인생은 끝없는 도전 답변 제안	**목표: 인생의 중요한 사건 뒤에 숨겨진 가치를 배움의 기회로 생각한다.** 1. 활동지의 남은 부분 ("나는 ______를 배울 수 있다.")을 완성한다. 학생들에게 5분 동안 이러한 어려움이나 도전에서 무엇을 배울 수 있을지 생각해 보고 결정할 시간을 준다. 2. 학생들에게 옆자리에 앉은 사람과 생각한 내용을 공유하도록 한다. 시간이 충분하다면 몇몇 학생에게 자신의 의견을 학급 전체와 공유하도록 요청한다. [부록 9-20]를 참고해 학생들의 발표내용을 정리할 수 있다. 3. 내용을 요약하고 인생의 모든 순간은 배움을 얻을 수 있는 소중한 기회라고 결론을 내린다.
4. 결론(2분)	1. 어려움과 도전은 우리의 성장에 필수적인 요소이다. 그 누구도 이것을 없앨 수 없다. 2. 인생은 끝없는 도전의 연속이다. 인생의 다양한 사건을 통해 경험을 쌓고 그로부터 깨달음을 얻는 것은 우리의 성장에 매우 중요하다.
5. 마무리 활동(5분) ▷ **교수자료** - [부록 9-21] 성장 확인 질문	1. 성장 확인 질문을 배포하고 학생들이 수업 내용을 되돌아볼 수 있도록 지도한다. 2. 수업에 열심히 참여한 학생들을 칭찬한다.

4. 세부 지도 사항

1) 준비 활동

- 게임을 더 흥미롭게 만들기 위해 교수자는 한 명 이상의 학생을 '추측하는 사람'으로 선정하여 누가 가장 짧은 시간 내에 정답을 맞히는지 확인할 수 있다. 만일 학생들이 이미 경쟁적인 게임을 위해 모둠으로 구성되어 있다면, 각 모둠마다 대표자를 선정해 게임에 참여하도록 할 수 있다.

2) 매일의 도전

- 내용의 명확한 이해를 위해 [부록 9-18]을 모든 학생에게 배포해도 좋다.
- 만화에서 제시되는 어려움이나 도전들의 내용은 다음과 같다. 소중한 물건을 도난당하는 것, 항상 수업에 지각하는 것, 성적이 저조해서 스포츠 경기에서 배제되는 것, 왕따를 당하는 것, 경제적으로 가난한 가정 환경, 돈이 부족한 것, 특정 과목에서 어려움을 겪는 것, 부모님께 자주 혼이 나는 것, 가족과의 잦은 다툼, 외모 때문에 놀림을 받는 것, 삶의 방향성이 뚜렷하지 못한 것, 저조한 시험 성적을 받는 것, 차별을 받는 것, 친구가 없는 것, 가족이 질병으로 고통받는 것, 인터넷 중독, 학교 스트레스, 징계 문제, 마약의 유혹, 학교 폭력, 스포츠와 관련하여 지속적인 좋은 성적에 대한 기대감으로 압박감을 느끼는 것, 노래 경연대회에서 자신감 부족 문제를 겪는 것, 스포츠 팀의 팀원으로 선출되는 것, 학급 반장으로 선출되는 것.
- 만화는 성찰의 시작점으로서의 역할을 가진다. 학생들은 만화에서 제시된 내용과 다른 자신만의 도전과 어려움들을 작성할 수 있다.
- 도전은 다음과 같이 분류될 수 있다. ① 부정적인 도전(어려움, 예시: 왕따를 당하거나 배제되는 경험), ② 긍정적인 도전(예시: 학급 반장으로 선출되거나 스트레스를 받지만 좋은 학업 성적을 거두는 것 등)
- 만화에서는 긍정적인 도전보다 부정적인 도전이 더 많이 제시된다(예: 스포츠와 관련하여 지속적인 좋은 성적에 대한 기대감으로 압박감을 느끼는 것). 이는 현실에서 일이 항상 예상한 것과 같이 올바른 방향으로 진행되지는 않는다는 점을 반영한다. 따라서 이러한 도전에 직면하는 법을 배우고 그로부터 배우는 것이 매우 중요하다.

- 학생들에게 어려움을 설문하고 집계하여 가장 일반적인 어려움(예: 학업에서의 어려움 또는 가족과의 갈등)이 무엇인지 파악함으로써 학생들이 성장하면서 비슷한 어려움을 겪을 수 있다는 인상을 준다. 만일 일부 도전들이 상대적으로 적은 수의 학생들에게서만 나타난다면, 이는 해당 학생들이 더 고립감을 느끼게 할 수 있으므로 교수자는 이를 공개적으로 집계하지 않도록 주의한다.

3) 인생은 끝없는 도전

- "나는 ______를 배울 수 있다."를 통해 학생들은 지난 2년간 P.A.T.H.S.에서 배운 내용을 통합하고 일상생활에서 직면하는 어려움을 해결하는 데 이를 적용할 수 있다. 교수자는 [부록 9-20]을 참조하여 다른 단원과 해당 개념을 연결해 볼 수 있다.
- 만일 일부 학생이 드물거나 특별한 유형의 어려움을 학급과 공유하고자 한다면(예: 삶의 방향성이 뚜렷하지 않거나 가족이 질병으로 고통받는 것), 해당 학생이 혼자가 아니라는 사실을 알리기 위해 학급에서 지지와 격려를 해 주기를 요청한다. 더불어 친구들과 해당 내용을 공유하고 격려를 받는 것 또한 인생에서 좋은 교훈이 된다는 점을 명심한다.

5. 보충 활동(선택 사항)

활동	내용	권장 사항
시험 이후	**목표: 인생의 어려움과 도전에 용기 있게 맞서는 법을 배운다.** 학생들에게 이번 단원에서 논의한 어려움과 도전에 용기 있게 맞서 보기를 요청한다. 이후 학생들이 어떤 기분을 느끼고, 어떻게 문제를 해결했는지 학급과 공유하도록 한다. 해당 활동은 학생들이 수업 시간에 배운 내용을 일상생활에 적용할 수 있도록 장려한다.	신뢰감(라포) 형성을 위해 학급 공유 이후 박수를 친다.
동료 찾기	**목표: 학생들이 어려움이나 도전을 함께 공유하도록 장려한다.** 학생들에게 같은 도전이나 어려움을 겪고 있는 반 친구들을 찾아보도록 요청한다. 학생들이 앞으로 2주 동안 함께 어려움에 직면하고 감정을 공유함으로써 지지적이고 신뢰를 기반으로 한 관계를 형성할 수 있도록 격려한다.	

부록 9-16 교수자용 참고 자료: "나는 무엇에 직면하고 있나" 지침서

1. 한 학생을 '추측하는 사람'으로 선정하고 교실 밖에서 대기하게 한다. 그런 다음 나머지 학생들에게 하나의 어려움에 대한 시나리오를 이야기한다. 이는 부모님에게 꾸중을 들었거나, 시험에 떨어졌거나, 반 친구들에게 거절당하거나 따돌림을 당했거나, 최근 사랑하는 사람과 헤어진 사람에 대한 내용일 수 있다. 학생들에게 그런 상황에서 어떻게 비언어적으로 대응할지 상상해 보고 이에 대한 표정이나 몸동작을 해 보도록 요청한다.

2. '추측하는 사람'을 교실 안으로 들어오게 한다. 셋을 세면 학급 전체가 표정과 몸동작을 하고 '추측하는 사람'은 이를 보고 어떤 어려움에 대한 시나리오인지 추측해 보게 한다.

3. 해당 활동을 여러 번 반복하고 다른 학생들도 '추측하는 사람'이 되어 보도록 한다.

이 게임의 주된 목적은 정답을 맞히는 것이 아니라, 학생들이 인생에서 어려움과 도전적인 사건을 겪을 때 어떻게 반응할 것인지 알아보는 데 있다는 점을 유의한다.

부록 9-18 교수자용 참고 자료: 매일의 도전 내용

부록 9-19 활동지: 인생은 끝없는 도전

이름: ____________________

	이번 달에 어떤 어려움이나 도전에 직면했는지 그림을 그려 보세요.	여러분은 직면했나요 또는 회피했나요? (동그라미를 쳐 보세요)	나는 _____을/를 배울 수 있다.
1		 	
2		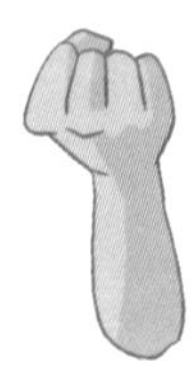 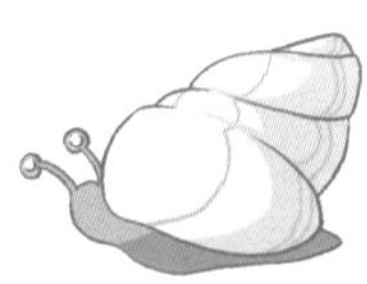	
3		 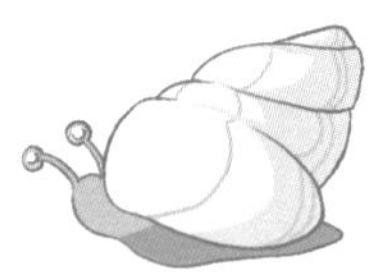	

부록 9-20 교수자용 참고 자료: "인생은 끝없는 도전 답변" 제안

나는 ____________을/를 배울 수 있다.	참고 단원	대단원	소단원
바람직한 친구와 바람직하지 않은 친구를 구별하는 방법	1	1	3
부모님 말씀에 숨겨진 진짜 메시지를 아는 방법	2	1	2
감정과 기분을 표현하는 방법	1	3	2
부정적인 감정을 적절하게 표현하는 방법	2	3	2
잘 경청해 주는 사람을 찾는 방법	2	3	4
자기 성찰을 하는 방법	1	4	1
친절한 댓글과 그렇지 않은 댓글을 구별하는 방법	1	5	1
비판 뒤에 숨은 의도를 파악하는 방법	2	5	1
불친절한 행동에 직면하고 대처하는 방법	2	5	2
목표를 설정하는 방법	1	7	4
나에게 가장 적합한 학습 전략을 탐색하는 방법	2	7	1
왜곡된 생각을 파악하는 방법	2	7	2
맹목적인 추종자가 되지 않는 방법	2	8	2
문제를 해결하는 방법	1	9	2
부정적인 감정에 대처하는 방법	1	9	3
대인관계 갈등을 처리하는 방법	1	9	4
과거의 실패로부터 배우는 법	2	9	1
유머를 통해 역경에 대응하는 방법	2	9	2
유혹에 저항하는 방법	2	9	3
다양한 사람들의 다양한 관점	2	10	2
물질적인 소망을 줄이면서 행복하게 사는 방법	1	11	1
내가 가진 것을 소중히 여기고 의미 있는 삶을 사는 법	2	11	1
우리 삶에서 돈이 어떤 의미를 가지는지	2	11	2
누구나 인생에서 어려움과 고통을 겪을 수 있다는 것	2	11	3
나의 강점을 긍정적으로 평가하는 법	1	12	3
나의 문제를 다른 사람들과 공유하는 것	1	12	4
이상적인 '자아'를 인식하고 스스로를 격려하는 방법	2	12	1
삶에 대한 낙관주의의 의미	1	13	1
공부한 내용을 복습하고 학습 계획을 수립하는 법	2	13	1
효과적으로 스스로에게 상 주는 것을 계획하는 법	2	13	2
인내의 필요성	2	13	3
내 목표를 달성하기 위해 적응이 필요할 수 있다는 것	2	13	4

부록 9-21 성장 확인 질문

이름: ______________________ 반: ______________________ 날짜: ______________________

1. 수업 과제

1) "인생의 모든 순간은 배움의 기회다."라는 말에 동의하나요? 왜 그런가요?

2) '긍정적인 도전'이 스트레스를 유발하는 이유는 무엇인가요?

3) '어려움에 직면하는 것'과 '어려움을 회피하는 것'의 차이점은 무엇인가요?

2. 숙제

1) 지난 한 주 동안 어떤 어려움을 겪었나요?

2) 해당 문제를 해결하기 위해 어떤 방법을 사용했나요?

3) 이러한 어려움을 통해 무엇을 배웠나요?

대단원 10

자기결정성

들어가며

자기결정성은 주체적으로 생각하고, 선택하고, 목표를 설정할 수 있는 능력을 의미한다. 청소년들이 이 능력을 기르기 위해서는 자신의 상태와 스스로의 가치에 대해 잘 알고, 관련된 능력들을 기르며, 지속적으로 연습하고 학습해야 한다. 또한 자기결정의 발달은 지지적인 사회적 환경에 의해 유지되고 함양될 수 있다.

다수의 연구는 학업과 관련해 자율성의 교육적 이점을 밝혔다. 자기결정 능력이 뛰어난 학생들은 최적의 목표를 설정하는 데 능숙하고, 좋은 성적을 받으며, 자신의 학업 능력에 대한 자신감이 있고, 학업 전반에 대한 강한 통제감을 느끼며, 창의성이 높고, 자신의 가치에 대한 확신이 있었다. 청소년들은 자라면서 점차 스스로 중요한 결정을 만드는 데 능숙해져야 하므로, 청소년 시기는 자기결정 능력의 발달에 매우 중요하다.

Level 1 과정에서 대단원 '자기결정성'은 학생들이 자기결정 능력을 기르기 위해 필요한 기술과 전략을 배우도록 돕는 데 목적을 두었다. Level 2 과정의 경우 학생들의 의사결정 능력을 함양하는 데 중점을 둔다. 소단원 1을 통해 학생들은 자신의 의사결정 능력을 향상시킨다. 동시에 학생들은 또래 친구들의 의견을 맹목적으로 따르거나 또래압력에 쉽게 휘둘리지 않아야 하며, 자신의 의사결정에 책임을 지고 결과를 수용해야 한다는 점을 이해한다. 소단원 2를 통해 학생들은 하나의 선택지를 다양한 관점으로 바라보는 것이 결정을 내리기 전에, 보다 철저한 분석을 하는 데 도움이 될 수 있음을 이해한다.

개관

소단원	소단원 목적	학습 목표
선택의 파노라마 (30분)	의사결정 능력을 강화함으로써 학생들의 자기결정 능력을 높인다.	1. 의사결정 기술을 연마한다. 2. 의사결정 기술을 활용함으로써 또래 친구의 의견과 또래집단 압력에 적절하게 대처한다. 3. 자신의 의사결정에 책임을 지고 결과를 수용해야 함을 이해한다.
선택의 전제조건 (30분)	각 선택지를 다양한 관점에서 바라봄으로써 의사결정을 만들기 전에 보다 철저한 분석을 진행한다.	1. 사람들은 서로 관점이 다르며 같은 문제에 대해서도 다른 의견을 가질 수 있음을 이해한다. 2. 의사결정 이전에 가까운 사람들로부터 조언을 듣고 그를 분석해 본다.

이 대단원에 포함된 모든 활동지 및 파워포인트 슬라이드와 영상 자료 등은 학지사 홈페이지(www.hakjisa.co.kr)에서 내려받을 수 있습니다.

소단원 1

선택의 파노라마

1. 소단원 목적

의사결정 능력을 강화함으로써 학생들의 자기결정 능력을 높인다.

2. 학습 목표

① 의사결정 기술을 연마한다.

② 의사결정 기술을 활용함으로써 또래 친구의 의견과 또래집단 압력에 적절하게 대처한다.

③ 자신의 의사결정에 책임을 지고 결과를 수용해야 함을 이해한다.

3. 수업 내용

활동	절차
1. 준비 활동(2분)	1. 학생들에게 다음의 내용을 학급 전체와 공유하도록 지시한다. • 여러분의 지갑, 책가방의 브랜드는 무엇인가요? 여러분은 친구들과 유사한 브랜드의 제품을 가지고 있나요? 만약 여러분의 친구가 특정 브랜드의 지갑, 책가방을 가지고 있지만 여러분은 그렇지 않다면, 여러분은 비슷한 브랜드의 제품을 가져야 한다는 압박감을 느낄까요? • 여러분의 친구들이 여러분에게 가고 싶지 않은 어딘가로 가자고 하거나, 하고 싶지 않은 무언가를 하자고 제안한 적이 있나요? 그때 여러분은 어떻게 반응했나요? 2. 학생들이 일상 속의 또래 압력에 대해 생각해 보도록 지도한다. 특히, 또래 압력이 학생들로 하여금 자신의 삶의 원칙, 가치관, 규칙이나 법에 어긋나는 선택을 하도록 만든 적이 있는지 떠올려 보도록 유도한다. 학생들에게 그때 어떤 의사결정을 내렸는지 질문한다.

2. 모둠 토론: 선택의 파노라마**(15분)** ▷ **교수자료** - [부록 10-1] 영상 자료: 재이의 선택은 1부 - [부록 10-2] 영상 자료: 너도 같이 하자 1부 - [부록 10-3] 교수자용 참고 자료: 너도 같이 하자 - [부록 10-4] 모둠 활동지: 현명한 의사결정 도구 상자 - [부록 10-5] 도움 자료: 현명한 의사결정의 비결	**목표: 의사결정 기술 연마하기** 1. 학생들의 배경과 필요에 따라 "재이의 선택은? 1부"([부록 10-1]) 또는 "너도 같이 하자! 1부"([부록 10-2]) 활동을 진행한다. 2. 학생들을 8개 모둠으로 나눈다. 각 모둠에게 "현명한 의사결정 도구 상자"([부록 10-4])를, 각 학생에게는 별도로 "현명한 의사결정 비결"([부록 10-5])를 배부한다. 3. '현명한 의사결정 비결'을 활용해 모둠별로 각 선택지의 장점과 단점에 대해 토론하고 그 결과를 모둠 활동지에 적도록 지시한다. 이후, 각 선택지의 장점 및 단점마다 중요성과 영향을 평가하고 점수를 매기도록 지시한다. 4. 토론을 마친 후, 각 모둠은 선택지마다의 장단점과 모둠 토론의 결과를 발표한다. 5. 학생들의 의견을 간단히 요약한다. 의사결정 이전에 각 선택에 따른 결과를 객관적으로 분석하고 평가해야 하며, 각 선택지가 자신과 타인에게 가져다주는 장점과 단점에 대해 명확히 인식하고 있어야 함을 강조한다.
3. 학급 토론: 현명한 선택**(5분)** ▷ **교수자료** - [부록 10-6] 영상 자료: 재이의 선택은 2부 - [부록 10-7] 영상 자료: 너도 같이 하자 2부	**목표: 의사결정 기술을 활용해 또래의 의견과 또래 압력에 적절히 대처하거나 자신의 선택에 책임을 지고 결과를 수용해야 함을 이해한다.** 1. "재이의 선택은? 2부"([부록 10-6]) 또는 "너도 같이 하자! 2부"([부록 10-7])을 재생한다. 2. 전체 학생들이 다음의 질문에 대한 답변을 논의해 보도록 지도한다. • 의사결정과 별개로, 이 과정을 통해 무엇을 배웠나요? 3. 학생들이 의사결정을 내릴 때 다음의 내용을 이해할 수 있도록 지도한다. • 의사결정이 자신과 타인에게 해로운지 평가하는 것에 더해, 자신의 삶의 원칙과 가치에 부합하면서 자신과 타인에게 이로운 선택을 만드는 것도 중요합니다. • 또래 친구의 의견을 맹목적으로 따르거나 결과를 생각하지 않고 또래 압력에 굴복해서는 안 됩니다. • 또래의 의견을 따르지 않거나 또래 압력에 복종하지 않는다고 해서 또래 집단과 어울리는 게 불가능한 것은 아닙니다. • 자신의 의사결정에 책임을 지고 결과를 수용해야 합니다.
4. 결론(3분)	1. 학생들이 또래 압력을 마주했을 때 성급히 의사결정을 내리기보다는, 철저하게 선택지를 분석하고 주변인들로부터 조언을 구할 수 있도록 독려한다. 2. 결정에 대해 혼란스러울 때, 신뢰할 수 있는 친구 또는 가까운 사람들(예: 부모, 교사, 사회복지사 등)과 이야기함으로써 그들의 조언을 구하고 현명한 결정을 만들 수 있음을 강조한다.
5. 마무리 활동(5분) ▷ **교수자료** - [부록 10-10] 성장 확인 질문	1. 성장 확인 질문을 공유하고 학생들이 소단원 활동을 돌아볼 수 있도록 유도한다. 2. 소단원 활동에 대한 학생들의 참여를 칭찬한다.

4. 세부 지도 사항

1) 준비 활동

- 일반적으로 학생들은 교수자의 개인사에 관심이 있다. 따라서 학생들에게 교수자의 개인적 경험을 공유하는 것은 교수자와 학생 간의 유대를 강화할 수 있다. 교수자와 학생 간 긴밀한 관계는 학급 활동에 대한 학생의 참여를 강화함과 동시에, 어려움을 마주했을 때 학생들이 편하게 상황을 이야기하고 교수자의 조언을 구할 수 있도록 돕는다.

2) 선택의 파노라마

- 학생들의 의사결정 기술을 연마하는 활동의 목적에 따라, 교수자는 특정한 의사결정의 근거가 정당하고 객관적인지에 초점을 맞춰야 한다.
- 특정 학생의 의견이 문제의 소지가 있다면, 교수자는 적절한 시간을 봐서 그 의견을 정정하고 활동을 마친 후 후속 조치를 취한다.
- 교수자는 선택지의 장단점을 논의할 때 학생들이 의사결정의 특성을 분석할 수 있도록 지도한다. 예를 들어, 영상 자료 '재이의 선택은?'을 재생한 후, 학생들은 도박의 장점(예: 재미)과 단점(예: 중독 위험)에 대해 탐색한 후 심층적인 분석을 진행할 수 있다.
- 학생들은 다른 학생들의 의견과 추론 방식에 대해 동의하지 않을 수 있다. 교수자는 학생들에게 급우의 의견을 주의 깊게 들은 후 자신이 그 의견에 동의하는지를 결정하기 전에 합리적이고 객관적인 분석을 할 수 있도록 지도한다.
- 다른 모둠의 의견을 들은 후, 학생들은 자신이 내렸던 결정을 바꾸기 원할 수 있다. 교수자는 학생들에게 결정을 바꿀 수 있는 기회를 줄지 결정하고 이 상황을 다음의 메시지를 전달할 수 있는 기회로 삼는다.
  - 현실에서 사람들은 자신의 결정을 원하는 대로 바꿀 수 없다. 결정을 번복하는 것은 아예 불가하거나, 가능하다고 해도 많은 시간과 노력을 필요로 한다. 예를 들어, 마약 중독으로부터의 회복은 많은 시간과 강한 결단력을 요구하지만, 신체의 손상은 되돌릴 수 없다.
- 교수자는 각 모둠이 발표한 의견과 발표의 핵심을 칠판에 적을 수 있다. 적절한 요약을 통해 학생들이 활동 내용을 더 잘 기억하도록 도울 수 있다.

- 활동을 정리하고 결론을 전달하는 과정에서, 교수자는 학생들의 필요와 맥락에 따라 어느 정도의 방향성과 지도를 제공할지 결정할 수 있다.
- 학생들의 참여를 독려하기 위해 개인적 경험이나 일상 속 사례를 공유할 뿐 아니라, 교수자는 라디오 드라마나 역할극을 제작할 수도 있다. 만약 도박의 사례(예: 축구 경기나 포커 게임에 돈을 거는 상황)가 학생들의 상황에 잘 맞지 않는다면, 교수자는 또래 압력에 대한 학생들의 이야기나 기타 학생들이 관심을 가질 만한 문제를 예시로 활용할 수 있다.

3) 결론

- 시간 여유가 있다면, 학생들에게 배운 내용을 공유하고 칠판에 적어 보도록 지시한다. 이는 학생들이 학습 경험을 통합하는 데 도움이 되는 효과적인 방법 중 하나이다.

5. 보충 활동(선택 사항)

활동	내용	권장 사항
영원한 선택	**목표: 의사결정 기술을 일상생활에 적용한다.** 활동지([부록10-9])를 각 학생에게 배부한다. 학생들에게 둘 다 이루고 싶지만 동시에 이룰 수 없는 두 가지 선택지를 적어 보고, 두 선택지의 장단점을 나열해 보도록 지시한다. 이후 '현명한 의사결정 비결([부록 10-5])'을 참고해 각 장단점의 중요성과 영향을 평가하고 최종 결정을 만들도록 유도한다.	

부록 10-3 교수자용 참고 자료: 너도 같이 하자 - 1부 대본

내레이션: 수아는 중학교 2학년 학생입니다. 수아는 어릴 적부터 다른 사람들을 돕는 것을 좋아했습니다. 수아는 자원봉사활동에 참여하며 여가 시간을 보내고, 매년 용돈을 모아 자선 단체의 아동 후원 프로그램에 기부합니다. 한편, 중학생 소녀인 수아는 유행하는 패션을 따라 입는 것을 좋아합니다. 설 연휴 동안 수아는 세뱃돈을 많이 받았습니다. 학기가 시작하고 첫날 쉬는 시간에 수아는 친구들과 대화를 나누기 시작했습니다.

수아: 얘들아, 뭐 보고 있어?

아윤: 왜 늦었어? 우리 이 신발 얘기하고 있어. 윤서가 어제 사진 보내 줬는데, 완전 예뻐!

나은: 아, 진짜 예뻐. 한정판이라는데, 이번 주 세일이래! 내가 생각하기에 이거 첫날에 품절될 것 같아. 그 다음부터는 가격이 두 배 되고, 세 배 되고 하는 거지. 윤서야. 내가 기억하기론 너가 우리 거 몇 개 빼둘 수 있다고 했던 것 같은데, 맞아?

윤서: 응, 맞아. 언니가 이 회사에서 일하는데, 몇 개 사전 주문해 줄 수 있다고 했어. 만약 갖고 싶으면, 오늘까지 알려 줘. 오늘 지나면 주문하기 어려울 것 같아.

수아: 오, 나도 사진 봤어. 진짜 예쁘다! 얼마야?

윤서: 12만 9천 원. 이게 최저가야! 더 싸게 파는 곳은 없어.

나은: 나 하나 살게!

아윤: 그럼 나도 하나 살래.

윤서: 알겠어. 수아야, 너도 살 거야? 우리 셋은 다 하나씩 사려고.

수아: 음……. 나는 예전에 신던 신발이 낡아서 두 달 전에 하나 샀는데……. 내가 운동화 하나 더 사겠다고 하면, 어머니께서 안 사 주실 것 같아.

나은: 걱정하지 마! 설날 막 지났는데. 세뱃돈으로 사면 되지!

수아: 안 돼! 그 돈은 다른 데 쓸 거야.

아윤: 수아한테는 뭐라고 하지 마. 원래 반은 저축하고, 반은 기부하는 애야.

나은: 그게 말이 돼?

수아: 만약 내가 이 신발을 사면, 나한테는 만 원밖에 안 남아. 그 정도는 아동 후원 프로그램에 기부하기에 부족해.

윤서: 수아야. 어머니께 기부금 내주실 수 있는지 먼저 여쭤 봐. 생각해 봐! 이 신발을 사는 것도 누군가는 일을 한 대가로 돈을 받고, 너는 그 사람의 노동에 정당한 값을 지불해 주는 거야. 이것도 좋은 일 하는 거야!

나은: 그게 맞지. 야, 같이 사자! 너만 산다고 하면 우리 다 같이 우정 신발을 신을 수 있는데, 얼마나 좋아?

내레이션: 수아는 어떻게 해야 할지 결정하지 못하고 있습니다. 여러분은 어떻게 수아를 도울 수 있을까요? 수아는 그 신발을 사야 할까요?

부록 10-4

모둠 활동지: 현명한 의사결정 도구 상자

모둠: ____________________

재이의 선택은?

점수	중요성	영향
1	매우 낮음	매우 작음
2	낮음	작음
3	보통	보통
4	높음	큼
5	매우 높음	매우 큼

의사결정 주제:

재이는 도박을 해야 할까요?

장점

도박을 한다	중요성	영향
1.		
2.		
3.		
4.		
5.		
총점:		

도박을 하지 않는다	중요성	영향
1.		
2.		
3.		
4.		
5.		
총점:		

단점

도박을 한다	중요성	영향
1.		
2.		
3.		
4.		
5.		
총점:		

도박을 하지 않는다	중요성	영향
1.		
2.		
3.		
4.		
5.		
총점:		

모둠: ______________________

너도 같이 하자!

점수	중요성	영향
1	매우 낮음	매우 작음
2	낮음	작음
3	보통	보통
4	높음	큼
5	매우 높음	매우 큼

의사결정 주제:

수아는 운동화를 사야 할까요?

장점

산다	중요성	영향
1.		
2.		
3.		
4.		
5.		
총점:		

사지 않는다	중요성	영향
1.		
2.		
3.		
4.		
5.		
총점:		

단점

산다	중요성	영향
1.		
2.		
3.		
4.		
5.		
총점:		

사지 않는다	중요성	영향
1.		
2.		
3.		
4.		
5.		
총점:		

부록 10-5 도움 자료: 현명한 의사결정의 비결

점선을 따라 오린 후 종이를 세로로 교차하며 접어 병풍 모양으로 세울 수 있는 '현명한 의사결정의 비결'을 만드세요.

부록 10-8 교수자용 참고 자료: 너도 같이 하자 - 2부 대본

수아: 그래! 나도 산다! 언제까지 돈 줘야 해?

내레이션: 일주일 후, 마침내 수아는 새로 산 신발을 신어 보았습니다. 길을 걸으며 수아는 행복함과 자신감을 느꼈습니다. 수아는 걸어가면서 누군가 부러움에 찬 시선으로 자신을 바라보지는 않는지 살폈습니다. 그러나 오랜 시간 걸은 후, 수아는 아무도 그녀를 바라보지 않는다는 점에 실망했습니다. 이후 수아는 생각했습니다.

수아: 유행하는 신발을 신는다고 달라지는 건 없구나. 누군가 관심을 더 가져 주거나 하는 일은 없네. 누군가 나를 바라본다고 해도 특별히 의미 있는 건 없었어. 지금 나는 아동 후원에 기부할 충분한 돈을 가지고 있지 않아서 부모님께 부탁을 드려야 해. 아무튼 유행은 날마다 바뀌고, 내가 산 운동화는 예뻐. 그래도 나는 친구들에게 "괜찮아. 나는 아동 후원을 위해 돈을 모을 거야. 새 신발 도착하면 보여 주라."라고 말했으면 좋았을 것 같아.

부록 10-9

보충 활동: 영원한 선택

이름: ____________________

점수	중요성	영향
1	매우 낮음	매우 작음
2	낮음	작음
3	보통	보통
4	높음	큼
5	매우 높음	매우 큼

의사결정 주제:

장점

	중요성	영향
1.		
2.		
3.		
4.		
5.		
총점:		

	중요성	영향
1.		
2.		
3.		
4.		
5.		
총점:		

단점

	중요성	영향
1.		
2.		
3.		
4.		
5.		
총점:		

	중요성	영향
1.		
2.		
3.		
4.		
5.		
총점:		

부록 10-10 성장 확인 질문

이름: ______________________ 반: ______________________ 날짜: ______________________

1. 수업 과제

1) 의사결정을 내리기 전에 고려해야 할 요소들로는 무엇이 있나요?

2) '현명한 의사결정 비결'의 내용 중 가장 중요하다고 생각하는 것은 무엇인가요?

3) 활동에서 배운 내용을 적용하면서 어려웠던 점이 있나요? 어떤 점이 어려웠나요?

2. 숙제

1) 일상에서 중요한 결정을 만들 때 나는 어떤 요소들을 고려하나요?

2) 내가 중요한 의사결정을 내리기 전 선택지를 분석할 때 간과했던 요소는 무엇인가요?

3) 활동 중 배웠던 내용이 미래의 의사결정에서 철저한 분석을 만드는 데 도움이 될까요? 어떻게 도움이 될 수 있을까요?

소단원 2

선택의 전제조건

1. 소단원 목적

각 선택지를 다양한 관점에서 바라봄으로써 의사결정을 만들기 전에 보다 철저한 분석을 진행한다.

2. 학습 목표

① 사람들은 서로 관점이 다르며 같은 문제에 대해서도 다른 의견을 가질 수 있음을 이해한다.

② 의사결정 이전에 가까운 사람들로부터 조언을 듣고 그를 분석해 본다.

3. 수업 내용

활동	절차
1. 준비 활동(2분)	학생들에게 밤 늦게까지 밖에서 놀거나, 노래방에 가거나, 데이트 등의 활동을 해 본 적이 있는지 묻는다. 만약 이 활동과 관련해 친구나 부모님이 반대 의견을 가지고 있다면 어떻게 할지 질문한다. 또는 모둠 과제를 진행하거나 학급 회의를 할 때, 급우의 의견이 자신과 다르다면 어떻게 문제를 해결할지 질문한다.
2. 역할 놀이: "내 생각은……."(12분) ▷ **교수자료** - [부록 10-11] 음성 자료: 한번 해 볼래 - [부록 10-12] 교수자용 참고 자료: "한번 해 볼래" 대본	**목표: 사람들이 같은 문제에 대해서도 서로 다른 관점과 의견을 가질 수 있음을 이해한다.** 1. 학생들을 작은 모둠으로 나눈다. 2. 학생들의 배경에 따라 "한번 해 볼래"([부록 10-11]) 또는 "날 좀 내버려 둬"([부록 10-13])를 재생한다. 3. 각 모둠에게 이야기의 각 등장인물의 역할을 할당한다. 세 모둠 1에는 율의 역할을, 모둠 2에는 율의 엄마 역할을, 모둠 3에는 율의 친구 역할을 할당한다. 역할에 따라 각 모둠에 "등장인물 관점 카드"([부록 10-15]) 혹은 [부록 10-16]을 배부한다. 각 모둠에 2분 동안 다른 등장인물에게 자신의 입장을 설득하는 방법에 대해 논의하도록 지시한다.

- [부록 10-13] 음성 자료: 날 좀 내버려 둬 - [부록 10-14] 교수자용 참고 자료: "날 좀 내버려 둬" 대본 - [부록 10-15] 역할 놀이 정보: "한번 해 볼래" 등장인물 관점 카드 - [부록 10-16] 역할 놀이 정보: "날 좀 내버려 둬" 등장인물 관점 카드	4. 논의를 마친 후, 첫 번째 발표를 시작한다. 발표하는 모둠만 논의 결과에 대해 말할 수 있다. 다른 모둠은 주의 깊게 들으며 발언 순서를 기다려야 한다. 5. 모든 모둠이 발표를 바친 후, 두 번째 발표를 시작한다. 각 모둠은 첫 번째 발표를 통해 알게 된 다른 모둠의 입장에 대한 의견을 말한다.
3. 모둠 토론: "내가 율이라면……."**(9분)** ▷ **교수자료** - [부록 10-17] 모둠 활동지: "내가 율이라면……."	**목표: 의사결정을 하기 전에 가까운 사람들의 조언을 듣고 검토하는 것이 선택지에 대한 더 철저한 분석으로 이어진다는 점을 이해한다.** 1. 모둠 활동지([부록 10-17])를 모든 모둠에 배부한다. 학생들에게 스스로를 율이라고 생각하고 이전에 각 모둠이 발표한 의견에 따라 활동지의 '1단계'를 완성하도록 지시한다. 2. '1단계'를 완성한 이후, 활동지의 '2단계'를 논의한다. 이는 각 모둠이 타인의 의견과 근거뿐 아니라 의사결정의 결과, 영향, 중요성 등을 분석하도록 요구한다. 3. 각 모둠이 토론의 결과를 발표하도록 지시한다. 4. 학생들의 논의 결과에 따라 활동을 요약한다.
4. 결론(2분)	1. 다음의 결론을 학생들에게 전달한다. • 사람들은 같은 문제에 대해서도 다른 관점과 의견을 가지며, 특정 의견에 동의하거나 동의하지 않는 근거 또한 다를 수 있습니다. 다른 사람의 조언을 구할 때, 그들의 조언을 받아들일지에 대한 결정은 단지 감정이나 조언을 주는 사람과의 관계에 근거해서는 안 됩니다. 2. 학생들이 (특히, 자신이 경험해 본 적이 없는) 중요한 문제에 대한 의사결정을 하기 전에 가족 구성원, 교사, 친구들에게 상담을 받도록 권장한다. 같은 문제에 대한 사람들의 이해는 각자의 배경과 경험에 따라 다를 수 있다. 다른 사람들로부터 조언을 구하는 것은 문제에 대해 더 깊이 이해하고 복합적인 계획을 세울 수 있도록 돕는다.
5. 마무리 활동(5분) ▷ **교수자료** - [부록 10-19] 성장 확인 질문	1. 성장 확인 질문을 공유하고 학생들이 소단원 활동을 돌아볼 수 있도록 유도한다. 2. 소단원 활동에 대한 학생들의 참여를 칭찬한다.

4. 세부 지도 사항

1) 준비 활동

• 교수자는 학생들의 관심을 북돋고 참여를 독려하기 위해 개인적 경험을 공유할 수 있다.

2) 내 생각은…….

• 학생들에게 쉽게 나눠 줄 수 있도록, 활동 이전에 등장인물 관점 카드를 8개 조각으로 잘라 둔다.
• 다음 활동에서의 토론을 쉽게 진행하기 위해, 칠판에 각 모둠이 발표한 관점과 근거를 적는다.
• 몇몇 학생들은 다른 급우의 의견을 주의 깊게 듣지 않거나 다른 모둠의 의견에 반대할 수 있다. 교수자는 급우가 자신의 관점을 발표할 때 학생들이 존중하는 태도로 주의를 기울이도록 지시한다. 학생들에게 모든 사람은 특정한 문제에 대한 나름의 관점을 가지고 있으며 사람들은 타인의 관점에 대해 심층적으로 생각하지 않고 반박해서는 안 된다고 설명한다.
• 교수자는 학생들의 참여를 독려하기 위해 '최고의 모둠 상' 또는 '최고의 발표자 상' 등을 수여할 수 있다.
• 교수자는 학생들이 마주하는 흔한 문제들을 주제로 한 시나리오를 만들고 역할 놀이를 해보도록 지시할 수 있다. 이 경우, 활동의 절차와 토론의 규칙은 앞서 설명한 내용과 동일하다.

3) 내가 율이라면…….

• 소단원 1 '선택의 파노라마'는 학생들에게 각 선택지의 장점과 단점을 자신의 관점으로 분석해보도록 장려했다는 점에서 소단원 2의 이 활동과 차이가 있다(소단원 1의 부록 중 '현명한 의사결정 비결'을 참고한다). 이 활동은 각 선택에 동반되는 결과를 분석하고 의사결정을 내리기 전에 타인의 조언을 들음으로써 학생들의 관점을 넓히는 데 중점을 둔다.

• 교수자는 학생들이 자기 의사결정의 결과, 중요성, 영향 등을 고려하기 전에 '현명한 의사결정 비결'을 사용하도록 지도할 수 있다.

4) 결론

• 만약 교수자가 '한번 해 볼래' 음성 자료를 사용한 경우, 결론으로서 '약물 남용은 어떤 문제도 해결해 주지 않으며 상황을 더 악화시키기만 한다'는 메시지를 전달할 수 있다. 다른 대단원 활동에서 정서를 다루는 건강하고 효과적인 방법에 대해 탐구할 수 있다.

5. 보충 활동(선택 사항)

활동	내용	권장 사항
조언 탐지기	**목표: 가까운 사람들의 조언을 듣고 의사결정 기술을 각 선택지를 분석하고 최종 결정을 만드는 데 활용하기** 학생들에게 활동지([부록 10-18])를 배부한다. 학생들에게 의사결정 주제를 하나 고르고 교사나 친구로부터 조언을 듣도록 지시한다. 활동지와 소단원 1의 부록인 '현명한 의사결정 비결'을 활용해 문제와 조언을 분석함으로써 최종 결정을 만들도록 지도한다.	시간 여유가 있다면, 학생들에게 자신이 경험했던 딜레마, 그 상황에서 겪은 어려움과 느꼈던 감정, 그리고 가족 구성원과 친구의 조언이 최종 의사결정에 영향을 미친 방식에 대해 공유하도록 지시한다.

부록 10-12 교수자용 참고 자료: "한번 해 볼래" 대본

율이의 친구들이 그의 상황을 알게 되었을 때, 그들은 율이를 돕고자 했고 수면유도제를 권했습니다. 친구들은 자신도 수면유도제를 사용해 보았고, '몸과 마음이 편안해지는 느낌을 받았다'고 말했습니다.

친구들은 율이에게 적어도 잠시 동안은 고민을 잊고 편안한 잠을 잘 수 있게 도와줄 것이라고 말했습니다.

율이는 망설였지만 결국 수면유도제를 집으로 가져왔습니다.

율이의 어머니가 이를 발견했을 때, 어머니는 매우 걱정했습니다. 율이의 어머니는 수면유도제의 오용 또는 남용이 신체에 해로울 수 있다는 것을 알고 있었습니다.

어머니는 율이가 약을 복용하지 못하게 막고 싶었습니다.

부록 10-14 교수자용 참고 자료: "날 좀 내버려 둬" 대본

기말고사를 본 이후, 율이와 친구들은 하루 종일 같이 놀며 휴식을 취하고 싶었습니다.

그들은 다음 날 방과 후 영화를 보고 같이 저녁을 먹은 후 청소년 클럽을 가기로 약속했습니다.

율이 어머니께 이 계획을 말하자 어머니는 반대하며 저녁 시간에 집으로 돌아오라고 말했습니다.

어머니는 율이가 밤늦게 돌아다니는 것이 못마땅했으며, 10대들이 클럽에 가서 노는 것이 안전하지 않다고 생각했습니다.

그러나 율이의 친구들은 클럽에서 다 같이 모여 놀기를 원했습니다.

만약 율이 가지 않겠다고 한다면, 친구들은 실망할 것입니다.

부록 10-15 역할 놀이 정보: "한번 해 볼래" 등장인물 관점 카드

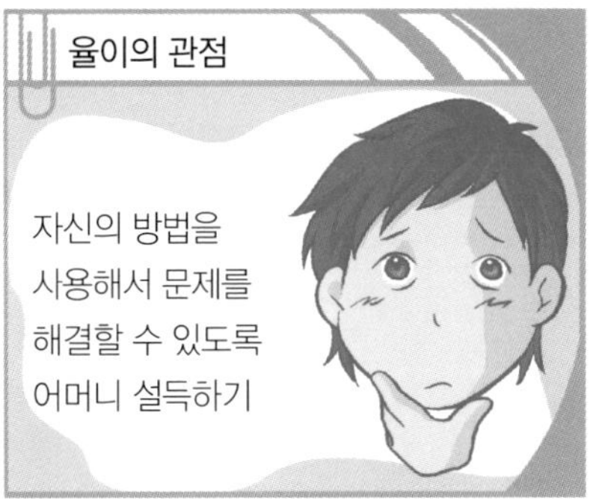

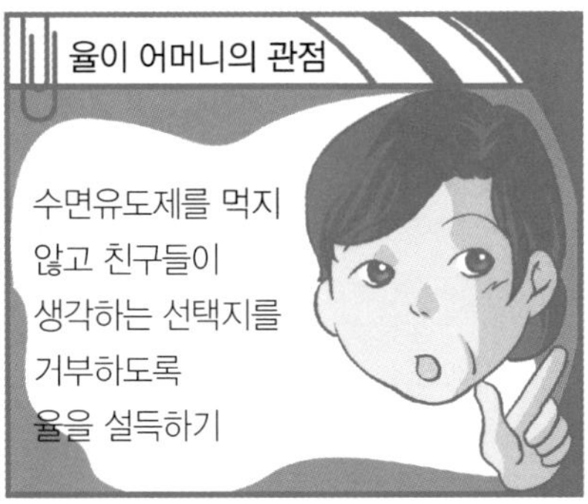

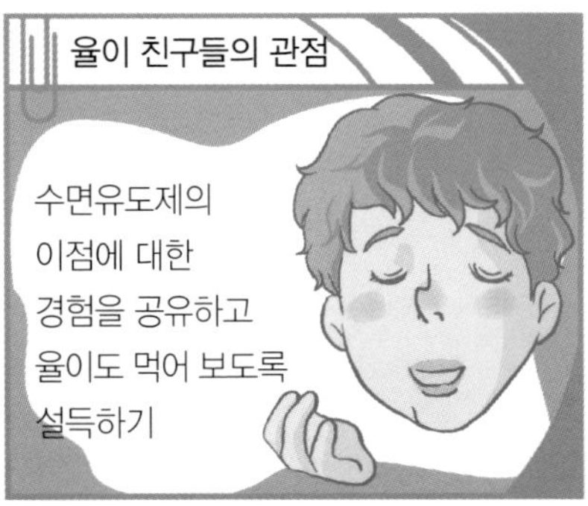

부록 10-16 역할 놀이 정보: "날 좀 내버려 둬" 등장인물 관점 카드

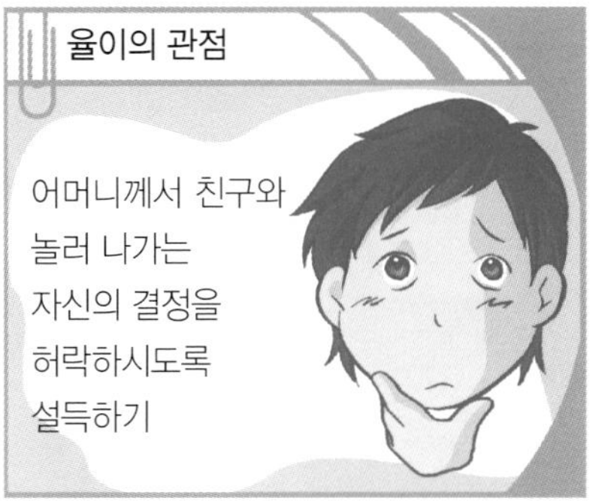

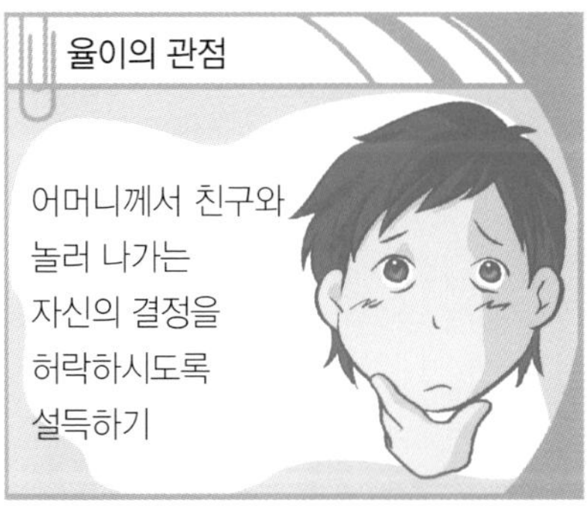

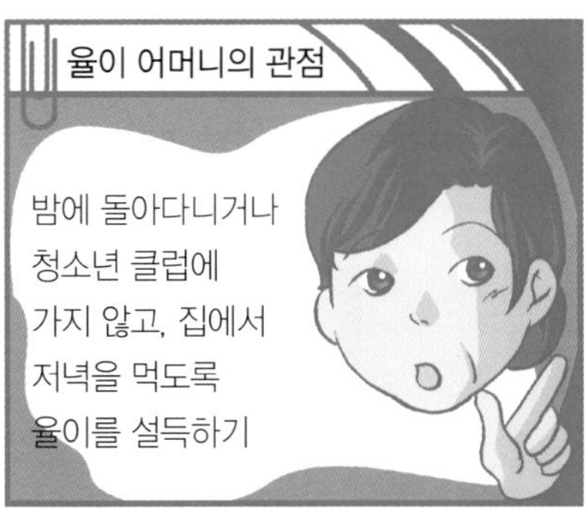

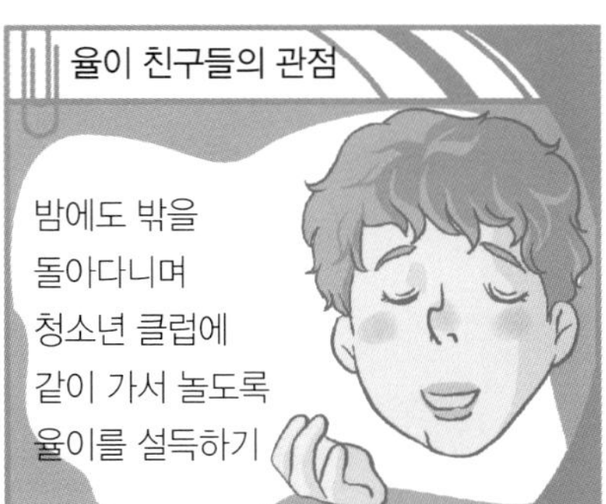

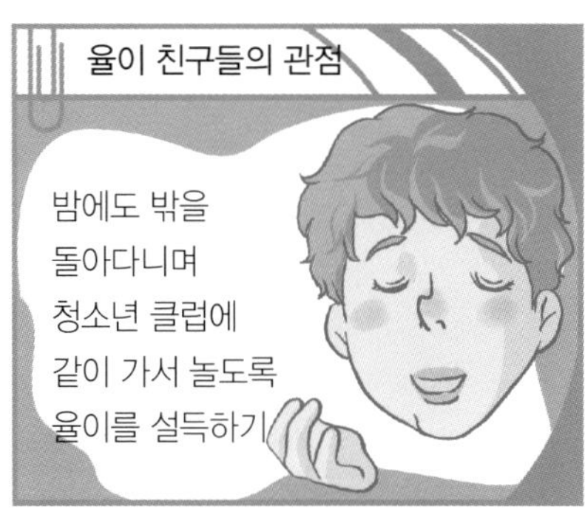

부록 10-17 모둠 활동지: "내가 율이라면…"

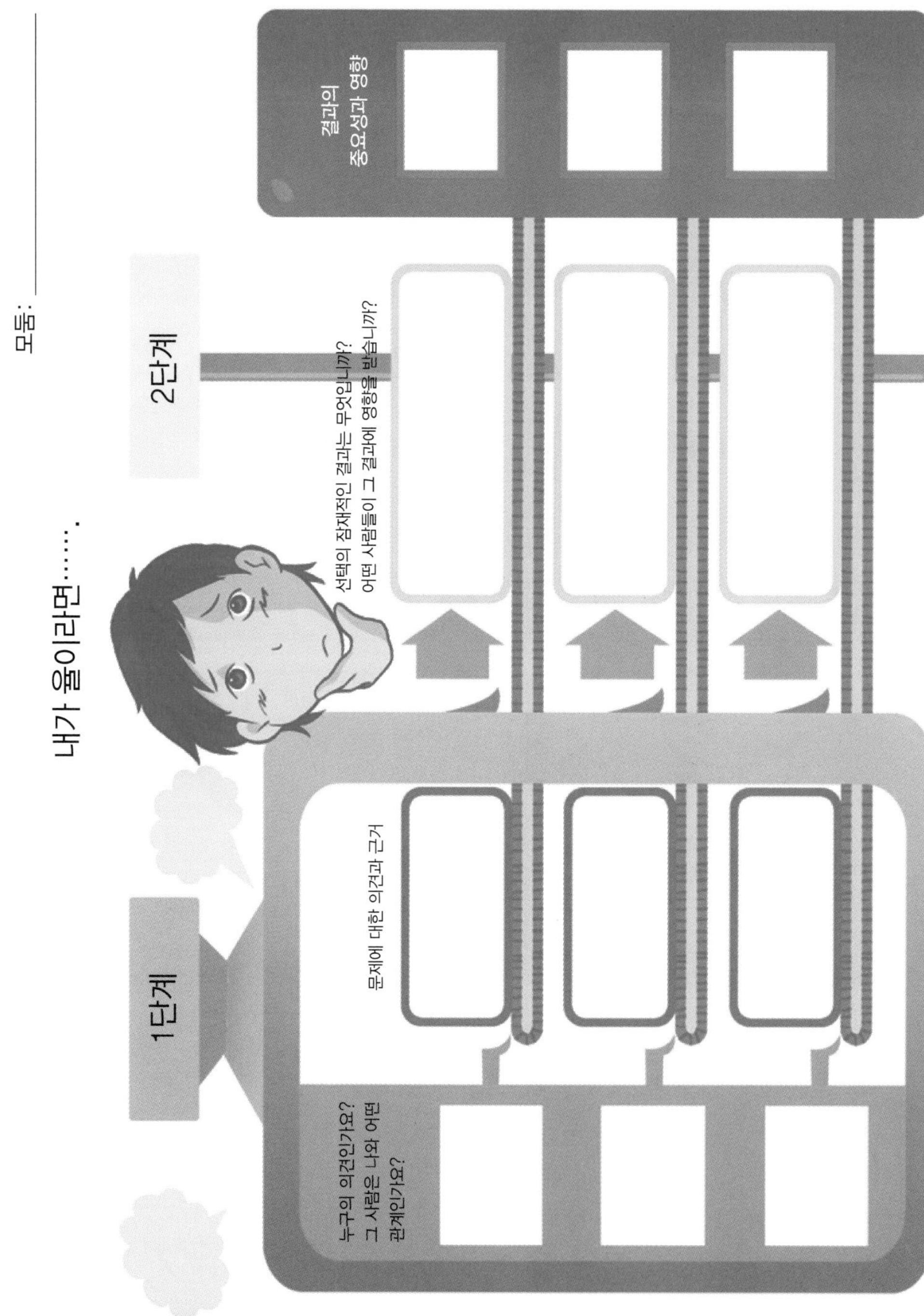

부록 10-18

보충 활동: 조언 탐색기

이름: ____________________

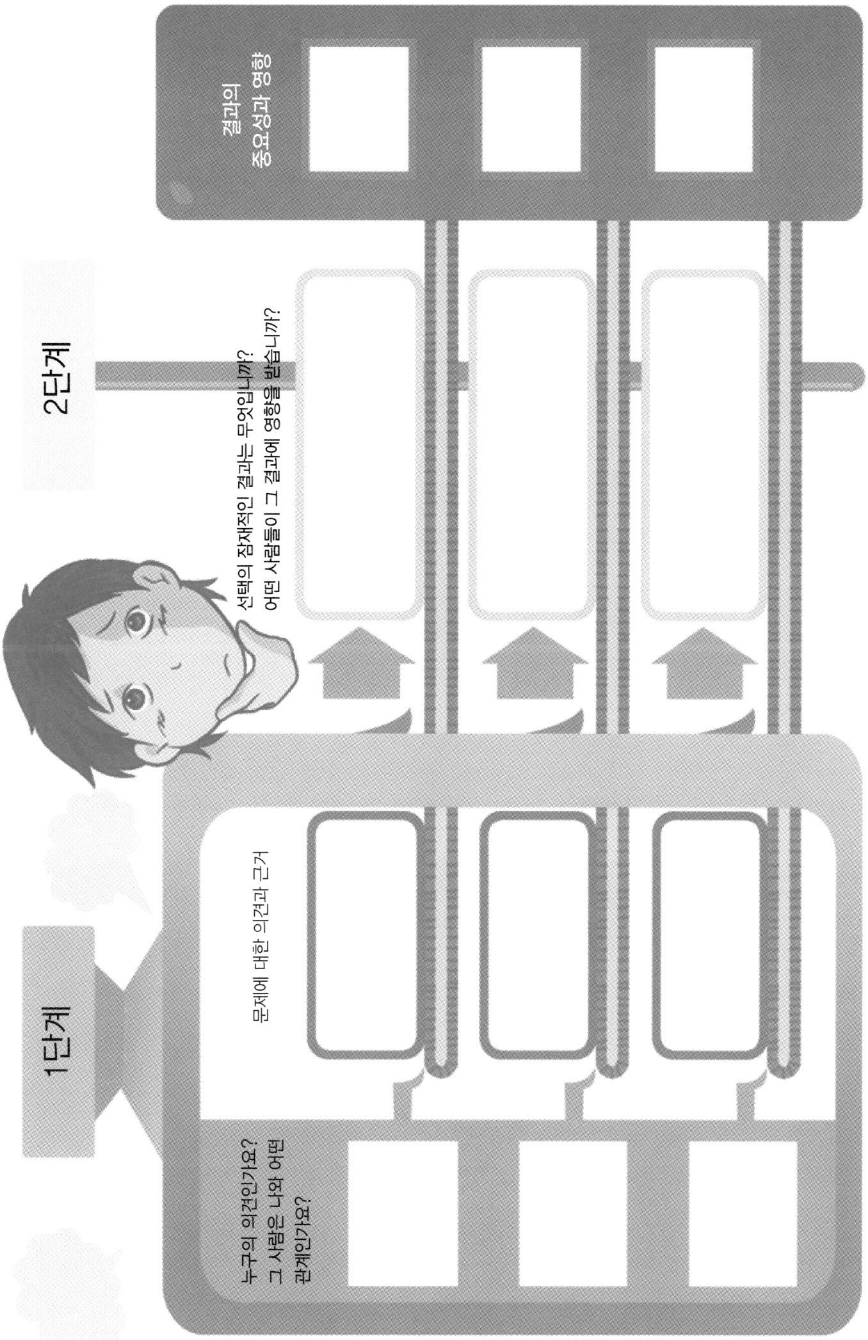

부록 10-19 성장 확인 질문

이름: ______________________ 반: ______________________ 날짜: ______________________

1. 수업 과제

1) 의사결정을 내릴 때 다른 사람의 조언을 자주 구하는 편인가요? 그 이유는 무엇인가요?

2) 주로 어떤 사람들에게 조언을 구하나요?

3) 조언을 들은 후에는 어떻게 분석하고 검토하는 편인가요?

2. 숙제

1) 어떤 사람의 의견이 나의 결정에 가장 큰 영향을 미치나요?

2) 그 사람의 의견이 나의 결정에 가장 큰 영향을 미치는 이유는 무엇인가요?

3) 가까운 사람이 내가 하고자 하는 일에 반대한다면 어떻게 해야 할까요?

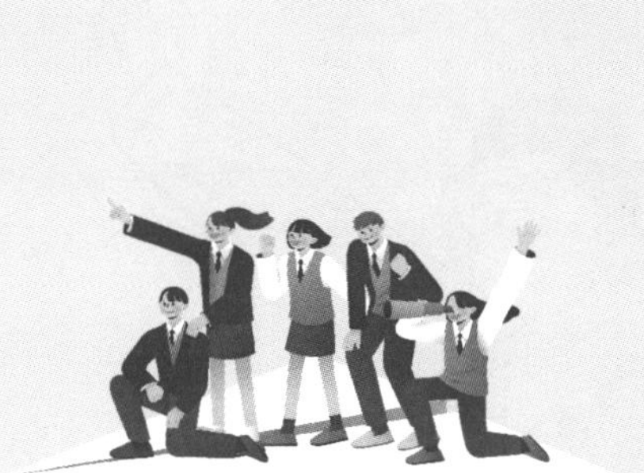

대단원 11

영성

들어가며

영성은 삶의 물질적인 측면을 초월하여 우주에 대한 완전한 느낌 혹은 깊이 연결되어 있는 느낌을 주는 존재나 힘에 대한 인식으로 정의된다. 한 연구자는 건강한 사람은 영성, 자기 조절력, 일, 사랑, 우정이라는 5가지 요소를 갖춰야 하며, 그중 영성이 가장 중요한 요소라고 지적했다. 또한 연구자들은 영성이 청소년의 발달에 장기적인 영향을 미치며 청소년의 적극적인 사회 참여에 영향을 주는 중요한 요인이라는 사실을 발견했다.

영성은 이성, 성찰, 종교, 관계, 회복이라는 5가지 주요 영역으로 구성된다. 첫째, 사람들은 삶을 사는 동안 끊임없이 삶의 근원을 탐구하려 한다. 둘째, 사람들은 자기 성찰을 통해 삶과 죽음의 의미를 정의하려 한다. 일부 연구자들은 의미를 찾는 것이 인간의 주요한 힘이라고 말한다. 셋째, 종교는 가치와 신념에 대한 총체적인 틀을 제공하여 사람들이 도덕적인 삶을 살도록 돕고 사람들에게 삶과 죽음의 문제에 대한 해답을 제시한다. 넷째, 다른 무언가와 연결되어 있다는 것은 영성에서 가장 중요한 요소이며, 그 연결 관계는 "수평적"(타인 및 환경과의 관계)이거나 "수직적"(더 높은 존재와의 관계)일 수 있다. 마지막으로, 회복은 영성과 신체적 건강 사이의 직접적인 관계를 의미한다.

연구자들은 영성의 성장을 내면의 발달 과정으로 설명한다. 이 과정은 사람이 변화하고 우주와 연결될 수 있도록 돕는다. 이는 마치 "성장 기계"와 같아서 사람이 다른 사람들과 관계를 맺고, 의미와 목표를 찾고, 사회에 기여하도록 동기를 부여한다.

영성의 원천은, ① 내면의 소리에 귀를 기울이는 것, ② 내면의 지혜와 잠재력을 발견하고 개발하는 것, ③ 높은 수준의 의식을 유지하는 것, ④ 창조주와 연결되는 것에 있다. 영성을 높이는 방법으로는 삶의 의미를 찾고, 삶의 경이로움을 발견하고, 우주를 탐험하고, 창조의 힘을 탐구하고, 삶에 대한 믿음을 키우는 것이 있다.

Level 1 과정에서는 사람과 사람, 사람과 자연 간의 관계를 탐구했다. Level 2 과정에서는 삶의 의미를 더 깊이 탐구하는 4개의 소단원을 배우게 될 것이다. 소단원 1은 불우한 환경에 있는 청소년들의 삶을 이해함으로써 학생들이 의미 있는 삶을 살도록 장려하는 것에 목표를 두고 있다. 소단원 2는 학생들이 돈의 의미에 대해 생각해 볼 수 있도록 구성되어 있다. 마지막으로, 소단원 3과 소단원 4는 암 환자의 경험을 통해 삶과 죽음의 의미를 탐구해 보는 것을 목표로 한다.

개관

소단원	소단원 목적	학습 목표
다른 곳에서 살아 보기 (30분)	불우한 사람들의 삶의 조건을 이해함으로써 학생들이 보다 의미 있는 삶을 살 수 있도록 장려한다.	1. 빈곤층의 곤경을 이해해 본다. 2. 이미 가지고 있는 것을 소중히 여기고 의미 있는 삶을 살도록 돕는다.
돈의 세계 (30분)	학생들이 자신의 삶에서 돈의 의미를 생각해 볼 수 있도록 장려한다.	1. 돈의 의미를 생각해 본다. 2. 물질적 소유가 반드시 행복으로 이어지지 않을 수 있음을 이해한다.
하루를 살아 보기 (30분)	암 환자의 경험을 통해 학생들이 삶의 의미를 되돌아볼 수 있도록 한다.	1. 인생에서 어려움을 겪을 수 있다는 사실을 인지한다. 2. 자기 성찰을 통해 삶의 의미를 탐색해 본다.
시작과 끝 (30분)	암 환자의 경험을 통해 죽음의 의미를 탐구해 본다.	1. 죽음이 삶의 자연스러운 과정임을 깨닫는다. 2. 삶의 소중함을 배우면서 죽음의 의미에 대해 생각해 본다.

이 대단원에 포함된 모든 활동지 및 파워포인트 슬라이드와 영상 자료 등은 학지사 홈페이지(www.hakjisa.co.kr)에서 내려받을 수 있습니다.

소단원 1

다른 곳에서 살아 보기

1. 소단원 목적

불우한 사람들의 삶의 조건을 이해함으로써 학생들이 보다 의미 있는 삶을 살 수 있도록 장려한다.

2. 학습 목표

① 빈곤층의 곤경을 이해해 본다.

② 이미 가지고 있는 것을 소중히 여기고 의미 있는 삶을 살도록 돕는다.

3. 수업 내용

활동	절차
1. 준비 활동(3분)	1. 학생들에게 "여러분은 얼마나 오래 살 수 있을 것 같나요?" (혹은 "얼마나 오래 살고 싶은가요?")라고 질문한다. 2. 학생의 답변을 간략하게 정리하고 다음 활동으로 넘어간다.
2. 학급 공유: 나의 50번째 생일**(10분)** ▷ **교수자료** - 백지	**목표: 학생들이 자신의 미래에 대해 생각해 볼 수 있도록 돕는다.** 1. 학생들이 조용하게 자신이 50대가 되었다고 상상해 볼 수 있도록 안내한다. 2. 학생들에게 1분 동안 눈을 감고 자신의 50번째 생일날을 상상해 보도록 요청한다. • 그때 여러분은 어떤 모습일 것 같나요? • 여러분의 곁에 누가 있을 것 같나요? 그들은 여러분에게 어떤 말을 건넬까요? 3. 학생들에게 자신의 50번째 생일에 대한 가상의 시나리오를 구상하고 흰 종이에 그리도록 안내한다. 학생들 중 몇 명에게 자신의 그림을 학급에 공유해 보도록 요청한다. 4. 학생들이 공유한 내용을 정리하고 마무리한다.

	목표: 다른 나라에 있는 난민 청소년들의 삶을 이해함으로써 의미 있는 삶을 사는 법을 배운다. 1. 학생들에게 다음 질문에 대해 생각해 보게 한다. "우리는 우리의 미래에 대해 어느 정도 알고 있지만, 전쟁이 일어난 국가에 살고 있는 사람들의 미래는 어떨 것이라고 생각하나요?" 영상 자료([부록 11-1]) "난민이 된 아이들"을 보여 준다. 2. 앞서 했던 활동(나의 50번째 생일)의 그림을 통해 미래에 대한 학생들의 관점을 엿볼 수 있다. 학생들에게 굶주림이나 전쟁으로 인해 죽는 것에 대해 염려해 본 적이 있는지 질문한다.
3. 모둠 토론: 각자 다른 어린 시절**(10분)** ▷ **교수자료** - [부록 11-1] 영상 자료: 난민이 된 아이들	3. 인간은 ① 생리적 욕구, 즉 의식주와 같은 기본적인 욕구, ② 안전에 대한 욕구 등 다양한 수준의 욕구 만족을 추구한다. 인간은 이러한 기본적인 욕구를 충족시켜야만 흥미, 친구, 학습, 사랑과 같은 더 높은 수준의 욕구를 만족시키기 위해 노력할 수 있다. 4. 우리는 기본적인 욕구를 충족시킬 수 있는 풍요로운 사회에서 살고 있다. 하지만 세계의 어떤 곳에서는 삶의 기본 요건을 충족하지 못한 채 살아가고 있는 청소년들이 있다. 5. 영상 자료에서 난민 청소년들은 어려운 환경 속에 있지만 열심히 살아가기 위해 노력한다. 우리도 언제든 비슷한 어려움과 스트레스에 직면할 수 있다. 6. 학생들이 조용하게 몇 분간 다음 두 가지 질문에 대해 생각해 볼 수 있도록 안내한다. • 우리는 어떻게 하면 더 의미 있는 삶을 살 수 있을까요? • 더 나은 미래를 준비하기 위해 오늘날 우리에게 필요한 것은 무엇일까요? 7. 학생들에게 지금 당장 답이 떠오르지 않아도 괜찮다고 말한다. 해당 질문들은 향후 수업에서 논의될 예정이다.
4. 결론(2분)	1. 한국은 거의 모든 국민이 기본적인 필요를 충족할 수 있는 선진 국가이다. 그러나 어떤 나라에서는 생존을 위해 고군분투하는 청소년들이 있으며, 그들의 기본적인 욕구 충족은 보장되지 않는다. 또한 현재 우리의 삶의 여건도 언제든지 바뀔 가능성이 있다. 2. 학생들이 우리가 이미 가진 것을 소중히 여길 뿐만 아니라, 의미 있는 삶을 사는 방법에 대해서도 생각해 볼 수 있도록 격려한다.
5. 마무리 활동(5분) ▷ **교수자료** - [부록 11-2] 성장 확인 질문	1. 성장 확인 질문을 배포하고 학생들이 수업 내용을 되돌아볼 수 있도록 지도한다. 2. 수업에 열심히 참여한 학생들을 칭찬한다.

4. 세부 지도 사항

1) 준비 활동

- 이 활동의 분위기는 다소 편안하다. 교수자는 진실된 태도가 요구되는 다음 활동을 위해 학생들을 준비시켜야 한다.
- 유엔인구기금(UNFPA)에서 2012년에 발간한 '21세기의 고령화: 축복받을 성과와 당면한 도전'에 따르면 한국 국민의 기대수명은 남성은 80세, 여성은 86세이다.

2) 나의 50번째 생일

- 학생들이 집중하는 데 어려움을 겪는다면 잠시 불을 끄고 "여러분은 누구인가요?" "여러분은 어디에 있나요?" "여러분은 무엇을 하고 있나요?" 등의 질문을 던진다.
- 시간이 충분하다면, 교수자는 자신의 생각을 공유하거나 더 많은 학생이 참여하도록 독려할 수 있다. 수업 이후에도 내용을 공유할 수 있도록 학생들의 작품을 교실 내에 게시한다.
- 공유하는 분위기를 조성하기 위해 학생들의 작품을 사진이나 전자매체를 활용해 보여준다.

3) 각자 다른 어린 시절

- 학생들에게 영상 자료는 다른 사람들의 삶을 이해할 수 있도록 돕는 데 목적을 두고 있음을 언급한다. 학생들에게 진지하고 심도 있게 삶의 의미에 대해 생각해 볼 것을 요청한다.
- 교수자는 같은 메시지를 전달하는 다른 영상 자료를 활용할 수 있다. [예: MBC NEWS 유튜브 채널에 게시된 '가뭄으로 하루 117명 사망 … 소말리아의 기후 재앙' 뉴스 영상(2023년 5월 3일 방영)]
- 학생들에게 영상 속 주인공의 삶을 이해하는 데 있어 존중하는 마음을 가질 수 있도록 상기시킨다. 해당 영상은 오락을 위해 제작된 것이 아니며, 궁핍한 지역에서 살고 있는 사람들의 환경과 필요를 알리기 위한 노력의 일환으로 제작되었다.

- 학생들은 영상 자료를 시청하고 난 후 불편한 감정을 느낄 수 있다. 이는 학생들의 공감 능력을 키울 수 있는 좋은 기회이다. 다른 사람의 고통에 안타까운 마음이 드는 것은 매우 자연스러운 정서 반응이라는 사실을 학생들이 충분히 이해할 수 있게 한다. 우리는 삶의 의미에 대해 고민해 볼 때 도움이 필요한 사람들을 어떻게 도울 수 있을지도 생각해 볼 수 있다.
- 자기 성찰을 위해서는 학생들에게 어느 정도의 성찰 능력이 요구된다. 효과적인 교육을 위해 긍정적인 수업 분위기를 조성하고 학습 동기를 부여하는 것이 필요하다.
- 학생들의 영성을 함양하는 데는 오랜 시간이 걸리므로 즉각적인 변화를 기대하지 않도록 주의한다.
- 이 소단원은 학생들의 사고를 자극하고 삶의 의미를 찾도록 돕는 도입부 역할을 한다. 이 주제는 영성을 다루는 다른 소단원에서 추후 더 자세히 논의될 것이다.

5. 보충 활동(선택 사항)

활동	내용	권장 사항
국제적인 비전	**목표: 다른 나라 속 삶의 모습들에 대한 학생들의 이해를 심화시킨다.** '다른 나라의 삶' 혹은 '다양한 종류의 음식' 등을 주제로 한 교내 게시판 디자인 대회를 개최한다. 이 활동은 학생들이 어려움에 처한 사람들을 이해하고 삶의 의미에 대해 생각해 볼 수 있도록 독려하는 것을 목표로 한다.	교수자는 게시판 디자인 대회를 위한 필요사항을 나열해 볼 수 있다(예: 지역의 기본 정보, 사례 연구 정보, 학생들의 자기 성찰 내용에 대한 짧은 에세이 등). 완성된 작품들은 학부모 참관일에 전시할 수 있다.

부록 11-2 성장 확인 질문

이름: ______________ 반: ______________ 날짜: ______________

1. 수업 과제

1) 내 주변에서 보이는 일반적인 라이프 스타일은 어떤 모습인가요? 이러한 삶의 방식이 의미 있는 삶을 살 수 있게 한다고 생각하나요?

2) 우리는 지금 가지고 있는 것들을 소중히 여기고 있다고 생각하나요? 예시를 들어 설명해 주세요.

3) 우리는 어떻게 하면 더 의미 있는 삶을 살 수 있을까요?

2. 숙제

1) 모두가 열심히 일하는데도 불구하고 왜 어떤 지역의 사람은 부자이고, 또 어떤 지역의 사람은 여전히 가난할까요?

2) 다른 사람들의 빈곤한 환경을 바꾸기 위해서 여러분은 여러분의 생활 방식을 기꺼이 바꿀 의향이 있나요?

소단원 2

돈의 세계

1. 소단원 목적

학생들이 자신의 삶에서 돈의 의미를 생각해 볼 수 있도록 장려한다.

2. 학습 목표

① 돈의 의미를 생각해 본다.

② 물질적 소유가 반드시 행복으로 이어지지 않을 수 있음을 이해한다.

3. 수업 내용

활동	절차
1. 준비 활동 (5분) ▷ **교수자료** - 백지 혹은 작은 메모지	1. 학생들에게 질문을 던지며 시작한다. • 여러분에게 돈이 중요한가요? 어떤 면에서 그런가요? • 여러분에게 돈이 얼마만큼 중요한가요? 1점에서 5점까지 점수를 매겨 보세요. (1점: 전혀 중요하지 않음, 5점: 매우 중요함) 2. 학생들이 메모지에 답안을 적도록 안내한다. 메모지를 모아서 학생들이 작성한 점수를 읽어 준다.
2. 모둠 토론: 책과 콩나무**(8분)** ▷ **교수자료** - [부록 11-3] 교수자용 참고 자료: 책과 콩나무 - [부록 11-4] 교수자용 참고 자료: 책과 콩나무 결말	**목표: 돈으로 항상 행복을 구매할 수 있는 것은 아니라는 것을 이해한다.** 1. "책과 콩나무"([부록 11-3]) 이야기를 들려준다. 학생들에게 자료를 나누어 주고 한 문단씩 돌아가며 읽도록 지시할 수 있다. 다음 질문에 대한 모둠 토론을 진행한다. "만약 여러분에게 거위와 황금알이 있다면 어떻게 하겠나요?" 2. 학생들을 작은 모둠으로 나눈다. 각 모둠에게 다음과 관련한 내용을 예상해 보도록 요청한다. • 책은 황금알로 무엇을 할까요? • 책이 거위와 함께 행복한 삶을 살 수 있을까요? 3. "책과 콩나무 결말"([부록 11-4])을 들려주고 학생들과 다음 질문과 관련하여 토론을 진행한다. • 책이 정말 행복한 삶을 살았다고 생각하나요? • 책은 왜 불행했을까요?

	4. 이 이야기가 전달하고 싶은 메시지는 무엇일지 생각해 본다. 5. 이 이야기에서 잭(주인공)은 돈으로 모든 문제를 해결했다고 생각했지만, 오히려 돈은 문제의 가장 큰 원인이 되었다.
3. 자기 성찰: 나의 마지막 선택**(10분)** ▷ **교수자료** - [부록 11-5] 활동지: 나의 마지막 순간의 선택 - [부록 11-6] 교수자용 참고 자료: 나의 마지막 순간의 선택	**목표: 학생들이 돈의 중요성에 대해 생각해 볼 수 있도록 한다.** 1. 학생들에게 Level 1 과정 '영성' 속 소단원 '내가 가장 좋아하는 것은?'을 떠올리게 한다. 해당 소단원 중 한 가지 활동은 만일 학생들에게 살 날이 하루밖에 남지 않았다면 무엇을 할 것인지에 대해 말하게 하는 것이었다. 2. 학생들에게 1분 동안 활동지 "나의 마지막 순간의 선택"([부록 11-5])을 작성할 시간을 준다. 1~2명의 학생이 자신이 선택한 항목과 그 이유에 대해 학급과 공유하게 한다. 이후 모든 학생이 다음 질문에 대해 생각해 보게 한다. • 여러분이 선택한 항목들은 여러분에게 어떤 의미가 있나요? ([부록 11-6]을 참고하여 학생들의 대답을 유도할 수 있다.) • 그 항목의 의미를 돈으로 살 수 있나요? 3. 우리 인생에는 단순히 돈으로만 얻을 수 없는 것들이 많이 있다(예: 행복). 그렇다면 이런 것들은 어떻게 얻을 수 있을까?
4. 결론(2분)	1. 돈은 우리의 일상생활에서 중요하다. 돈이 충분하지 않다면 많은 어려움을 겪을 수 있다. 하지만 우리가 추구하는 삶과 행복이 오로지 돈과 연결되어 있는 것인지는 생각해 봐야 할 문제이다. 무엇이 우리에게 오랫동안 지속되는 진정한 행복을 줄 수 있을까? 2. 이 소단원은 돈의 중요성을 부정하기 위함이 아니라 우리에게 진정으로 필요한 것이 무엇인지에 대해 학생들이 생각해 보게 하기 위해 구성되었다. 학생들이 스스로 성찰하고 삶의 의미를 찾을 수 있도록 유도한다.
5. 마무리 활동(5분) ▷ **교수자료** - [부록 11-7] 성장 확인 질문	1. 성장 확인 질문을 배포하고 학생들이 수업 내용을 되돌아볼 수 있도록 지도한다. 2. 수업에 열심히 참여한 학생들을 칭찬한다.

4. 세부 지도 사항

1) 준비 활동

- 활동에 대한 학생들의 흥미를 높이기 위해 학생들이 매긴 점수에 대한 이유를 설명해 보게 한다.
- 시간이 부족한 경우, 학생들이 구두로 답변하는 대신 손을 들도록 한다.

2) 잭과 콩나무

- 몇몇 학생들은 이 이야기를 이미 들어 본 적이 있을 수 있다. 이 경우, 학생들의 참여를 높이기 위해 학생들에게 직접 이야기에 대해 소개해 줄 것을 요청한다.
- 두 번째 질문과 관련하여, 어떤 학생들은 잭이 거위와 함께 행복한 삶을 살 것이라고 말할 수 있다. 학생들에게 이야기의 결말을 들어 보고 난 후 다른 견해를 가지게 되었는지 물어본다.
- 이야기 결말을 바탕으로 학생들에게 다음 질문에 대해 생각해 보도록 안내한다. "대부분의 경우, 우리는 돈으로 모든 문제를 해결하고 행복해질 수 있다고 생각합니다. 돈과 다른 것을 소유하는 것으로 행복해질 수 있다고 확신할 수 있을까요? 왜 그런가요?" 준비 활동에서 학생들이 매긴 점수에 대한 피드백을 제공한다.
- 토론의 시간과 속도에 따라 다음과 같은 추가 토론 주제를 도입할 수 있다. "자신이나 주변 사람들이 돈이나 물질적 소유에 의해 지배당한 적이 있나요?" "인간의 삶에서 돈은 어떤 의미를 가질까요?"

3) 나의 마지막 순간의 선택

- 이 파트는 학생들이 우리 삶에서 돈으로 바꿀 수 없는 중요한 것들에 대해 다시 한번 생각해 볼 기회를 제공한다.
- 교수자가 학생의 자기 성찰에 더 많은 시간을 할애하고 싶다면 '모둠 토론: 잭과 콩나무' 중 두 번째 토론 내용은 생략한다.
- 교수자는 Level 1 과정에서 학생들이 선택한 내용을 검토하여 학생들이 해당 활동을 기억할 수 있도록 도울 수 있다.
- 학생들은 자신의 선택에 대한 의미를 파악하지 못할 수 있다. 이때는 의미를 파악하기를 강요하지 않고 학생들에게 충분히 생각할 시간을 부여한다. 학생들의 능력에 맞는 설명을 제공하고([부록 11-6]), 삶의 가치를 찾는 법에 대한 자세한 논의는 대단원 12 '명확하고 긍정적인 정체성'의 소단원 1 '인생관'에서 다뤄질 예정임을 전달한다.

4) 결론

- 일부 학생들은 이 소단원이 전달하고자 하는 메시지에 동의하지 않고 돈의 중요성을 주장할 수 있다. 교수자는 이번 소단원의 목적, 즉 돈의 중요성을 부정하고자 하는 것이 아닌 학생들이 돈의 노예가 되지 말 것을 강조하기 위함을 명확하게 전달한다.
- 이 소단원에서는 자기 성찰과 추상적 사고에 대한 능력이 요구된다. 이 소단원을 마무리할 때는 학생들의 지적 수준을 참고할 필요가 있다. 학생들의 요점 파악을 돕기 위해 교수자는 개인적인 경험을 공유할 수 있다.
- 학생들에게 피드백을 제공하고 격려한다. 예를 들어, 학생들이 가족을 가장 중요하게 여긴다면 가족과 더 많은 시간을 보낼 수 있도록 격려한다.

5. 보충 활동(선택 사항)

활동	내용	권장 사항
간단하고 행복한 일	**목표: 돈이 반드시 행복을 가져다주지는 않는다는 것을 경험한다.** 학생들에게 다음 주에 간단하면서도 자신을 행복하게 만드는 활동을 하게 한 후, 다음 수업에서 다음의 내용을 공유할 준비를 하게 한다. • 무슨 활동을 했나요? • 활동의 어떤 점이 여러분을 행복하게 만들었나요? • 이런 행복을 돈으로 살 수 있을까요?	
행복한 주방	**목표: 적은 돈으로도 행복을 누릴 수 있다는 것을 깨닫는다.** 학생들을 모둠으로 나눈다. 각 모둠에게 '행복'을 주제로 한 레시피를 개발해 볼 것을 요청한다(비용은 낮을수록 좋다). 마지막으로, 각 모둠은 요리 경연 대회에서 자신만의 레시피로 요리를 한다.	교수자는 학생들에게 활동 후 보고서를 작성하게 하여 그 과정 중에 느꼈던 행복을 기록하게 한다.

부록 11-3 교수자용 참고 자료: 잭과 콩나무

잭과 어머니는 매우 가난한 마을에 살았습니다. 풍족하지 못했던 잭과 어머니는 먹을 음식이 충분하지 않았습니다. 결국 소 한 마리를 제외하고는 돈으로 바꿀 수 있는 모든 재산을 팔게 되었습니다. 어머니는 마지막으로 남은 소 한 마리를 시장에 내다 팔아 주기를 잭에게 부탁했습니다.

시장으로 가는 길에 잭은 한 노인을 만났습니다. 노인은 주머니에서 콩을 조금 꺼내더니 잭에게 말했습니다. “이 콩은 마법의 콩이란다. 이 콩을 가지는 사람에게는 아주 놀라운 일이 생길 거야.” 이에 잭은 호기심에 물었습니다. “저에게 콩을 주실 건가요?” 그러자 노인은 “물론이지. 하지만 너는 그 대가로 무엇을 주겠니?”라고 대답했습니다. 잭은 망설이다가 말했습니다. “저는 이 소 말고는 드릴 게 없어요. 어머니가 돈이 필요하니 소를 팔아 달라고 부탁하셨어요.” 이 말을 들은 노인은 말했습니다. “그럼, 콩은 줄 수 없겠구나. 안타까워라. 이 콩은 금보다 귀한데 말이야.” 잭은 마법의 콩을 정말 가지고 싶었기에 잠시 동안 고민한 끝에 소와 콩을 교환했습니다.

잭은 콩을 들고 기분 좋게 집으로 돌아갔습니다. 잭의 어머니는 잭이 소를 팔았지만 그 대가로 돈을 받지 못했다는 사실을 깨닫고 화를 내며 쓸모없는 콩만 집으로 가져왔다고 잭을 꾸짖었습니다. 그날 밤, 잭은 뒷마당에 콩을 조심스레 묻어 두고 잠자리에 들었습니다. 잭은 아무것도 먹지 못해 아주 배고팠지만 마법의 콩이 깜짝 선물을 가져다주길 바라며 잠에 들었습니다.

다음 날 아침, 잭은 창밖에서 키가 크고 굵은 나무를 보았습니다. 곧바로 밖으로 나간 잭은 전날 밤 묻어 둔 콩에서 그 나무가 자란 것을 알게 되었습니다. 콩나무는 산처럼 커서 하늘까지 뻗어 있었습니다. 잭은 콩나무를 잡고 오르기 시작했습니다. 잭은 “콩이 금보다 더 귀하다”라는 노인의 말이 문뜩 떠올랐고, 하늘에 큰 보물이 있을 거라고 생각했습니다.

어느새 잭의 주변에는 구름이 가득 찼습니다. 잭은 구름 사이를 지나서 하늘에 있는 어떤 평지에 도착했습니다. 잭은 한참을 둘러보다가 큰 집을 보았습니다. 그 집의 문은 잭의 집보다도 더 컸습니다. 잭은 조심스럽게 그 안에 들어가서 식탁에서 자고 있는 한 거인을 발견했습니다. 잭은 탁자 다리를 타고 올라가 거인 옆에 있는 황금알을 낳은 거위를 보게 되었습니다. 잭은 너무 놀랐지만 행복했고, 이렇게 생각했습니다. ‘저 거위와 황금알을 얻을 수만 있다면 이제 우리 가족은 더 이상 음식 걱정도 하지 않고 가난에 시달리지도 않을 거야.’ 그래서 잭은 위험을 무릅쓰고 거인이 깨어나기 전에 거위와 황금알을 훔치기로 결심했습니다.

잭은 거인이 있는 곳으로 살금살금 다가갔습니다. 그러고는 오른손으로 거위의 입을 꽉 잡고 왼손으로 거위를 안아 들었습니다. 그런데 황금알을 잡으려고 거위의 부리를 잠시 놓자 거위가 거칠게 울기 시작했습니다. 잭은 빠르게 도망쳤습니다. 거인은 천둥처럼 포효하며 잭을 쫓아갔지만 잭은 뒤도 돌아보지 않고 콩나무 쪽으로 달렸습니다. 거인은 너무 거대한 나머지 빨리 달릴 수 없었고 잭은 거위를 안아 든 채 콩나무를 타고 내려가 땅에 도착했습니다. 거인이 자신을 따라 내려오는 것을 본 잭은 재빨리 도끼를 들고 콩나무를 베었습니다. 거인은 땅에 떨어져 죽었고 잭과 어머니는 안전했습니다.

부록 11-4 교수자용 참고 자료: 책과 콩나무 결말

거위와 황금알을 얻게 된 잭과 어머니의 사정은 매우 좋아졌습니다. 그들은 아주 큰 집을 사서 하인도 몇 명 고용했고, 더 이상 의식주에 대해 걱정할 필요가 없어졌습니다. 하지만 잭은 항상 거위와 황금알을 도둑맞을까 봐 걱정을 떨쳐 낼 수 없었고, 매일 거위를 지키고 황금알을 세는 데 많은 시간을 보냈습니다. 잭은 혹여나 거위가 죽거나 하인들이 거위와 황금알을 훔쳐 갈까 봐 두려워했습니다. 그는 절대 거위를 다른 사람에게 맡기지 않았고, 어디를 가든지 거위를 데리고 다녔습니다. 잭의 스트레스는 쌓여만 갔고 결국 정신적으로 무너지는 상태에 이르렀습니다.

부록 11-5 활동지: 나의 마지막 순간의 선택

이름: ______________________

당신은 암으로 투병 중이며 살날이 한 달밖에 남지 않았습니다. 제시된 항목의 중요도에 따라 1부터 10까지 순위를 매겨 보세요. "1"은 가장 중요한 항목입니다.

항목	당신의 선택
1. 좋아하는 활동 하기(예: 스포츠, 게임 등)	○
2. 마음에 드는 물건 구매하기	○
3. 남자친구/여자친구와 시간 보내기	○
4. 평소 존경하던 인물을 만나기	○
5. 친구들과 함께 시간 보내기	○
6. 가족과 함께 시간 보내기	○
7. 나를 치료해 줄 유명한 의사 찾기	○
8. 자원봉사 참여(예: 다른 사람을 돕는 데 시간을 보내기)	○
9. 자서전 쓰기	○
10. 기타:	○

부록 11-6 교수자를 위한 참고 자료: 나의 마지막 순간의 선택

항목	대표하는 의미
1. 좋아하는 활동 하기(예: 스포츠, 게임 등)	자유
2. 마음에 드는 물건 구매하기	물질적 욕구 충족
3. 남자친구/여자친구와 시간 보내기	사랑
4. 평소 존경하던 인물을 만나기	소원을 이루기
5. 친구들과 함께 시간 보내기	우정
6. 가족과 함께 시간 보내기	가족
7. 나를 치료해 줄 유명한 의사 찾기	건강
8. 자원봉사 참여(예: 다른 사람을 돕는 데 시간을 보내기)	타인을 돕기
9. 자서전 쓰기	자신을 표현하기

부록 11-7 성장 확인 질문

이름: ______________________ 반: ______________________ 날짜: ______________________

1. 수업 과제

1) 나에게 행복이란 무엇인가요?

2) 만일 여러분이 지금부터 노력한다면, 사는 동안 어느 정도의 행복을 느낄 수 있을까요?

2. 숙제

1) 어떤 사람들은 '돈은 악의 근원'이라 말하고, 또 다른 사람들은 '돈의 부족은 악의 근원'이라고 말합니다. 여러분의 의견은 어떤가요?

2) 여러분에게 돈을 기꺼이 쓸 만큼 가치 있는 것에는 어떤 것들이 있나요?

소단원 3

하루를 살아 보기

1. 소단원 목적

암 환자의 경험을 통해 학생들이 삶의 의미를 되돌아볼 수 있도록 한다.

2. 학습 목표

① 인생에서 어려움을 겪을 수 있다는 사실을 인지한다.

② 자기 성찰을 통해 삶의 의미를 탐색해 본다.

3. 수업 내용

활동	절차
1. **준비 활동:** 나의 일기 **(3분)**	학생들에게 일기나 블로그를 쓰는 습관이 있는지 질문한다. 인생에서 가장 힘들었던 날을 떠올려 보고 그날을 어떻게 극복했는지 기억할 수 있도록 돕는다. 몇 명의 학생에게 자신의 경험을 공유하도록 요청한다.
2. **학급 공유:** 소녀의 일기(**7분**) ▷ **교수자료** - [부록 11-8] 파워포인트 슬라이드: 소녀의 일기 - [부록 11-9] 토론 자료: 소녀의 일기	**목표: 삶은 도전과 어려움으로 가득 차 있다는 것을 인식한다.** 1. 학생들을 작은 모둠으로 나누고 짝을 지어 활동하게 한다. 파워포인트 슬라이드 "소녀의 일기"([부록 11-8])를 화면에 띄우고, 같은 글을 담은 토론 자료 "소녀의 일기"([부록 11-9])를 배포한다. 글을 읽은 뒤 학생들이 다음 내용을 토론할 수 있도록 안내한다. • 그날 소녀는 어떤 어려움을 겪었나요? • 여러분도 비슷한 일을 겪은 적이 있나요? • 여러분에게도 같은 일이 일어난다면 어떻게 대응할 것 같나요? 2. 학생들이 자신의 의견을 발표할 수 있게 한다. 이후 다음 메시지를 전달한다: 우리는 살아가면서 다양한 어려움을 만나게 되고, 누구나 자신만의 방식으로 삶에 적응해 나간다. 이러한 어려움과 도전들은 우리가 삶의 의미에 대해 생각하도록 자극할 수 있다. 3. 짧은 토의를 통해 학생들이 이 소녀가 어떻게 병에 맞서 싸웠을지 추측해 보게 한다. 이 소녀가 어떻게 대처했는지 알아보기 위해 학생들이 다음 활동에 주의를 기울이도록 안내한다.

3. 모둠 토론: 메러디스의 운 좋은 단계**(13분)** ▷ **교수자료** - [부록 11-10] 영상 자료: 메러디스의 운 좋은 단계	**목표: 암에 맞서 싸우는 소녀의 이야기에 공감하고 그녀의 삶의 의미를 이해한다.** 1. 영상 자료([부록 11-10])을 재생하고 주의를 집중시킨다. 모둠별로 다음 주제에 대해 토론할 수 있도록 안내한다. • 메러디스의 경험에 대해 어떻게 생각하나요? 긍정적인가요, 혹은 부정적인가요? • 메러디스의 삶의 태도는 어떻게 묘사할 수 있나요? • 메러디스가 추구하는 삶의 의미는 무엇인가요? 2. 학생들에게 토론 결과를 보고하도록 한다. 학생들의 의견을 정리하면서 다음 내용을 전달한다: 인생은 예상치 못한 원치 않는 사건들로 가득하다. 나쁜 사건일지라도 우리의 해석과 대응에 따라 달라질 수 있다. 우리는 나쁘다고 여겨지는 사건들 속에서도 긍정적인 태도를 가질 수 있다. 3. 메러디스는 그녀의 병에 맞서기 위해 긍정적이고 낙관적인 태도를 가졌다. 메러디스는 남은 시간을 가족과 친구들에게 행복과 활기를 전달하고 그녀의 홈페이지를 운영하는 데 사용했다. 4. 동영상을 시청한 후 교수자는 인생의 의미에 대한 자신의 생각을 공유할 수 있다.
4. 결론(2분)	1. 우리는 살아가면서 어려움을 겪을 수 있다. 그 경험이 '좋은' 사건인지 '나쁜' 사건인지는 그 과정에서 이를 어떻게 해석하고 경험하는가에 따라 달라진다. 학생들이 과거에 겪었던 어려움을 떠올릴 수 있도록 돕는다. 학생들에게 지금은 그 어려움을 어떻게 인식하고 있는지 질문한다. 2. 우리는 살아 있는 동안 삶의 의미를 찾고 긍정적인 태도로 삶을 최대한 즐기며 살아가야 한다.
5. 마무리 활동(5분) ▷ **교수자료** - [부록 11-11] 성장 확인 질문	1. 성장 확인 질문을 배포하고 학생들이 수업 내용을 되돌아볼 수 있도록 지도한다. 2. 수업에 열심히 참여한 학생들을 칭찬한다.

4. 세부 지도 사항

1) 준비 활동

- 학생들이 자신의 이야기를 편히 할 수 있도록 돕기 위해 교수자는 먼저 자신의 경험을 공유하는 것으로 활동을 시작할 수 있다.
- 공유하는 시간 동안에는 학생들이 진실되고 서로를 존중하는 마음으로 참여할 수 있도록 안내한다.

- 교수자는 학생의 문제를 해결하기 위해 서두를 필요가 없다. 학생의 말을 이해하려 노력하고 집중하고 있다는 점을 보여 주는 것만으로도 충분하다.
- 개인적인 경험을 진정성 있게 공유한 학생을 칭찬한다.

2) 소녀의 일기

- 학생들이 주제를 잘 이해하지 못하는 경우, 파워포인트 슬라이드를 재생하고 내용을 설명한다.
- 메러디스의 이야기는 흔히 접할 수 있는 일이 아니기 때문에 학생들이 이에 쉽게 공감하지 못할 수도 있다. 학생들이 자유롭게 자신의 견해를 표현하고 메러디스의 상황에 처한 자신을 상상함으로써 다른 사람의 입장이 되어 보는 경험을 하게 한다.

3) 메러디스의 운 좋은 단계

- 모둠 토론이 원활히 이루어지지 않을 것으로 예상되면, 교수자는 모둠 토론 대신 학급 토론을 진행할 수 있다.
- 학생들은 메러디스의 경험을 통해 삶의 의미에 대해 생각해 볼 수 있다. 이 활동은 학생들이 추상적으로 사고하고 공감할 수 있는 능력이 요구된다. 메러디스의 이야기를 이해하는 데 있어 학생들이 진중하고 존중하는 마음을 가질 수 있도록 돕는다.
- 학생들은 영상 자료를 시청한 후 슬프거나 불안한 감정을 느낄 수 있다. 몇 분 동안 침묵을 유지하게 한 후, 학생들이 느낀 감정을 모둠 토론 전에 공유할 수 있도록 한다.
- 이 주제는 부정적인 감정을 유발할 수 있기 때문에 교수자는 학생들의 정서적 반응에 주의를 기울여야 한다. 만일 학생들이 너무 강한 정서적 반응을 보인다면 활동 이후 후속 조치를 취해야 한다.
- 교수자는 메러디스에 대한 이해를 높이고 활동에 필요한 추가 정보를 수집하기 위해 메러디스 웹사이트를 참고할 수 있다.
- 일반적으로 학생들은 토론 질문 1과 2를 잘 이해할 수 있으며, 질문 3은 공개 토론 혹은 개인적인 성찰을 위해 남겨 둘 수 있다.
- 메러디스 웹사이트 주소는 영상 자료 마지막 부분에 제공된다. 학생들에게 웹사이트를 참고할 때 메러디스와 그녀의 가족에 대한 존중의 마음을 가져야 한다는 점을 상기시

킨다. 또한 학생들이 웹사이트에 댓글을 남길 때 사용하는 언어에 유의해야 한다는 점을 안내한다.

- 영상에 등장하는 Shek O는 홍콩의 유명한 해변 휴양지이다.

5. 보충 활동(선택 사항)

활동	내용	권장 사항
웹사이트 탐색	**목표: 웹사이트에서 실화를 읽음으로써 의미 있는 삶에 대한 학생의 이해를 심화시킨다.** '의미 있는 삶 살기'를 주제로 하여 학생들에게 모둠을 구성해 프로젝트를 수행하게 한다. 학생들은 인터넷에서 의미 있는 삶을 사는 사람들을 검색할 수 있다.	프로젝트를 완료한 이후 학생들이 발표를 하게 할 수 있다.

부록 11-9 토론 자료: 소녀의 일기

나의 병

나는 올해 초부터 항상 피곤함을 느꼈다. 예전에는 프린스 에드워드에서 침사추이 동쪽 거리까지 걸어서 다녔는데 더 이상 그럴 수 없었다. 짧은 거리를 걸어도 완전히 지치고 만다. 나는 틴하우에 있는 디자인 학교를 다녔는데, 어느 날 버스가 늦어져 버스 정류장에서 학교까지 뛰어간 적이 있었다. 최대한 빨리 가려 노력하고 있음에도 불구하고 학교로 걸어가고 있는 사람조차 따라잡지 못했다. 그 사람은 여유롭게 걷고 있었는데 나는 한참을 뒤처져서 땀을 뻘뻘 흘리고 있었다. 제시간에 학교에 도착은 했지만 너무나도 지쳤고 책상에 간신히 엎드릴 수 있는 상태였다. 나는 학교에 친구가 없었고, 아무도 나를 신경 쓰지 않았다. 당시를 떠올려 보면 고통스러웠던 것밖에 기억이 나질 않는다.

새해에 친구들과 바비큐 파티를 하기 위해 중국 본토를 방문했을 때 내 병이 점점 더 심각해지고 있다는 걸 알게 되었다. 쉽게 어지러웠고 쉽게 두통을 느꼈으며, 침대에서 화장실을 가는 정도에도 가슴이 세차게 뛰었다. 주사를 맞는 게 두려웠고 항상 '나는 병에 걸리지 않을 거야.'라고 생각했기 때문에 병원에는 가지 않았었다. 하지만 더 이상 피할 수 없었다. 혈액 검사를 했고, 결과가 나오기도 전에 의사 선생님은 엄마를 불러 내 검사가 정상적이지 않으며 내가 혈액암을 앓고 있을 가능성이 있다고 말했다. 엄마가 그 소식을 내게 전했을 때 나는 한참을 웃으며 말했다. "어떻게 그렇게 심각할 수가 있지? 영화 같다. 혈액암이라니. 하! 하! 하!" 2월 22일에 나는 다른 의사를 찾아갔는데, 그 의사도 내게 큰 문제가 있으니 큰 병원에 바로 가야 한다고 말했다. 집으로 돌아오는 길에 나는 엘리베이터에서 기절했고, 의식이 없는 채 병원에 옮겨져 입원했다. 나쁜 백혈구들이 적혈구와 혈소판을 먹어 치우면서 뇌에 혈액이 부족해졌다. 생각과 말이 점점 느려졌다.

몸에 힘이 전혀 없었다. 팔과 다리를 움직일 수는 있었지만 계속해서 떨렸다. 내가 아직 걸을 수 있다는 사실이 신기할 정도였다.

의사들은 내가 백혈병의 일종인 AM2L을 앓고 있다는 진단을 내렸고 나는 화학 치료 요법을 받아야 했다. 화학요법의 첫 단계가 끝난 후 내 몸에는 암세포가 2%밖에 남지 않았다. 이후 나는 8번의 화학요법을 더 받았는데 4번은 5일간, 나머지 4번은 이틀간 이어졌다. 나는 한 달에 한 번 정도 화학요법을 받았는데, 다시 말해 5일간의 치료가 끝나야 집에 가서 쉴 수 있었다. 이때도 외출은 할 수 없었고 집에서만 지내야 했다. 내 면역력이 너무 저하된 상태라 쉽게 병에 걸릴 수 있기 때문이었다.

[출처: 메러디스의 홈페이지. 내용은 편집됨]

부록 11-11 성장 확인 질문

이름: ______________________ 반: ______________________ 날짜: ______________________

1. 수업 과제

1) 여러분의 삶에서 어떤 어려움과 도전을 겪게 될 것 같나요?

2) 여러분은 이러한 어려움들을 견뎌 낼 수 있을 것이라고 생각하나요?

3) 이러한 어려움들을 견딜 때 어떤 사람들로부터 도움을 받고 싶은가요? 왜 그런가요?

2. 숙제

1) 여러분이 만약 불치병에 걸린다면 어떻게 할 것 같나요?

2) 여러분의 친구가 만약 불치병에 걸린다면 어떻게 할 것 같나요?

3) 여러분은 여러분의 삶의 의미가 무엇이라고 생각하나요?

소단원 4

시작과 끝

1. 소단원 목적

암 환자의 경험을 통해 죽음의 의미를 탐구해 본다.

2. 학습 목표

① 죽음이 삶의 자연스러운 과정임을 깨닫는다.

② 삶의 소중함을 배우면서 죽음의 의미에 대해 생각해 본다.

3. 수업 내용

활동	절차
1. **준비 활동:** 죽음에 대해 어떻게 생각하나요?**(3분)**	1. 다음 질문에 대한 브레인스토밍을 진행한다: "'죽음'이라는 단어를 들으면 무엇이 떠오르나요?" 2. 칠판에 답변을 적어 학생들의 주의를 집중시킨다.
2. **학급 공유:** 가까운가? 먼가?**(7분)**	**목표: 죽음에 대해 생각해 본다.** 1. 학생들에게 질문한다. • 여러분은 죽음이 가까이 있는 것 같나요? 아니면 멀리 있는 것 같나요? • 왜 그렇게 생각하나요? 2. 학생들의 답변을 간단히 정리한다. 학생들이 아직 어리기 때문에 '죽음'이라는 주제에 친숙하지 않을 수 있다는 점을 언급한다. 3. 죽음은 누구나 겪게 되는 자연스러운 과정이다. 죽음은 매일 우리 주위에서 일어난다. 우리는 죽음의 의미에 대해 생각해 본 적이 있을까?

	목표: 암 환자의 죽음이 환자의 중요한 사람들에게 미치는 영향에 대해 생각해 본다.
3. 모둠 토론: 죽음의 의미**(8분)** ▷ **교수자료** - [부록 11-12] 음성 자료: 메러디스의 장례식에서 한 아버지의 추도사 - [부록 11-13] 교수자용 참고 자료: 메러디스의 장례식에서 한 아버지의 추도사	1. 학생들에게 "추도사가 무엇인지 아나요?"라고 질문하고, 몇 명의 학생이 대답하게 한다. 그런 다음, '추도사'는 고인의 삶을 되새겨 보는 것이며, 일반적으로 친구나 가족이 추모하는 말이라고 설명한다. 2. 간략히 '메러디스의 운 좋은 단계' 내용을 요약하고, 음성 자료([부록 11-12])를 재생한다. 3. 학생들이 짝을 지어 다음 질문에 대해 토론하게 한다. • 여러분은 메러디스의 삶에 대해 어떻게 생각하나요? • 그녀의 주변 사람들에게 그녀의 죽음은 어떤 영향을 주었을까요? 4. 학생들이 토론한 내용을 발표하게 한다. 답변들을 요약해 정리하고 누구도 죽음을 피할 수 없다는 점을 언급한다. 또한 메러디스는 그녀의 어려운 상황에 용감히 대처했으며 남은 시간을 소중히 여겼다는 점을 전달한다. 5. 비록 메러디스는 세상을 떠났지만, 그녀의 활기찬 모습은 그녀의 부모님, 형제, 친척들과 친구들의 기억 속에 남아 있다. 삶에 대한 그녀의 긍정적인 관점은 다른 사람들에게 삶의 의미를 되돌아보게 하는 영감을 주었다.
4. 개인 활동: 메러디스가 나에게 주는 교훈 **(5분)** ▷ **교수자료** - [부록 11-14] 활동지: 메러디스가 나에게 주는 교훈	1. 모든 학생들에게 활동지 "메러디스가 나에게 주는 교훈"([부록 11-14])을 배포하고 메러디스의 이야기를 통해 각자가 배운 점, 혹은 메러디스가 나에게 주는 교훈을 적게 한다. 2. 죽음은 자연스러운 과정이자 삶의 한 단계이다. 가장 중요한 것은 우리의 삶을 소중히 여기고 최대한 즐기며 살아가야 한다는 점이다.
5. 결론(2분)	1. 준비 활동에서 학생들이 '죽음'에 대해 언급한 내용과 활동들 중에 '죽음'에 대해 논의한 내용을 비교하고 대조한다. 2. 죽음은 자연스러운 과정이다. 우리는 삶을 소중히 여기고 의미 있게 살아야 한다.
6. 마무리 활동(5분) ▷ **교수자료** - [부록 11-15] 성장 확인 질문	1. 성장 확인 질문을 배포하고 학생들이 수업 내용을 되돌아볼 수 있도록 지도한다. 2. 수업에 열심히 참여한 학생들을 칭찬한다.

4. 세부 지도 사항

1) 준비 활동

- 수업을 시작하기 전에 칠판에 '죽음'이라는 단어를 적어 학생들의 주의를 집중시킨다.
- 몇 명의 학생에게 칠판에 '죽음'에 대한 자신의 견해를 작성해 보게 한다. 학생들의 사고를 촉진하기 위해 학생들은 자유롭게 대화할 수 있다.
- 학생들에게 생각할 시간이 더 필요한 경우, 모든 학생들에게 생각을 적을 수 있는 종이를 나누어 준다. 작성한 종이를 모아서 무작위로 선택해 학생들에게 읽어 준다.

2) 가까운가? 먼가?

- 이 토론은 학생들이 조용하고 엄숙한 분위기에서 죽음에 대해 생각할 수 있도록 하는 것을 목표로 두고 있다. 학생들이 죽음이 실제로 우리와 밀접한 관련이 있다는 것을 이해하도록 하여 다음 활동에서 죽음의 의미에 대해 토론할 수 있도록 준비시킨다.
- 교수자는 학생들의 생각을 자극하기 위해 죽음과 관련된 신문 스크랩을 준비할 수 있다.

3) 죽음의 의미

- 학생들은 요점을 파악하는 데 어려움을 겪을 수 있다. 이 활동은 '소단원 2의 활동 3'과 밀접한 관련이 있으므로 가능하면 두 활동을 통합한다.
- 교수자는 메러디스에 대한 자세한 정보를 찾을 수 있다. 메러디스의 어머니는 딸이 사망한 후 딸을 위해 웹사이트를 관리하고 있으며 여전히 웹사이트에 접속할 수 있다. 게다가 메러디스에 관한 책도 출판된 바 있다.
- 교수자는 죽음에 대한 자신의 경험과 감정을 공유함으로써 이 주제에 대한 학생들의 이해를 높일 수 있다. 교수자는 수업 전에 이 주제에 대해 스스로 성찰하는 시간을 가져야 한다. 성찰 가능한 주제는 다음과 같다. ① 친구 또는 친척의 죽음이 자신에게 미친 영향, ② 자신에게 죽음이 주는 의미, ③ 죽음과 관련된 경험이나 그것이 다른 사람에게 미치는 영향 등.

4) 메러디스가 나에게 주는 교훈

학생들은 메러디스의 이야기에 대한 자신의 피드백과 느낌을 적는다. 모범 답안은 없지만 학생은 진솔하고 존중하는 마음을 가지며 피드백을 작성해야 한다.

5. 보충 활동(선택 사항)

활동	내용	권장 사항
죽음 이후의 세계	**목표: 죽음의 의미에 대한 학생들의 생각을 심화시킨다.** 죽음에 대한 이야기(예: 코로나19와 싸우다 사망한 의료진, 전쟁에서 죽은 군인 등)를 게시판에 게시한다. 학생들에게 이런 이야기를 읽은 후 느낀 점을 작성하게 한다. 이는 죽음의 의미에 대해 더 깊이 생각해 볼 수 있는 기회를 제공한다.	

부록 11-13

교수자용 참고 자료: 메러디스의 장례식에서 한 아버지의 추도사

메러디스의 친구, 친척, 웹페이지 친구들에게,

메러디스의 송별식에 참석해 주신 모든 분께 감사드립니다.

메러디스는 1982년 10월 15일에 태어났는데, 그 당시 아들이 한 명 있었던 저는 딸을 얻게 되어 매우 기뻤습니다.

그 당시, 저와 제 아내는 모두 일을 하고 있었기 때문에 저희 어머니가 아이들을 돌보아 주셨습니다. 메러디스는 중고등학교를 졸업한 후 디자인 학교에서 공부를 이어 나갔고, 청년 취업 전 교육 프로그램에 참여했으며, 시민 지원 서비스 사업에도 참여했었습니다.

시민 지원 서비스 훈련 캠프 이후 메러디스는 감기가 걸렸습니다. 그리고 평소답지 않게 감기가 쉽게 낫지 않고 더 심각해졌습니다. 이후, 메러디스는 혈액암을 진단받았고 곧바로 화학요법을 받게 되었습니다. 메러디스는 3일 동안만 눈물을 흘렸으며, 곧 치료를 위해 활력을 되찾으려 노력했습니다. 그러나 8개월 동안의 화학요법과 줄기세포 이식 후, 의사들은 치료가 실패했다는 사실을 알렸습니다.

의사들은 적합한 골수 기증자를 찾을 것을 제안했지만 성공률이 낮다는 것을 알고 있었습니다. 메러디스는 한참을 고민하다가 골수 이식을 거부하였고, 대신 매일매일을 더 행복하게 보내기를 선택했습니다. 메러디스는 가족과 친구들과의 시간을 소중히 여겼습니다. 상태가 좋을 때면 먹고, 놀고, 노래할 수 있도록 격려했습니다. 웹사이트에 남기신 여러분의 메시지들과 응원들은 진심으로 힘이 되었습니다. 여러분의 응원이 없었다면 메러디스는 그토록 오래 버틸 수 없었을 것입니다.

메러디스가 심각하게 아팠던 기간 동안 우리는 늦은 시간까지 병원에서 함께 시간을 보냈고, 집에 도착하면 보통 자정을 넘기곤 했습니다. 매일 집에 돌아와 가장 먼저 한 일은 식사나 목욕이 아니라 컴퓨터를 켜서 웹사이트를 업데이트하는 일이었습니다. 여러분의 메시지는 큰 위로가 되었고, 저희는 모두의 사랑을 느낄 수 있었습니다.

메러디스는 비록 짧은 생을 살았지만 풍요로웠습니다. 여기 계신 모든 분들의 행복한 삶을 기원합니다. 그리고 메러디스의 인생의 무지개가 여러분 위에 빛나기를 바랍니다.

[출처: 메러디스 웹사이트, 편집된 내용]

부록 11-14

활동지: 메러디스가 나에게 주는 교훈

이름: ______________________

메러디스의 이야기가 나에게 주는 세 가지 교훈을 작성해 보세요.

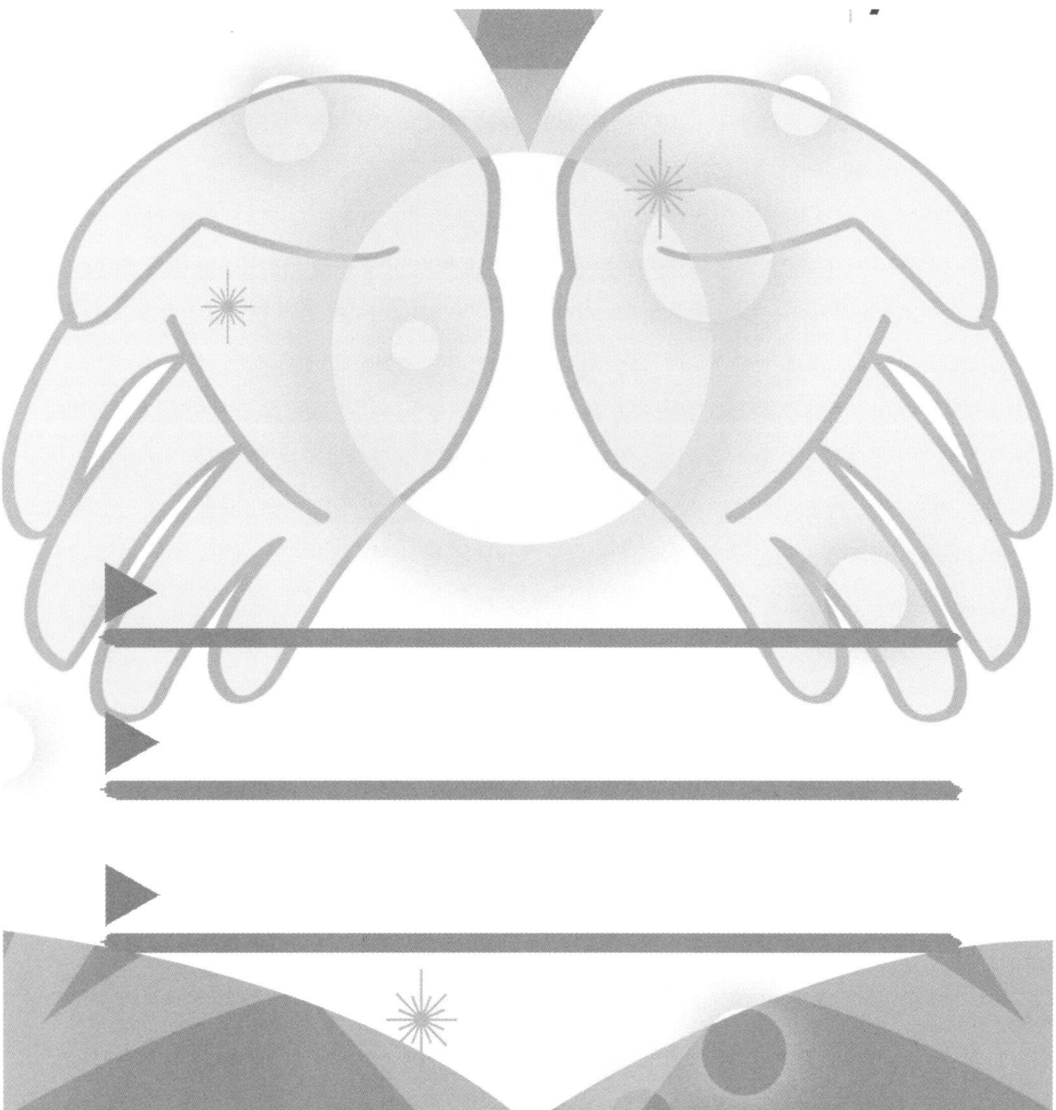

부록 11-15 성장 확인 질문

이름: ______________________ 반: ______________________ 날짜: ______________________

1. 지금까지 배운 내용이 여러분의 삶이나 성장에 어떤 도움이 되나요?

2. 이 수업을 통해 '죽음'에 대해 무엇을 배웠나요?

대단원 12

명확하고 긍정적인 정체성

들어가며

심리학자 에릭 에릭슨의 이론에 따르면, 청소년기의 성장 과제는 자신을 온전히 받아들이는 것이다. 청소년들이 이 과제를 성공적으로 완수할 수 있는지 여부는 자신에 대해 배울 수 있는 풍부한 기회를 가진 정도에 따라 다르며, 이는 자기정체성의 다양한 측면(신체적, 심리적, 사회적, 학업적 측면 등)에서의 급격한 변화와 모호함을 해결하기 위해 필수적이다. 만약 청소년들이 청소년기 초기에 인지 발달과 더불어 명확하고 긍정적인 정체성을 발전시킬 수 있다면, 그들은 높은 자존감을 가질 수 있으며, 이는 미래 성인기 발달 과정에도 긍정적인 영향을 미칠 수 있다. 심리학자 제임스 마르시아에 따르면 정체성 발달은 탐색과 전념을 기준으로 네 단계로 구분될 수 있다.

1. 정체성 성취(achievement): 여러 대안을 탐색한 후 특정 자기정체성에 전념한 상태
2. 정체성 유예(moratorium): 여러 대안을 적극적으로 탐색했으나, 아직 특정 자기정체성에 전념하지 않은 상태
3. 정체성 폐쇄(foreclosure): 충분한 탐색을 하기 전에 특정 자기정체성에 전념한 상태
4. 정체성 혼미(diffusion): 탐색을 하지 않아 자기정체성이 불분명한 상태

이상적으로 생각하는 자신의 모습과 다른 사람들이 보는 자신의 모습 사이의 일관성이 높아질수록 청소년들이 명확하고 긍정적인 정체성을 확립하는 것이 더 용이해진다.

자존감은 자신을 향한 긍정적인 또는 부정적인 태도를 말한다. 자신을 긍정적으로 평가할수록 자존감은 높아진다. 한 연구자에 따르면 아래의 요소들에 주의를 기울임으로써, 자존감을 높이고 성장하면서 마주하는 위기들을 헤쳐 갈 수 있다.

1. 안전감(sense of security): 개인의 성장을 돕는, 신뢰에 기반한 지지적인 환경을 구축한다.
2. 자기인식(sense of selfhood): 자신의 정서를 잘 인식하고 자신의 현재 상태에 대해 잘 파악한다.
3. 소속감(sense of affiliation): 친밀한 대인 관계를 구축한다.
4. 목적의식(sense of mission): 목표를 설정하고, 실천 계획을 세울 수 있으며, 문제를 해결하고 좋은 의사결정을 한다.
5. 역량인식(sense of competence): 자신의 능력과 강점에 대해 잘 이해하고 적절하게 활용한다.

자존감의 향상은 다른 요인과도 관련이 있다. 예를 들어, 명확하게 설정된 삶의 방향성, 자신감, 또는 유대감도 자존감과 관련될 수 있다.

Level 1 과정은 학생들이 자기인식을 발달시킬 수 있도록 안전감과 소속감을 느낄 수 있는 환경을 구축하는 데 중점을 두었다. Level 2 과정의 경우 학생들이 자기상을 발달시킬 수 있는 이상적인 인생관을 형성하는 것을 목적으로 삼는다. 소단원 1을 통해 학생들은 자신의 긍정적인 측면을 발견하고 스스로를 격려함으로써 자신의 가치를 인정하는 법을 배운다. 소단원 2를 통해 학생들은 상호 지지적인 환경의 중요성을 배우며 긍정적인 인생관을 추구하는 과정에서 항상 동반자가 있다는 점을 이해한다.

개관

소단원	소단원 목적	학습 목표
인생관 (30분)	자신의 긍정적인 측면을 발견함으로써 긍정적인 자기상을 형성한다.	1. 이상적인 '나'를 발견한다. 2. 스스로를 격려하며 자신이 추구하는 가치를 확인한다.
나의 동반자 (30분)	긍정적인 자기상을 강화하기 위해 상호 지지적인 환경을 구축한다.	자신과 유사한 인생관을 가진 급우를 파악한다.

이 대단원에 포함된 모든 활동지 및 파워포인트 슬라이드와 영상 자료 등은 학지사 홈페이지(www.hakjisa.co.kr)에서 내려받을 수 있습니다.

소단원 1

인생관

1. 소단원 목적

자신의 긍정적인 측면을 발견함으로써 긍정적인 자기상을 형성한다.

2. 학습 목표

① 이상적인 '나'를 발견한다.

② 스스로를 격려하며 자신이 추구하는 가치를 확인한다.

3. 수업 내용

활동	절차
1. 준비 활동(5분)	1. 학생들에게 "스스로의 '공정함'이나 '친절함'을 칭찬해 본 적이 있나요?"라고 질문한다. 2. 거수 등의 방법을 이용해 현황을 확인한다. '아니요'의 비율이 더 많을 것으로 예상된다. 3. 이후 학생들에게 "사람들은 여러분에 대해 대개 어떻다고 말하나요?"라고 질문한다. 4. 학생들의 답변을 듣는다. 답변은 주로 학업 성적, 운동 능력, 외모 등으로 구성될 것이다. 5. 학생들의 답변을 요약하고 다음과 같이 말한다. • 여러분에 대한 다른 사람들의 의견이 주로 학업 성적, 운동 능력, 외모 등에 초점을 맞추고 있는 것처럼, 사람들은 대개 이와 같은 측면에 기반해 자기상을 형성합니다. 그러나 사람들은 자신의 내면에 가치 있고 훌륭한 측면들을 많이 가지고 있습니다.

<table>
<tr><td>2. 모둠 경험 공유: 인생관(10분)

▷ 교수자료
- [부록 12-1] 활동지: 인생관
- [부록 12-2] 교수자용 참고 자료: 인생관</td><td>목표: 이상적인 '나'를 발견한다.
1. 학생들에게 활동지([부록 12-1])를 배부한다.
2. 학생들에게 3분의 시간을 주고 자신이 가장 추구하고자 하는 세 가지 가치를 선택해 보도록 지시한다.
3. 이후 모든 학생이 돌아가며 자신이 선택한 가치들과 그를 선택한 이유를 전체 학급에 공유하도록 지시한다.
4. 모든 학생이 자신의 의견을 이야기하고 나면, 학생들에게 다음의 내용을 질문한다.
• 이런 가치들이 여러분의 일상생활과 어떤 관련이 있나요?
• 일상생활에서 여러분의 행동은 여러분이 선택한 가치들을 반영하고 있나요?
5. 모든 사람은 살아가며 자신만의 가치를 추구하지만, 종종 자신이 어떤 가치를 추구하고 있는지 알지 못하고 있음을 강조하며 활동을 마무리한다.</td></tr>
<tr><td>3. 개인별 자기 성찰: 나에게 보내는 편지(8분)

▷ 교수자료
- [부록 12-3] 활동지: 나에게 보내는 편지
- [부록 12-4] 파워포인트 슬라이드: 나에게 소중한 가치 파악하기
- [부록 12-5] 교수자용 참고 자료: '나에게 소중한 가치 파악하기' 설명 예시</td><td>목표: 스스로를 격려하며 자신이 추구하는 가치를 확인한다.
1. 학생들에게 활동지([부록 12-3])를 배부한다.
2. 학생들에게 다음의 기준에 따라 자신에게 편지를 써 보도록 지시한다.
• 자신이 추구하는 가치 확인하기
• 다른 사람이 나를 칭찬할 때 자주 언급하는 특성과 그때 자주 언급하는 단어 나열하기
• 자신이 선택한 가치를 구현하거나 보여 주기 위해 할 수 있는 것 적어 보기
3. 학생들이 편지를 쓰는 동안 참고할 수 있도록 [부록 12-4] 파워포인트의 다양한 가치들을 화면에 띄워 준다. 학생들이 화면 속 가치의 의미에 대해 질문하면 [부록 12-5]를 참고하여 설명할 수 있다.
4. 상황에 따라 활동을 마친 후 편지를 모을 수 있다. 자세한 내용은 세부 지도 사항을 참고한다.
5. 활동을 마친 후, 다음의 결론을 간단히 학생들에게 전달한다.
• 실제로 사람들은 자신의 가치에 따라 행동하면서도 자신의 가치에 대해 잘 인식하거나 행동과 가치 간 연관성을 파악하지 못하고 있습니다.
• 긍정적인 가치를 확인할 때마다, 사람들은 스스로를 더 격려할 수 있고 그를 통해 긍정적 자기상을 확립할 수 있습니다.</td></tr>
<tr><td>4. 결론(2분)</td><td>다음의 결론을 학생들에게 전달한다.
• 자신에게 가장 중요한 가치와 가장 추구하고자 하는 가치가 무엇인지 알게 되면, 사람들은 근거 없는 타인의 부정적인 비판에도 낙담하거나 자존감이 낮아지지 않게 됩니다.
• 다른 사람의 의견은 자신에 대해 알 수 있는 좋은 참고 자료가 되지만, 여전히 사람들의 내면에는 발견되기를 기다리는 많은 이상적인 '나'가 존재하고 있습니다.</td></tr>
</table>

5. 마무리 활동(5분) ▷ **교수자료** - [부록 12-6] 성장 확인 질문	1. 성장 확인 질문을 공유하고 학생들이 소단원 활동을 돌아볼 수 있도록 유도한다. 2. 소단원 활동에 대한 학생들의 참여를 칭찬한다.

4. 세부 지도 사항

1) 준비 활동

- 논의는 비판을 받았을 때 경험한 부정적 정서보다는 학생들이 비판을 받았던 주제(학업 활동이나 외모 등)를 중점으로 진행한다.
- 이 소단원 활동은 대단원 11 '영성'의 소단원 3인 '하루를 살아 보기'와 소단원 4인 '시작과 끝'의 확장이며, 학생들에게 삶의 의미를 탐구할 수 있도록 독려한다. 이 활동을 통해 학생들은 자신 내면의 이상적인 모습을 탐구하고 발견할 수 있다.

2) 인생관

- 활동은 다음의 자료를 참고해서 고안되었다.
  – Rokeach, M. (1973). 『The Nature of Human Values』. New York: Free Press.
- 활동지에 나열된 12가지 가치에 더해, Rokeach는 성취감(sense of achievement), 내적 조화(inner harmony), 국가 안보(national security), 즐거움(pleasure), 구원(salvation), 자기존중(self-respect)의 여섯 가지 가치를 추가함으로써 총 18가지 가치를 언급했다.
- 핵심 가치들은 사람들의 내면에 존재한다. 학생들이 이 가치에 따라 사는 방법을 이해할 때, 자기상이 강화될 수 있다.
- 언어 능력이 부족한 학생들도 활동을 진행할 수 있지만, 이 학생들은 문구의 정의와 의미를 더 많이 질문할 수 있다는 점에서 차이가 있다. 이는 학생들이 활동을 진지하게 대하고 있다는 점을 의미하므로, 교수자는 침착하게 설명하고 학생들이 깊이 생각할 수 있도록 독려해야 한다.
- 만약 학생들이 좀 더 심리적으로 성숙하다고 느낀다면, 교수자는 학생들에게 오직 세 가지 가치를 선택하도록 지시하는 대신 각 가치에 대해 자신이 그 가치를 추구하기 원

하는 정도를 기준으로 점수(1점부터 5점, 5점이 가장 높은 정도를 의미)를 매겨보도록 지시할 수 있다.

- '인생관' 활동지는 소단원 2인 '나의 동반자'에서 다시 사용될 것임을 명심한다. 교수자는 활동을 마친 후 이 활동지를 걷어 두거나, 학생들에게 다음 활동 시간에 활동지를 가져와야 함을 상기시켜야 한다.

3) 나에게 보내는 편지

- 완성된 편지를 스스로의 내면의 이상적인 측면들을 상기시키는 도구로서 보관하도록 지시한다. 교수자는 또한 이 편지들을 모았다가 특정한 시기(몇 주 또는 몇 달)가 지난 후 돌려주거나 편지로 전송할 수 있다. 이 경우 학생들은 이 편지를 말 그대로 '자신이 받은 편지'로 생각할 수 있다. 이는 학생들이 자신의 이상적 가치를 잘 아는 것의 중요성을 다시 상기하도록 도울 수 있다.
- 만약 교수자가 일정 기간 후 학생들에게 편지를 보내기 원한다면, 각 편지에 대한 복사본을 만들어 두고 뒷면을 꾸며 편지지처럼 만들 수 있다. 추후 편지를 보내기 위해 학생들에게 편지에 주소를 적어 두도록 지시한다.
- 만약 학생들이 "나는 내가 가장 소중히 생각하는 가치를 실천하기 위해 일상생활에서 ______________을/를 할 수 있다는 점을 알게 되었어."라는 문장을 완성하기 어려워한다면, 학생들이 삶의 다양한 측면(급우들, 가족 구성원, 또는 교사와 어울리는 방식 등)에 대해 생각해 보도록 지도할 수 있다. 교수자는 또한 학생들에게 영감을 주기 위해 파워포인트 슬라이드 '나에게 소중한 가치 파악하기'([부록 12-4])를 재생할 수 있다.
- 이 편지는 스스로를 격려하는 목적을 가지고 있으므로 학생들에게 자신의 정서나 감정 또한 편지에 적을 수 있음을 상기시킨다.
- 스스로에게 편지를 쓰는 것은 자기 격려의 방법 중 하나이다. 교수자는 학생들이 자신을 격려하기 위한 다른 수단들(온라인 일기 쓰기, 긍정적인 혼잣말하기 등)도 활용하도록 장려한다.

5. 보충 활동(선택 사항)

활동	내용	권장 사항
'인생관' 노래 대회	**목표: 노래를 통해 인생관을 표현한다.** 점심시간이나 주말 동안 '인생관'을 주제로 노래 대회를 개최한다. 학생들이 하나의 노래를 고르고 그 노래(모든 종류의 노래 가능)를 활동 시간 동안 부를 수 있도록 지도한다.	• 학생들은 가치와 무관하게 자신이 좋아하는 노래를 고를 수 있다. 교수자는 학생들이 반드시 자신이 선택한 가치에 부합하는 노래를 선택해야 함을 강조한다. 이는 학생들이 최신 유행 가요를 넘어 다양한 음악을 선택지로 고려하도록 돕는다. • 몇몇 노래를 예시로 골라 쉬는 시간에 틀어 주고 가사를 칠판에 적음으로써 학생들이 자신이 알고 있는 노래 외 다른 노래에 대한 아이디어를 얻을 수 있도록 돕는다.

부록 12-1

활동지: 인생관

이름: ______________________

자신이 추구하고자 하는 '인생관' 세 가지를 골라 안쪽 원 안에 '✓'로 표시해 주세요.

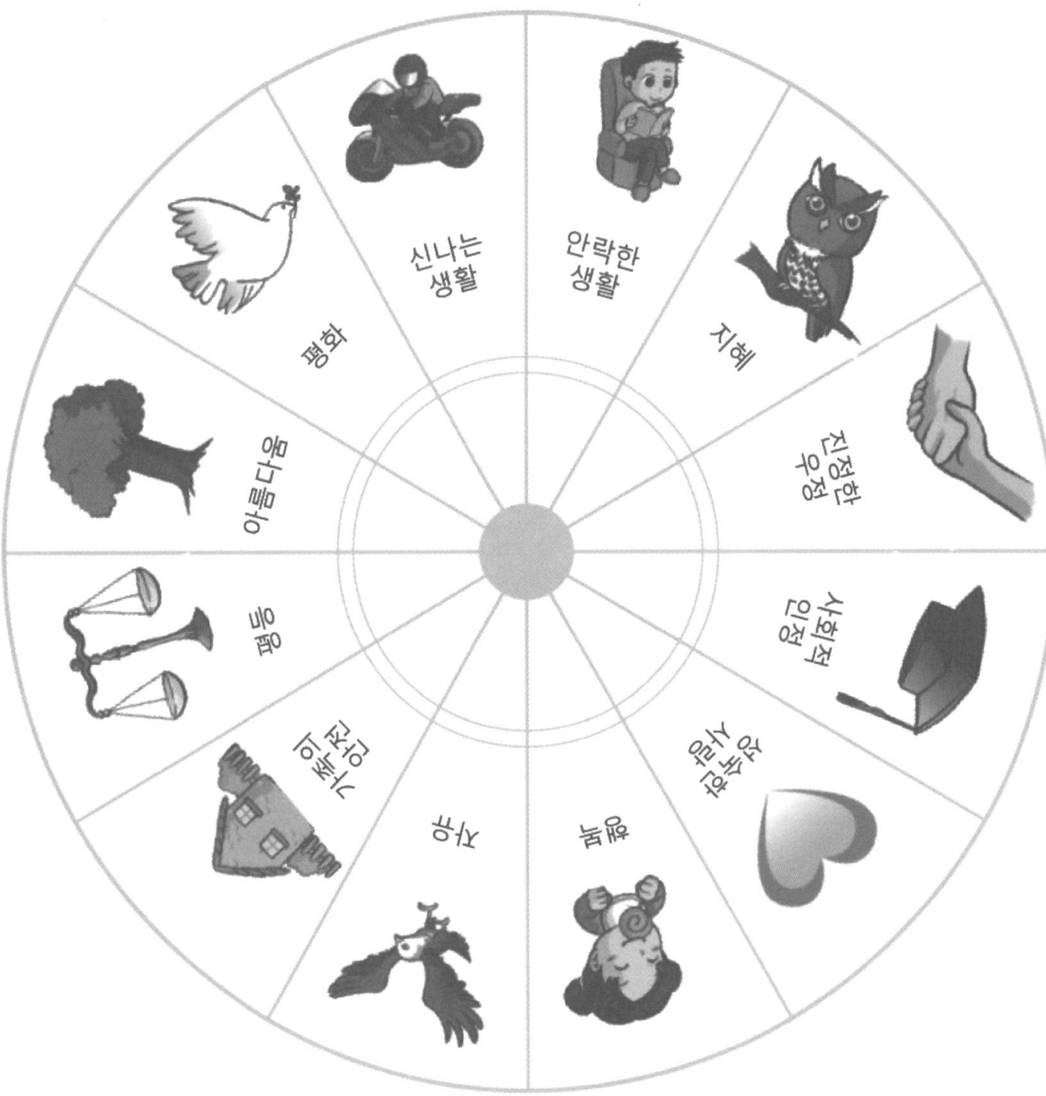

부록 12-2

교수자용 참고 자료: 인생관

다음은 12가지 가치에 대한 설명입니다.

가치	설명
안락한 생활	풍요로운 생활
지혜	인생에 대한 성숙한 이해
진정한 우정	친밀한 우애
사회적 인정	존경과 칭찬
성숙한 사랑	성적, 정서적 친밀감
행복	만족스러운 삶
자유	독립성, 자유로운 선택
가족의 안전	사랑하는 사람을 돌보는 것
평등	기회의 균등
아름다움	자연과 예술의 아름다움
평화	전쟁과 갈등의 부재
신나는 생활	자극적이고 활동적인 생활

〈참고 문헌〉

Rokeach, M. (1973). *The Nature of Human Values*. New York: Free Press.

홍은실, 황덕순(1996). 도시주부의 일반적인 가치경향과 가치유형: Rokeach의 가치측정항목 사용. **대한가정학회지, 34(6)**, 81-98.

부록 12-3 활동지: 나에게 보내는 편지

이름: ______________________

날짜: ____________________

______________________에게,

오늘, 나는 내가 가장 추구하고자 하는 가치인 ______________________, ______________________, ______________________을/를 발견했어.

사람들은 항상 나에게 ____________________에 대해 비판하며, "______________________________ ______________________________"(이)라고 말해.

하지만, 내가 추구하고자 하는 가치를 발견하고 난 후에 나는 내가 가장 소중히 여기는 가치를 실천하기 위해 일상생활에서 ____

____

____

____을/를 할 수 있다는 점을 알게 되었어.

마지막으로 나는 내가 가장 추구하고자 하는 가치인 ______________________________, ______________________, ______________________을/를 반복하면서 편지를 마무리하고 싶어. 앞으로 ________________________________하기를 바랄게.

______________________로부터.

부록 12-5 교수자용 참고 자료: "나에게 소중한 가치 파악하기" 설명 예시

만약 학생들이 자신이 선택한 가치를 실천하는 방법을 파악하기 어려워한다면, 학생들에게 영감을 제공하기 위해 다음의 내용을 활용할 수 있습니다.

내용	추천 설명
1. 배움에 정진하기	단순히 교과서의 내용을 공부하는 것을 넘어 일상생활에서 많은 것을 성실히 배우기
2. 열린 마음 가지기	인내를 갖고 넓게 사고하기
3. 학습 역량 개발하기	충실히 배우고 배운 내용을 일상생활에 접목하기
4. 근심, 걱정으로부터의 자유	행복하게 살기
5. 깔끔하게 살기	복장을 단정히 입고 개인 위생을 청결히 유지하기
6. 용감하게 책임지기	책임감을 갖고 자신이 믿는 가치관에 따라 살기
7. 용서하기	다른 사람의 입장이 되어 용서하고 이해하기
8. 타인을 도우며 살기	다른 사람을 배려하고 언제든지 도움을 건넬 마음의 준비해 두기
9. 정직하게 살기	생각, 말, 행동(선한 의도와 언행)의 일관성 유지하기
10. 상상력 펼치기	창의적이고 대담하게 '틀에서 벗어난' 사고하기
11. 독립적으로 살기	독립적으로 자기결정 능력을 발휘하며 살기
12. 자신에 대해 잘 알기	스스로의 생각과 행동을 성찰하고 자신의 강점을 발휘하고 자신의 단점을 성찰하기
13. 논리적으로 살기	효과적인 추론 기술 연습하기
14. 사랑하며 살기	타인에 대한 염려와 사랑 표현하기
15. 주어진 역할에 충실하기	윗사람을 공경하고 동료를 존중하며, 책임을 다하기 위해 노력하고, 맡은 바 임무를 완수하기 위해 최선을 다하기
16. 정중한 태도로 살기	말과 행동에 겸손하고 정중한 태도가 담기도록 노력하기
17. 신뢰할 수 있는 사람 되기	책임감 있고 신뢰할 수 있는 사람 되기
18. 자기 통제	자제력을 발휘하고 자신만의 규칙을 실천하며 살기

부록 12-6 성장 확인 질문

이름: ______________________ 반: ______________________ 날짜: ______________________

1. 수업 과제

1) 사람들이 나의 학업 성적이나 외모만을 기준으로 나에 대해 판단할 때 어떤 감정을 느끼나요? 그 이유는 무엇인가요?

2) 다른 사람이 어떤 방식으로 나를 칭찬해 주었으면 좋겠나요?

3) 스스로를 격려하기 위해 자주 사용할 수 있는 문구를 생각해서 적어 보세요.

2. 숙제

1) 현재 가장 추구하고자 하는 세 가지 가치에 대해 적어 주세요.

2) 위 질문에 대한 답변에 이어, 세 가지 가치를 선택한 이유를 적어 주세요.

3) 일상생활에서 내가 선택한 가치들을 실천하며 살기 위해서는 어떻게 해야 할까요?

소단원 2

나의 동반자

1. 소단원 목적

긍정적인 자기상을 강화하기 위해 상호 지지적인 환경을 구축한다.

2. 학습 목표

자신과 유사한 인생관을 가진 급우를 파악한다.

3. 수업 내용

활동	절차
1. 준비 활동: 나의 동반자(8분) ▷ **교수자료** - [부록 12-1] 활동지: 인생관	1. 학생들에게 지난 활동에서 걷었던 '인생관' 활동지를 다시 나누어 준다. 2. 학생들에게 5분의 시간을 주고 자신과 동일한(또는 유사한) 가치를 적은 급우들을 파악하고, 4명씩 모둠을 형성하도록 지시한다. 3. 모든 모둠 구성원이 세 가지의 동일한 가치를 공유하기를 권장한다. 시간이 부족하다면 상황에 따라 두 가지 또는 한 가지 가치를 공유하는 것으로 조정할 수 있다. 자세한 내용은 세부 지도 사항을 참고한다. 4. 같은(또는 유사한) 가치를 적은 급우와 모둠 구성을 마친 후, 학생들은 모둠 구성원들과 함께 해당 가치를 선택한 이유에 대해 공유할 수 있다.
2. 모둠 창작 활동: 우리의 마스코트(15분) ▷ **교수자료** - 흰색 도화지, 색상 펜	**목표: 긍정적인 자기상을 강화하기 위해 상호 지지적인 환경을 구축한다.** 1. 각 모둠에 흰색 도화지와 색상 펜을 배부한다. 2. 각 모둠에게 10분 동안 다음의 과제를 완수해 보도록 지시한다. • 모둠 구성원이 공유하는 가치 중 하나를 선택한다. • 선택한 가치를 나타내는 마스코트나 상징, 또는 아이콘을 디자인한다. 3. 학생들에게 다음과 같이 설명한다. • 지금 진행하는 활동의 목적은 경쟁이 아니라, 서로 다른 마스코트, 상징, 또는 아이콘을 만듦으로써 구체화한 가치를 잘 추구하며 살아갈 수 있도록 여러분 모두를 격려하는 것입니다. 4. 각 모둠에게 디자인을 소개하고 그 의미에 대해 설명하도록 지시한다. 5. 각 모둠의 설명이 끝나면 전체 학생들이 박수갈채를 보내도록 지시함으로써 상호 지지적인 환경을 조성한다.

3. 결론(2분)	다음의 결론을 학생들에게 전달한다. • 공자는 저서 『논어』에서 '덕이 있는 사람은 외롭지 않으니, 반드시 그 이웃이 있다'고 말했습니다. 마음을 열고 주변을 바라보면, 자신과 같은(또는 유사한) 긍정적인 가치를 추구하는 친구를 발견할 수 있습니다. • 상호 지지와 격려를 통해 모든 사람들은 건강하고 긍정적인 자기상을 갖고 살아갈 수 있습니다.
4. 마무리 활동(5분) ▷ **교수자료** - [부록 12-7] 성장 확인 질문	1. 성장 확인 질문을 공유하고 학생들이 소단원 활동을 돌아볼 수 있도록 유도한다. 2. 소단원 활동에 대한 학생들의 참여를 칭찬한다.

4. 세부 지도 사항

1) 준비 활동

- 만약 학생들이 비슷한 인생관을 가진 급우를 찾는 과정에서 학급에 혼란이 발생할 것으로 예상된다면, 다른 방식으로 모둠을 나눌 수 있다. 예를 들어, 학생들에게 '성숙한 사랑'을 선택한 경우 손을 들어 보도록 지시하고, 손을 든 학생들끼리 같은 모둠을 구성하도록 만들 수 있다. 그러나 학생들이 '같은 목표를 가진 친구를 파악하는 과정'을 직접 경험해 볼 수 있도록 스스로 모둠을 구성하는 방법을 권장한다.
- 각 모둠의 구성원들은 최소한 하나 이상의 가치를 공유해야 한다. 교수자는 상황에 따라 모둠 구성원의 수를 조정할 수 있다. 예를 들어, 몇몇 모둠은 다섯 명의 학생으로 구성될 수 있다.
- 교수자는 학생들이 모둠 구성원을 찾는 과정에서 쉽게 낙담하지 않을 수 있도록 격려해야 한다.
- 만약 학생들이 유사한 가치를 가진 급우를 찾기 어려워한다면, 학생들에게 자신이 추구하고자 하는 네 번째 또는 다섯 번째 가치를 질문할 수 있다. 이 상황에 놓인 학생들에게는 급우의 수가 제한적이기 때문에 완전히 동일한 가치를 가진 학생들을 찾기 어려울지라도 다른 학급이나 학교에서는 동료를 찾을 수 있다는 점을 설명한다.
- 이 활동의 목적은 동일한 가치를 가진 동반자를 발견하는 것일 뿐 가치가 다른 학생들을 배제하기 위한 것이 아니다. 교수자는 매 순간마다 각 모둠이 서로를 배척하고 있지

는 않은지 주의를 기울이고, 각자의 인생관은 모두 의미 있으며 비교는 불필요하다는 점을 강조해야 한다.

2) 우리의 마스코트

- 시간 여유가 있다면, 각 모둠에게 마스코트, 상징, 또는 아이콘에 맞는 슬로건을 만들어 보도록 지시할 수 있다. 슬로건 또한 선택한 가치에 부합하고 마스코트, 상징, 또는 아이콘의 의미를 강조할 수 있게 만들어져야 한다.
- 이 활동의 목적은 서로의 활동 결과물을 비판하는 것이 아닌 각 학생의 긍정적 가치를 강화하고, 상호 지지하고 존중과 격려가 존재하는 환경을 구축하는 것이다. 각 모둠이 발표를 마친 후, 교수자는 학생들이 각자의 창작물에 대해 박수갈채를 보내며 격려할 수 있도록 지도한다.
- 교수자는 각 모둠이 창조한 마스코트, 상징, 또는 아이콘을 학급 게시판에 전시함으로써 학생들에게 지속적으로 그 의미를 상기시킬 수 있다.

5. 보충 활동(선택 사항)

활동	내용	권장 사항
세계의 마스코트	**목표: 타인의 가치를 인정하는 방법을 배운다.** 학생들에게 신문 기사, 잡지나 온라인 사이트를 통해 세계적인 스포츠 대회(올림픽, 아시안 게임, 월드컵 등)의 마스코트를 조사해 보고, 이 마스코트가 나타내는 가치들을 찾아보도록 지시한다. 학생들은 또한 운동선수들이 이 대회에 참여하는 동안 해당 가치에 대해 어떻게 받아들였는지를 알아볼 수 있다.	

부록 12-7 성장 확인 질문

이름: ____________________ 반: ____________________ 날짜: ____________________

1. 수업 과제

1) 같은 반 급우 중 나와 유사한 인생관을 가진 사람은 누구인가요?

2) 사람들은 왜 상호 지지를 위해 유사한 가치를 가진 급우나 친구를 찾아야만 할까요?

3) 급우들과 공유하는 가치에 대해 이야기하고 난 이후 느꼈던 감정은 무엇인가요?

2. 숙제

1) 인생관을 추구하는 과정에서 친구의 지지가 있는 것과 없는 것 사이에는 어떤 차이가 있을까요?

2) 또래 친구들이 나에게 어떤 지지를 보내 주면 좋겠다고 생각하나요? 간단히 묘사해 보세요.

3) 반대로 나는 또래 친구들에게 어떤 방식으로 지지를 보낼 수 있을까요? 간단히 묘사해 보세요.

대단원 13

미래에 대한 신념

들어가며

청소년기 미래에 대한 신념을 발달시키는 첫 번째 단계는 청소년들이 자신의 미래를 희망적이고 낙관적으로 바라볼 수 있도록 돕는 것이다. 즉, 청소년들로 하여금 미래를 위한 목표와 계획을 세우고, 가치관 형성, 자신감 향상, 자기통제 능력이나 내적 동기 형성 등 목표를 성취하기 위한 자질을 갖추도록 도우며, 어려움을 마주할지라도 다양한 방법으로 목표를 성취하기 위해 노력하도록 독려하는 것이다.

여러 연구진에 따르면, 미래에 대한 신념을 가진 청소년들은 강한 내적 동기를 가지고 있고, 열정적이며, 자신감 있고, 목표를 이루는 과정에서 마주하는 어려움을 기꺼이 감수하며, 스스로를 가치 있게 여기고, 우울 수준이 낮으며, 학업 성취도가 더 높은 것으로 나타났다. 또한 낙관적인 학생은 비관적인 학생보다 문제 중심 대처 능력이 더 뛰어난 것으로 밝혀졌다.

그러나 과도하게 낙관적이거나 비관적인 것 또한 좋지 않다. 과도하게 낙관적인 사람들은 앞으로 오직 좋은 일들만 일어날 것이라고 기대하며 어려운 상황에 대한 대비를 거의 하지 않는다. 과도하게 비관적인 사람들은 자신의 부정적인 태도에 휩쓸려, 문제 해결 능력을 발휘하지 못하고 문제 해결의 가능성을 스스로 제한한다. 미래에 대한 청소년들의 관점은 과거나 현재의 긍정적인 또는 부정적인 사건을 해석한 방식에 따라 영향을 받을 수 있다. 따라서 청소년들이 자신이 현재 어떤 신념을 가지고 있는지 인식하도록 돕는 것은 미래에 대한 건강한 신념의 발달을 위해 필수적이다.

Level 2 과정에서 대단원 '미래에 대한 신념'은 네 개의 소단원으로 구성되어 있다. 소단원 1을 통해 학생들은 결과의 좋고 나쁨과 관계없이 학업 성적을 마주해야 함을 이해하고 자신을 평가함으로써 단기적인 학습 목표를 세우는 방법을 배운다. 소단원 2를 통해 학생들은 보상이 스스로를 격려하는 수단으로서 학생들이 목표를 성취하도록 돕는 동력이 될 수 있음을 이해한다. 학생들은 또한 목표를 성취하기 위해 효과적인 보상 계획을 세우는 방법을 탐구한다. 소단원 3을 통해 학생들은 목표를 달성하기 위해서 인내와 끈기가 필요하다는 사실을 이해한다. 소단원 4를 통해 학생들은 목표를 성취하는 과정에서 마주하는 장애물을 직면하고 그에 대처하는 방법을 배운다.

개관

소단원	소단원 목적	학습 목표
앞으로 나아가자 (30분)	결과의 좋고 나쁨과 관계없이 학업 성적을 마주해야 함을 이해하고, 자신을 평가함으로써 단기 학습 목표를 설정하는 방법을 배운다.	1. 학업 성적을 직면하는 방법과 자신을 평가하고 개선하는 방법을 배운다. 2. 단기 학습 목표를 설정한다.
재미있게 나아가자 (30분)	학습 목표를 성취하기 위한 보상 계획을 세운다.	1. 목표를 성취함에 있어 보상이 갖는 중요성을 이해한다. 2. 효과적인 보상 계획 세우는 방법을 배운다.
절대 포기하지 마 (30분)	목표를 성취하기 위해 인내와 끈기가 필요하다는 점을 이해한다.	1. 목표를 성취하기 위해 인내와 끈기가 필요하다는 점을 이해한다. 2. 유혹을 이겨 냄으로써 긍정적인 감정을 경험할 수 있음을 이해한다.
현명한 변화를 만들자 (30분)	목표를 이루는 과정에서 나타나는 장애물을 마주하고 그에 적절하게 대처하는 법을 배운다.	1. 목표를 이루는 과정에서 장애물이 존재할 수 있다는 점을 이해하고, 그를 긍정적인 태도로 마주하는 법을 배운다. 2. 장애물을 마주했을 때 적절하게 전략을 수정하고, 목표를 향해 지속적으로 나아가는 법을 배운다.

이 대단원에 포함된 모든 활동지 및 파워포인트 슬라이드와 영상 자료 등은 학지사 홈페이지(www.hakjisa.co.kr)에서 내려받을 수 있습니다.

소단원 1

앞으로 나아가자

1. 소단원 목적

결과의 좋고 나쁨과 관계없이 학업 성적을 마주해야 함을 이해하고, 자신을 평가함으로써 단기 학습 목표를 설정하는 방법을 배운다.

2. 학습 목표

① 학업 성적을 직면하는 방법과 자신을 평가하고 개선하는 방법을 배운다.
② 단기 학습 목표를 설정한다.

3. 수업 내용

활동	절차
1. 준비 활동(5분) ▷ **교수자료** - [부록 13-1] 파워포인트 슬라이드: 여러분의 반응은 무엇인가요 - 색지, 백지	1. 학생들을 작은 모둠으로 나누고 간단한 게임을 진행한다. 각 모둠에 색지 세 장과 백지 세 장을 포함해 총 여섯 장의 종이를 배부한다. 2. 게임의 절차는 다음과 같다. • 파워포인트 슬라이드([부록 13-1])를 재생한다. 각 모둠은 한 장의 슬라이드가 재생될 때마다 슬라이드에서 묘사된 상황 속에서 자신이 어떻게 행동할 것 같은지를 상상하고 예상되는 자신의 정서와 반응에 대해 색지나 백지에 적는다. 긍정적인 정서는 색지에 적고 그 외 정서는 백지에 적는다. • 모둠에서 지정된 한 명의 구성원은 종이를 칠판(또는 학급이 나름대로 지정한 위치)에 게시한다. 종이를 게시하고 나면 해당 모둠의 모든 구성원은 자리에서 일어난다. • 다섯 가지 상황에 대한 각 슬라이드가 재생될 때, 가장 빠르게 답변을 적어 칠판에 게시한 모둠이 그 회기에서 우승한다.

2. 모둠 토론: 멈춰서 생각해 보자**(5분)**	**목표: 학업 성적의 좋고 나쁨과 관계없이 다음을 생각하고 미래를 계획하기 위해 정서를 조절해야 한다는 점을 이해한다.** 1. 게임을 마친 후 학생들에게 "만약 좋은 성적을 받은 이후에 제가 '나의 학습 능력과 공부법은 정말 독보적이야.'라고 말한다면 여러분은 어떤 생각이 들 것 같나요?"라고 질문한다. 학생들의 의견을 듣는 시간을 가진다. 2. 사람들은 다음을 생각해야 한다는 점을 강조한다. • 신난 감정을 느낌과 동시에, 자신의 학습 역량을 개선하고 미래에 더 나은 결과를 얻을 수 있도록 노력해야 한다. 3. 이후 실패 상황에 대해 논의한다. 학생들에게 다음과 같이 질문하고 학생들의 답변을 듣는다. • 만약 나쁜 성적을 받았다면 슬프고, 화나고, 좌절하는 감정에 휩쓸리기만 할 건가요? • 이런 상황에 어떻게 대처해야 할까요? 무엇을 해야 할까요? 4. 부정적인 정서에 휩쓸려서는 안 된다는 점을 강조한다. 오히려 사람들은 긍정적인 태도로 상황을 바라보고 이를 개선할 수 있는 방법을 찾아야 한다.
3. 모둠 토론: 앞으로 나아가자**(13분)** ▷ **교수자료** - [부록 13-2] 파워포인트 슬라이드: 학업 성적의 사례 - [부록 13-3] 토론 자료: 학업 성적의 사례 - [부록 13-4] 파워포인트 슬라이드: 목표 설정의 네 가지 원칙 - [부록 13-5] 학생용 참고 자료: 목표 설정의 네 가지 원칙 - [부록 13-6] 학생용 참고 자료: 수업 광고	**목표: 자신을 평가하고 개선하며, 성적을 받은 후 단기 학습 목표를 세우는 방법을 배운다.** 1. 학생들에게 "학습 목표를 설정하기 전에 무엇을 해야 할까요?"라고 질문한다. 모범 답안은 과거의 결과를 검토하고 자신을 평가해 보는 것이다. 2. 추가적으로 "스스로를 평가할 때 어떤 태도를 가져야만 할까요?"라고 질문한다. 학생들에게 자유롭게 의견을 표현해 보도록 지시한다. 교수자는 학생들의 의견을 칠판에 적은 후 요약한다. 3. 두 등장인물의 학업 성적을 보여 주는 파워포인트 슬라이드([부록 13-2])를 재생한다. 또 두 등장인물의 사례에 대한 정보([부록 13-3])와 등장인물들이 참여할 수 있는 다양한 학습 프로그램 광고([부록 13-6])를 제공한다. 4. 각 모둠에게 등장인물의 성적과 기타 측면들에 대해 평가해 보고, 그들을 위한 단기 학습 목표를 세워 보도록 지시한다. 5. 학생들에게 학습 목표를 설정할 때 참고 자료([부록 13-5])에 언급된 네 가지 원칙을 준수해야 함을 언급한다. 네 가지 원칙은 구체성, 현실성, 성취 가능성, 시간 제한이다. 만약 시간 여유가 있다면, 파워포인트 슬라이드([부록 13-4])에 제시된 사례를 활용해 네 가지 원칙을 설명한다. 6. 각 모둠은 5분의 시간 동안 사례에 대해 논의한다. 논의를 마친 후, 몇몇 모둠에게 결과를 발표하도록 지시한다. 7. 결과 발표를 들으며 전체 학급과 함께 해당 모둠이 발표하는 단기 목표가 네 가지 원칙에 부합하는지 논의한다. 필요시 수정을 제안한다. 8. 마지막으로 학생들에게 다음의 내용을 질문하고, 결론을 내린다. • 참고 자료가 목표를 설정하는 데 도움이 되었나요? • 성적을 받은 후 스스로를 평가해 본 적이 있나요? • 여러분과 유사한 성적을 받은 급우들의 계획이 여러분에게도 잘 맞다고 생각하나요? 그 이유는 무엇인가요?

4. 결론(2분)	다음의 결론을 학생들에게 전달한다. • 성적을 받은 후 결과의 좋고 나쁨과 관계없이, 감정에 휩쓸리지 않도록 주의해야 한다. 낙관적인 태도를 유지하고 다음을 생각하며 미래를 위한 계획을 세워야 한다. 만약 좋은 결과를 얻었다면 스스로를 더 발전시킴으로써 더 나은 결과를 얻으려 시도할 수 있는 반면, 그렇지 않다면 현재에서 개선점을 만들도록 노력할 수 있다. • 계획을 세우고 목표를 설정하기 전에 결과를 분석하고, 성공 또는 실패의 이유를 객관적으로 탐색하며, 정보와 조언을 얻어야 한다.
5. 마무리 활동(5분) ▷ 교수자료 - [부록 13-7] 성장 확인 질문	1. 성장 확인 질문을 공유하고 학생들이 소단원 활동을 돌아볼 수 있도록 유도한다. 2. 소단원 활동에 대한 학생들의 참여를 칭찬한다.

4. 세부 지도 사항

1) 준비 활동

- 학생들이 성적을 확인할 때 보이는 정서는 성공과 실패에 대한 개인적인 반응과 부모의 기대가 혼재된 결과이다. 따라서 교수자는 학생들이 자신의 정서에만 초점을 맞춰 적어 볼 수 있도록 학생들을 지도해야 한다.
- 학생들은 자신을 타인과 비교하기보다는 자신의 성공 또는 실패 원인을 분석하고 새로운 목표를 세워야 한다.
- 혼란을 방지하기 위해 칠판을 여러 개의 구역으로 나누고 각 모둠의 게시 공간을 할당할 수 있다. 교수자는 또한 수거함을 준비해 둘 수도 있다.
- 칠판으로부터 멀리 떨어진 자리에 앉은 모둠의 경우 게임의 방식이 불공정하다고 느낄 수 있다. 이 경우, 슬라이드별로 종이를 게시해야 할 위치를 변경한다.
- 사고를 방지하기 위해 게임 시작 전 학생들에게 통로를 깨끗하게 정리해 두라고 지시하거나, 다른 방식으로 게임을 진행한다. 예를 들어, 쓰기를 마친 후 전체 모둠에게 자리에서 일어나거나 종이를 들어 올리거나 손을 들도록 지시할 수 있다.

2) 앞으로 나아가자

- 사례에 대한 논의를 마친 후, 교수자는 학생들에게 목표를 설정할 때 무엇을 관찰해야 하는지 질문하고 목표 설정의 네 가지 원칙을 제안할 수 있다. 만약 시간이 부족하다면, 교수자는 간단한 설명을 제공함으로써 학생들이 네 가지 원칙에 따라 논의를 진행하도록 유도할 수 있다.
- 만약 학생들이 설정한 목표가 충분히 구체적이지 않다면, 참고할 만한 몇몇 예시[부록 13-4]를 제시한다.
- 시간 여유가 있다면, 목표가 충분히 구체적이지 않을 경우 학생들과 함께 논의하고 수정한다.
- 학생들은 결과를 평가하는 것을 잊고 학습 계획을 세우는 데만 집중할 수 있다. 학생들에게 목표를 세우기 이전에 결과를 평가해야 함을 상기시킨다.
- 학생들은 목표를 설정할 때 유용할 수 있는 광고를 소홀히 여길 수 있다. 따라서 교수자는 모둠을 돌아보며 (또는 토론 전에) 광고 사용(실행 가능한 목표 설정을 위한 정보 수집용)에 대한 힌트를 제공할 수 있다.
- 학생들은 학원을 다니거나 과외를 받는 것만을 학습 목표로 삼을 수 있다. 결론을 내릴 때 스스로 정보 수집하는 것에 더해 다른 사람의 조언을 구해야 함을 강조함으로써 학생들이 선택지를 늘릴 수 있도록 지도한다.
- 학생들이 교수자의 의견을 자기평가에 그대로 적는 것을 예방하기 위해 학생들에게 평가 가능한 다른 측면들을 파악해 보도록 격려한다. 예를 들어, 점수의 변화나 품행 등이 있다.
- 몇몇 학생들은 자신의 성적을 신경 쓰지 않거나 학습 동기가 낮고, 성적이 중요하지 않다고 생각하기 때문에 논의에 관심이 없을 수 있다. 이 학생들에게 자기평가와 목표 설정의 기술이 삶의 다른 측면에도 유용할 수 있음을 알린다.
- 교수자는 학생들의 능력에 따라 의사결정을 내릴 수 있다. 만약 학생들이 뛰어난 능력을 가지고 있다면, 교수자는 학생들이 더 발전하거나 약점을 개선하도록 독려할 수 있다.
- 교수자는 학생들이 잘할 때 적절하게 칭찬할 수 있으며, 이는 물질적 보상보다 학생들의 적극적인 참여를 동기 부여하는 데 효과적이다.
- [부록 13-3]의 사례 1과 사례 2에 대해, 교수자는 일반 상식, 교양, 인문학 등을 예시로 들어 학생들의 자기평가를 도울 수 있다.

5. 보충 활동(선택 사항)

활동	내용	권장 사항
어른의 의견 들어 보기	**목표: 다른 사람의 경험을 통해 성공 또는 실패를 마주하고 목표를 설정하는 방법을 배운다.** 학생들은 어른들에게 과거의 성공과 실패 경험에 대한 인터뷰를 요청한다. 어른들에게 사건을 마주한 태도와 그 후의 결정에 대해 질문한다. 학생들은 각 인터뷰에 대한 보고서를 작성하고 교수자에게 제출한다. 보고서는 인터뷰의 내용과 그를 통해 배운 점을 포함해서 작성되어야 한다.	학생들이 이야기를 꾸며 내지 않도록 하기 위해 교수자는 학생들에게 인터뷰 대상인 어른의 동의를 구하고 인터뷰 전체를 녹음하거나, 보고서에 인터뷰 대상인 어른의 서명을 받도록 지시할 수 있다.

부록 13-3 토론 자료: 학업 성적의 사례

사례 1

이름: 정유찬　　학급: 2학년 5반　학급 내 성적 순위: 24/26

	만점: 100점, 성적 미달 기준: 50점		
과목	1학기	2학기	비고
국어	50	65	말하고자 하는 바를 글로 잘 표현하지 못함. 작문 시 구어체나 비속어를 자주 사용
영어	26	30	문법 오류가 많아 개선 필요
수학	39	57	발전 가능성이 있음. 방정식 문제를 특히 잘 풂. 단, 집중력이 부족
과학	30	27	각 주제에 맞는 용어에 주의를 기울일 필요
역사	20	22	수업 시간에 조는 경우가 많음. 정돈되지 않은 답변
체육	72	80	수업에 적극적으로 참여. 모든 종류의 스포츠에 열정을 보임
음악	65	67	노래 실력이 뛰어남
기타			
품행: 준수 상점/벌점: 상점 1 출결: 결석 無, 지각 無			

만약 여러분이 유찬이라면 위 성적표를 받은 후 스스로를 어떻게 평가할까요? 어떤 점을 알게 되며, 앞으로 어떤 계획을 세우게 될까요?

1. 어떤 점이 개선되어야 할까요?
2. 어떤 점에서 좋은 성과를 보이고 있나요?
3. 약점을 어떻게 개선해야 할까요? 지금보다 더 발전하기 위해서는 어떻게 해야 할까요?

사례 2

이름: 차하민　　학급: 2학년 1반　학급 내 성적 순위: 3/25

	만점: 100점, 성적 미달 기준: 50점		
과목	1학기	2학기	비고
국어	88	85	집중력이 뛰어남. 듣기 연습이 필요
영어	81	79	열정적인 태도를 보임. 문법에 대한 기초 지식이 뛰어남. 회화에 자신감을 가질 필요
수학	88	93	전반적으로 뛰어난 성과를 보임. 심화 문제 풀이에 도전해 보기를 권장
과학	93	82	꾸준히 노력하면 좋은 성적을 유지할 것으로 보임
역사	85	90	집중력과 답변을 논리적으로 정리하는 능력이 뛰어남
체육	85	65	적극적인 태도 부족
음악	70	70	음악적 감각이 좋아 발전 가능성이 있음
기타			
품행: 준수 상점/벌점: -- 출결: 결석 無, 지각 5회			

만약 여러분이 하민이라면 위 성적표를 받은 후 스스로를 어떻게 평가할까요? 어떤 점을 알게 되며, 앞으로 어떤 계획을 세우게 될까요?

1. 어떤 점이 개선되어야 할까요?
2. 어떤 점에서 좋은 성과를 보이고 있나요?
3. 약점을 어떻게 개선해야 할까요? 지금보다 더 발전하기 위해서는 어떻게 해야 할까요?

부록 13-5 학생용 참고 자료: 목표 설정의 네 가지 원칙

구체성

구체적인 목표와 수단을 정해야 한다. 대략적인 목표를 넘어 목표 달성을 위한 세부적인 절차도 정립해야 한다.

현실성

목표는 현실적이고 달성 가능해야 한다.

성취 가능성

목표는 자신의 역량이 감당할 수 있는 범위 내에서 설정해야 한다.

시간 제한

목표는 구체적으로 사전에 설정된 기간 내에 달성되어야 한다.

부록 13-6 학생용 참고 자료: 수업 광고

2024 Global Education Center

국제교육교류센터 홈페이지 접속 QR코드

2024년 1학기

국제교육교류센터 프로그램 신청 안내

- ⊙ 운영 기간: 2024. 3. 30.(토) ~ 6. 28.(금) 12주간, 5월 2주차 제외
- ⊙ 운영 장소: 세종시 한누리대로 2275(알파메디컬 센터) 3층
- ⊙ 신청 기간: 3. 11.(월) ~ 3. 21.(목) 18:00까지 (11일간)
- ⊙ 신청 방법: 국제교육교류센터 누리집 www.sje.go.kr/global_eduhub/main.do
  "외국어교육지원-프로그램신청-학생 탭"에서 신청
  ※ 신청자가 정원을 초과할 시 무작위 추첨합니다.
- ⊙ 발표 안내: 2024. 3. 25.(월) 17시 이후 개별 문자 안내 및 누리집에 공지
- ⊙ 기타 문의: 국제교육교류센터 담당교사 (044-998-2292~3)

Ⅰ. 평일 프로그램

대 상	과정명	운영요일	수업기준	내 용	모집인원
초등 5~6학년 (주1회, 대면 16:00~17:20)	English Jump up	월	기초 - 중급	다양하고 재미있는 학습자료를 활용해 영어 의사소통, 발표 능력과 읽기, 쓰기를 학습	15명
		수			15명
초등 5~6학년 (온라인 8회 / 대면 4회 16:00~17:20)	온앤오프 Daily English	화	중급 - 심화	다양한 주제의 영어 글쓰기를 배우고 온라인 결과물을 완성하는 수업 ※ 대면 수업 - 4월 16일, 5월 14일, 6월 4일, 6월 25일	15명
초등 3~4학년 (주1회, 대면 16:00~17:20)	(평일) Story Book Time	목	기초 - 중급	재미있는 영어 이야기 책을 읽고 이를 활용하여 관련 어휘 및 문장을 학습	15명
중학교 1~3학년 (주1회, 대면 17:30~19:00)	데일리 영어 마스터	목	중급 - 심화	다양한 학습자료와 활동을 통해 회화 및 문법 실력을 발전시켜 영어로 명확하고 효과적으로 의사소통하는 법을 학습	15명
중학교 1~3학년 (주1회, 대면 17:30~19:00)	(평일) 귀국학생반	수	중급 - 심화	공식적인 자리에서 발표와 토론하는 방법을 배우고 관심 분야에 대해의견과 생각을 자신있게 말할 수 있도록 연습하는 수업	15명
관내 학부모 (주1회, 대면 10:40~12:00)	테마가 있는 영어 회화	화	기초 - 중급	상황별, 주제별 실질적으로 활용할 수 있는 기초영어회화 프로그램	15명

※ 세부 프로그램 운영계획은 변경될 수 있음(자세한 내용 센터 홈페이지 참조)

Ⅱ. 토요 프로그램

대 상	과정명	내 용	모집인원
초등 3~4학년 (토, 대면 11:30~12:50)	(토요) Story Book Time	재미있는 영어 이야기 책을 읽고 이를 활용하여 관련 어휘 및 문장을 학습	15명
초등 5~6학년 (토, 대면 11:30~12:50)	기초 중국어	기초 수준의 제2외국어를 배우고 이를 활용하여 간단한 실용 회화를 구사할 수 있도록 배우는 수업과 더불어 다양한 세계의 문화를 언어를 통해 접해볼 수 있는 기회 제공	15명
	기초 일본어		15명
중학교 1~3학년 (토, 대면 13:30~15:00)	(토요) 귀국학생반	공식적인 자리에서 발표와 토론하는 방법을 배우고 관심 분야에 대해 의견과 생각을 자신있게 말할 수 있도록 연습하는 수업	15명

세종특별자치시교육청
SEJONG CITY OFFICE OF EDUCATION
국제교육교류센터

세계로 넘나드는 배움

경상북도교육청
Gyeongsangbuk-do Office of Education

중학 수학 학습지원 플랫폼

따뜻한 경북교육 온중학교

모든(온) 중학생을 위한 따뜻한(溫) 온라인 학습 공간

기간: 연중(방학 기간도 운영)

대상: 도내 전 중학생(※희망 학생 자율 참여)

장소: 유튜브 채널 채널명 | 온중학교

* 1개의 채널에서 학년별 수업 영상 시청

운영 과정: 중학교 수학 수준별 학습반 운영(개념학습반/탐구학습반)

운영 방법: 실시간 수업 + 쌍방향 학습 지원

시간 운영 계획

시간(분)	학년	월	화	수	목
오후 9:00~9:30 (30분)	1	개념	개념	탐구	탐구
	2	개념	개념	탐구	탐구
	3	개념	개념	탐구	탐구

참여 방법

1 온중학교 홈페이지에서 유튜브 수업 채널로 이동

온중학교.com

2 유튜브 검색창에 **온중학교** 입력
→ 로그인 없이 바로 학습 가능

* 모바일로도 학습가능 *

'보컬' 진로체험
자신감도 UP! 노래 실력도 UP!
• 일시 : 6월 22일(토) 10:00~11:50 (초)
6월 22일(토) 13:00~14:50 (중)
• 대상 : 초등 5~6학년 / 중학생
• 장소 : 에스아이실용음악학원
• 내용 : '보컬' 진로체험
-보컬 진로 직업 이해
-보컬 발성 연습 및 기초 트레이닝
• 신청 : 서구진로교육지원센터
(http://seogujinro.or.kr/ 전화접수 불가)
• 접수기간 : 6월 11일(화) 10:00~ 선착순 접수마감

상상더이상 NAMYANGJU CITY

2023남양주시 진로N 자기주도학습코칭

전문가와 함께하는 소그룹(1 : 4) 맞춤형 자기주도학습코칭! 신청하세요:D

신청기간 2023. 5. 1.(월) 09:00 ~ 2023. 5. 10.(수) 13:00

* 추첨 결과 5. 10.(수) 17:00 발표 예정

신청대상 관내 초등5 ~ 중등2학년 학생 80명

신청방법 인재육성지원센터 홈페이지 접수(추첨제)
https://www.nyj.go.kr/youth/futurenedu/168

운영기간 2023. 5. 20.(토) ~ 2023. 6. 27.(화)

* 5. 20.(토) 15 : 00 ~ 17 : 30 학생 & 보호자 필수 참여

프로그램 내용

회차		내용
1회차	5/20(토) 15:00 ~ 17:30	오리엔테이션, MLST 결과 해석, 프로그램 운영 시 학생 & 보호자의 역할, 동기부여
2회차	5/23(화) ~ 5/25(목) 중 신청일	개인별 검사 결과에 대한 학습 습관 분석, 목표설정, 진로 의사결정 등
3회차	5/30(화) ~ 6/1(목) 중 신청일	시간관리 전략, 플래너 작성 훈련
4회차	6/7(수) ~ 6/13(화) 중 신청일	집중력 향상 전략, 학습 환경 구성 전략
5회차	6/14(수) ~ 6/20(화) 중 신청일	책 읽기 기술, 기억력 향상 전략 ※6/20(화) 별빛도서관의 경우 온라인 ZOOM 수업으로 진행
6회차	6/21(수) ~ 6/27(화) 중 신청일	사후검사 결과지 해석 및 프로그램 종료 후 유지 방법 안내

2 ~ 6회 프로그램 종료 후 오픈카톡방으로 피드백 예정

2~6회차 1:4 맞춤형 프로그램 일정

요일	화		수		목	
장소	별빛도서관		이석영뉴미디어도서관		정약용도서관	
대상	초등(5~6)	중등(1~2)	초등(5~6)	중등(1~2)	초등(5~6)	중등(1~2)
17:00 ~ 18:30	1팀	1팀	1팀	1팀	1팀	1팀
18:40 ~ 20:10	1팀	1팀	1팀	1팀	2팀	1팀
20:20 ~ 21:50	1팀	1팀	1팀	1팀	1팀	2팀

팀 배정은 추첨순으로 선호 시간대에 맞추어 진행되므로 학년이 혼재될 수 있습니다.

프로그램 관련 문의 남양주시 미래교육과 진로교육팀 인재육성지원센터 ☎ 031-590-1462

부록 13-7 성장 확인 질문

이름: ____________________ 반: ____________________ 날짜: ____________________

1. 수업 과제

1) 결과에 관계없이 성적을 받은 이후에 어떻게 반응해야 할까요?

2) 학습 목표를 세우기 전에 무엇을 해야 할까요?

3) 학습 태도가 중요하다고 생각하나요? 왜 그렇게 생각하나요?

2. 숙제

1) 만약 여러분이 어떤 회사의 임원으로서 신입사원 채용을 위해 지원자의 면접을 보게 된다면, 학업 성적은 좋지만 품행이 나쁜 지원자와 학업 성적은 부진하지만 품행이 우수한 지원자 중 어떤 지원자를 더 긍정적으로 평가할까요?

2) 질문에 대한 답변의 근거는 무엇인가요?

소단원 2

재미있게 나아가자

1. 소단원 목적

학습 목표를 성취하기 위한 보상 계획을 세운다.

2. 학습 목표

① 목표를 성취함에 있어 보상이 갖는 중요성을 이해한다.

② 효과적인 보상 계획 세우는 방법을 배운다.

3. 수업 내용

활동	절차
1. 준비 활동(1분)	학생들에게 다음의 내용을 질문한다. • 선물이나 보상을 받을 때 어떤 감정을 느끼나요? • 스스로에게 보상을 주는 걸 좋아하나요? 그 이유는 무엇인가요? 스스로에게 주로 어떤 방식으로 보상을 주나요?
2. 모둠 게임과 학급 경험 공유: 고리 만들기 **(12분)** ▷ **교수자료** - [부록 13-8] 교수자용 참고 자료: 고리 만들기 - [부록 13-9] 학생용 참고 자료: 고리 만들기 활동 지침 카드 - A4 용지, 자, 펜, 가위, 풀	**목표: 목표를 성취함에 있어 보상이 갖는 중요성을 이해한다.** 1. 학생들을 작은 모둠으로 나눈다. 활동은 1부와 2부로 나누어서 진행된다. 구체적인 절차를 파악하기 위해서 [부록 13-8]을 참고한다. 2. 게임을 시작하기 전, 학생들에게 활동의 목표가 '고리를 만드는 것'이라고 말한다. 3. 게임의 1부를 진행한 후, 학생들에게 고리를 만들면서 느낀 감정에 대해 질문한다. 4. 학생들에게 다음의 내용을 질문한다. • 1부를 진행하면서 어떤 생각을 하고 어떤 감정을 느꼈나요? 어떤 질문이 떠올랐나요? • 2분 동안, 지시를 따르는 것을 포기하고 싶거나 거부하고 싶다는 생각을 했던 적이 있나요? 포기하거나 또는 포기하지 않은 이유는 무엇인가요?

	5. 질문에 대한 학생들의 답변을 들은 후, 전체 모둠에 다시 종이 고리를 만들도록 지시한다. 고리 만들기를 시작하기 전 학생들에게 A4 용지 몇 장을 배부한다([부록 13-9]). 6. 게임의 2부를 마친 후, 학생들에게 다음의 내용을 질문한다. • 활동 지침 카드를 받은 후 어떤 감정을 느꼈나요? • 활동 지침 카드에 적힌 보상이 고리를 만들고자 하는 의지를 북돋아 주었나요? 즉, 목표를 성취하는 데 도움이 되었나요? • 종이 고리가 급우에 대한 칭찬과 격려의 선물이 되었을 때 어떤 감정을 느꼈나요? 7. 학생들의 답변을 요약하고 다음과 같이 결론을 내린다. • 목표는 모든 과정의 일부이며, 사람들은 목표를 성취하기 위해 최선을 다해 계획을 실천해야 합니다. 8. 학생들의 반응을 확인하고 활동을 다음과 같이 정리한다. • 목표를 성취하기 위해서는 끈기가 필요하다. 낙담하는 상황에서도 끈기를 잃지 않기 위해 노력해야 합니다. • 보상은 목표 달성을 위해 스스로를 격려하고 동기 부여하는 수단이 될 수 있습니다. • 보상을 얻는 것 외에도 목표를 성공적으로 이루기 위한 인내심은 자기상에 긍정적인 영향을 미칩니다. 예를 들어, 급우에게 줄 선물을 만드는 것은 우정을 강화하는 데 도움이 됩니다. 이런 감정은 스스로를 동기 부여하고 보람을 느끼는 데 중요하며 유용합니다.
3. 모둠 토론: 지수의 고민**(10분)** ▷ **교수자료** - [부록 13-10] 파워포인트 슬라이드: 지수의 문제 - [부록 13-11] 토론 자료: 지수의 문제	**목표: 보상 계획을 고안하기 위해 필요한 핵심 요소를 이해한다.** 1. 파워포인트 슬라이드([부록 13-10])를 재생하거나 같은 내용의 토론 자료([부록 13-11])를 배부한다. 이야기의 주인공인 지수는 단기 학습 계획을 세웠다. 전체 모둠에게 지수의 목표 성취를 돕기 위해 지수를 격려할 수 있는 보상 계획을 세워 보도록 지시한다. 2. 학생들에게 계획을 세울 수 있는 시간을 준다. 이후 두세 모둠을 무작위로 선택하고 의견을 발표해 보도록 지시한다. 3. 선정된 모둠이 의견을 발표하는 동안, 다른 학생들에게 다음을 정리해 보도록 지시한다. • 보상을 통해 지수를 도울 수 있는 방법 • 이와 같은 보상을 고안한 이유 • 보상을 고안하는 과정에서 고려했던 것 4. 동시에 학생들에게 다른 모둠의 발표에 대한 생각을 말해 보도록 지시한다. 예를 들어, 다음과 같은 질문에 대한 답을 들어 볼 수 있다. • 다른 모둠이 고안한 보상이 매력적인가요? • 보상 계획이 성취하기 너무 어렵지는 않나요? • 효과적인 보상 계획일까요? 5. 교수자는 학생들의 의견을 칠판에 적고 전체 학급과 이 의견에 대해서 추가적으로 논의한다.

	6. 마지막으로 학생들이 다음의 질문에 대한 답을 생각해 볼 수 있도록 지도한다. 모범 답안은 '지수는 자신의 끈기를 알아차리고 영어 공부의 재미를 깨달을 것이다'이다. • 학습 목표를 달성하는 것은 지수에게 어떤 의미가 있을까요? • 목표를 달성했을 때 지수는 어떤 기분을 느낄까요? 7. 학생들이 지수를 위한 보상 계획을 세운 경험을 토대로 자신을 위한 보상 계획도 세우고 실천하도록 격려한다.
4. 결론(2분)	다음의 결론을 학생들에게 전달한다. 1. 보상은 스스로를 격려하는 수단으로서 사람들이 목표를 성취하도록 동기 부여하는 데 도움이 된다. 2. 목표를 성취하기 위한 보상 계획을 세울 때 다음의 내용을 고려해야 한다. • 보상 계획이 목표를 달성하도록 스스로를 돕고 격려하는 데 효과적인가? • 보상 계획이 어떻게 목표를 달성하는 데 도움이 되는가? • 보상이 현실적이고, 실용적이고, 매력적인가? 3. 보상이 반드시 물질일 필요는 없다. 보상은 휴식 시간이나 유튜브를 보는 것 등이 될 수 있다. 4. 학생들이 목표를 이루기 위한 자기 보상 계획을 실천하는 과정에서 동기의 중요성을 체험할 수 있도록 독려한다.
5. 마무리 활동(5분) ▷ **교수자료** - [부록 13-12] 성장 확인 질문	1. 성장 확인 질문을 공유하고 학생들이 소단원 활동을 돌아볼 수 있도록 유도한다. 2. 소단원 활동에 대한 학생들의 참여를 칭찬한다.

4. 세부 지도 사항

1) 고리 만들기

- 고리를 만드는 중간에 자료를 나누어 주는 것은 질서에 혼란을 야기할 수 있다. 교수자는 자료와 활동 지침 카드를 활동의 절차를 설명하기 이전에 배부할 수 있다. 활동 시작 이전에 고리를 미리 만드는 것을 방지하기 위해, 설명을 진행하는 동안 모든 학생들에게 손을 들도록 요청한다.
- 학생들이 두 개의 활동 지침 카드 사이의 가장 큰 차이점이 보상의 존재라는 점을 발견할 수 있도록 지도한다.
- 교수자는 전체 모둠에게 종이 고리에 모둠 구성원의 단기 목표와 장기 목표를 적어 보

도록 지시할 수 있다. 고리를 만든 후 학생들에게 적은 내용을 모둠 구성원과 공유하도록 지시함으로써 활동을 더 의미 있게 만들 수 있다. 학생들이 목표를 성취하는 것의 가치와 의미, 또한 목표를 이루기 위해 나아가는 과정에서 긍정적인 감정을 경험하는 것의 중요성을 이해할 수 있도록 돕는다.

- 보상의 중요성을 보여 주는 것에 더해, 활동은 학생들이 협력과 작업 과정을 공유하는 것의 중요성을 인지하도록 돕는다. 교수자는 학생들의 반응을 통해 이를 설명할 수 있다.
- 학생들은 이와 같은 활동이 너무 쉽다고 생각할 수 있다. 그러나 교수자는 학생들이 활동의 의미를 잘 파악하고 있는지를 살펴야 한다. 교수자는 또한 시간을 잘 관리하고 경험 공유에 적절한 시간을 할애해야 한다.
- 만약 학생들에게 필요한 문구류가 없는 경우 활동 지침을 수정한다. 예를 들어, 자를 가지고 있지 않은 경우 고리의 규격에 제한을 두지 않는다. 단, 활동 지침의 수정은 활동의 목표가 영향을 받지 않는 선에서 이뤄져야 한다. 이와 같은 상황을 예방하기 위해 학생들에게 미리 준비물을 잘 챙겨오도록 지시한다.

2) 지수의 고민

- 지수를 위한 보상 계획을 세울 때, 학생들은 물질적인 보상을 주는 방안을 주로 떠올릴 것이다. 교수자는 학생들이 비물질적인 보상에 대해서도 생각해 볼 수 있도록 격려한다. 예를 들어, 일정 시간 동안 휴식을 취하거나, 몇 분 동안 유튜브 영상을 보거나, 산책을 하거나, "나는 할 수 있다!"라고 세 번 외쳐 보는 등의 대안이 있다.
- 모둠 발표 과정에서 시간이 부족하다면 한두 모둠을 임의로 정해 해당 모둠만 발표하도록 지시한다. 교수자는 학생들이 절차의 4번 항목에서 언급된 질문에 집중하도록 도움으로써 학생들이 보상을 설계할 때 고려해야 할 요소를 이해하도록 도울 수 있다.
- 학생들은 지수의 학습 계획이 실천하기 어렵다고 생각하고 기준을 낮추려고 할 수 있다. 따라서 활동의 목적이 지수의 계획을 수정하는 것이 아니며 오히려 지수가 목표를 성취하도록 돕는 것이라는 점을 강조해야 한다. 학생들은 지수가 성공하지 못한 이유를 분석하고 지수가 목표를 이룰 수 있도록 돕는 학습 계획을 제안할 수 있다.
- 몇몇 학생들은 자신의 학업 성적에 관심이 없을 수 있다. 그들은 보상의 중요성을 이해할지라도 자신의 학업에 적용하지 않을 수 있다. 학생들이 간단한 학습 목표를 세우고 소단원 활동에서 배운 내용을 활용해 볼 수 있도록 격려한다. 이는 학생들이 남은 학기

동안 학업에 대한 흥미를 얻는 데 도움을 줄 수 있다.

- 소단원 활동에서 배운 지식을 학업에 적용하고자 하지 않는 학생들의 경우, 이 지식이 목표를 이루는 데 도움이 될 수 있다는 희망을 가지고 이미 자신이 갖고 있는 다른 계획에 이를 적용해 보도록 독려한다.

5. 보충 활동(선택 사항)

활동	내용	권장 사항
보상 설계 대회	**목표: 보상 계획을 고안하고 보상 계획의 의미를 파악한다.** 학생들에게 가정에서 생활하며 스스로 개선이 필요하다고 생각하는 부분이나 완수하기 어려운 과제에 대해 파악해 보도록 지시한다. 이후 학생들에게 이를 목표로 삼고 가정에서의 행동을 개선하도록 돕는 보상 계획을 부모님과 함께 세워 보도록 지시한다. 목표의 예시로는 집안일 하기, 아침에 다른 가족 구성원들과 인사말 나누기 등이 있다. 한 달 후, 학생들이 진행 상황(특히, 자신의 감정과 부모님의 반응)을 전체 학급에 공유할 수 있는 시간을 마련한다.	

부록 13-8 교수자용 참고 자료: 고리 만들기

활동을 1부와 2부로 나눈다. 학생들에게 지시에 따라 종이 고리를 만들어 보도록 지시한다.

준비물

가위, 풀, 자, 펜, 대량의 A4 용지

종이 고리 규격

길이: 20cm, 너비: 2.5cm

종이 고리 제작 지침

1부

1. 준비물을 배부한 후, 활동 지침 카드를 배부한다.
2. 활동 지침 카드는 다음과 같다.

여러분은 2분 동안 모둠 친구들과 함께 종이 고리를 만들어야 합니다.
고리는 길이 20cm, 너비 2.5cm로 제작되어야 합니다. 다음 그림을 참고하세요.
종이 고리를 모둠 구성원의 팔에 채워 주세요.
여러분은 반드시 2분 내에 고리를 완성해야 합니다.

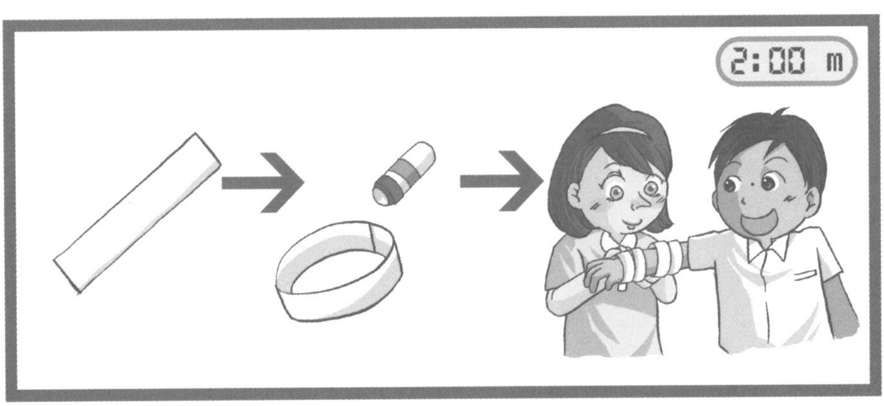

3. 전체 모둠에게 종이 고리를 만들 수 있는 2분의 시간을 준다.
4. 2분 후, 학생들과 활동의 절차에서 언급된 질문들에 대해 논의한다.
5. 1부를 마친 후, 2부를 시작한다.

2부

1. 활동을 시작하기 전, 충분한 양의 A4용지와 두 번째 활동 지침 카드를 학생들에게 배부한다.
2. 신비감과 흥미를 끌어올리기 위해, 학생들에게 활동 지침 카드를 받자마자 내용을 보지 않도록 지시한다. 학생들은 교수자가 활동의 시작을 알린 이후에만 카드의 내용을 읽을 수 있다. 학생들은 다른 모둠 학생들이 자신의 카드의 내용을 보지 않도록 막아야 하며, 그렇지 않을 경우 게임에 참여할 자격을 박탈당한다.
3. 활동 지침 카드는 다음과 같다.

> 여러분은 2분 동안 모둠 친구들과 함께 10개의 종이 고리를 만들고, 그들 모두를 연결해야 합니다.
> 격려나 칭찬의 말(예: 다음 시험에서 원하는 결과 얻기를!)을 종이 고리에 적어 주세요.
> 고리는 길이 20cm, 너비 2.5cm로 제작되어야 합니다. 다음 그림을 참고하세요.
> 활동을 마친 후, 모든 모둠 구성원들은 팔을 들어 완성된 결과물을 보여 주어야 합니다. 성공적으로 활동을 마친 모둠은 보상을 받습니다.

4. 전체 모둠에 종이 고리를 만들 수 있는 2분의 시간을 준다. 활동을 마친 모둠은 보상을 받는다. 물질적 보상이나 칭찬의 말 모두 보상이 될 수 있다.
5. 2분 후, 학생들과 활동의 절차에서 언급된 질문들에 대해 논의한다. 보상이 학생들이 지시에 따라 활동을 마무리할 수 있도록 격려했다는 점을 설명하며 활동의 교훈을 전달한다.

부록 13-9 학생용 참고 자료: 고리 만들기 활동 지침 카드

1부

여러분은 2분 동안 모둠 친구들과 함께 종이 고리를 만들어야 합니다.
고리는 길이 20cm, 너비 2.5cm로 제작되어야 합니다. 다음 그림을 참고하세요.
종이 고리를 모둠 구성원의 팔에 채워 주세요.
여러분은 반드시 2분 내에 고리를 완성해야 합니다.

2부

여러분은 2분 동안 모둠 친구들과 함께 10개의 종이 고리를 만들고, 그들 모두를 연결해야 합니다. 격려나 칭찬의 말(예: 다음 시험에서 원하는 결과 얻기를!)을 종이 고리에 적어 주세요. 고리는 길이 20cm, 너비 2.5cm로 제작되어야 합니다. 다음 그림을 참고하세요. 활동을 마친 후, 모든 모둠 구성원들은 팔을 들어 완성된 결과물을 보여 주어야 합니다. 성공적으로 활동을 마친 모둠은 보상을 받습니다.

부록 13-11 토론 자료: 지수의 문제

중학교 1학년 때 영어 성적이 좋지 않았던 지수는 새 학기가 시작되자 영어 성적에 대해 걱정하기 시작했습니다.

그래서 지수는 학기 초에 다음과 같은 학습 계획을 세웠습니다.

요일	학습 목표
월요일	영어 뉴스 보도 영상 15분 동안 보기 또는 영어 라디오 방송 20분 동안 듣기
화요일	자기 전에 150단어 이상을 사용하여 영어 일기 쓰기
수요일	휴식
목요일	영어 문법 문제 10개 풀기
금요일	영어 인터넷 강의 1시간 듣기
토요일	영어 뉴스 보도 영상 20분 동안 보기 그리고 영어 문법 문제 20개 풀기
일요일	아침에 100~150단어로 영어 작문하기

지수는 한 달 동안 성실히 계획을 지켰지만, 더 이상 계획대로 지속할 동기가 남아 있지 않았습니다. 지수는 용기를 잃었고, 낙담했으며, 무엇을 해야 할지 모르겠다고 느꼈습니다.

지수가 학습 동기를 되찾을 수 있는 보상 계획을 고안하도록 돕기 위해 어떤 제안을 할 수 있을까요? 모든 학습 목표를 달성하는 것은 지수에게 어떤 의미가 있을까요? 이 경우 지수는 어떤 감정을 느낄까요?

부록 13-12 성장 확인 질문

이름: ____________________ 반: ____________________ 날짜: ____________________

1. 수업 과제

1) 학습 목표를 달성하고자 할 때 보상의 기능은 무엇이라고 생각하나요?

2) 보상을 고안할 때 어떤 점들을 고려해야 할까요? 두 가지 요소를 적어 주세요.

2. 숙제

1) 목표를 달성해서 보상을 받았을 때, 행복감을 느끼는 것 외에 얻게 되는 다른 이점으로는 무엇이 있나요?

2) 위 질문의 답변으로 적은 이점이 추후 학습 과정에 도움이 될 수 있나요?

3) 위 질문에 대한 답변의 근거는 무엇인가요?

소단원 3

절대 포기하지 마

1. 소단원 목적

목표를 성취하기 위해 인내와 끈기가 필요하다는 점을 이해한다.

2. 학습 목표

① 목표를 성취하기 위해 인내와 끈기가 필요하다는 점을 이해한다.

② 유혹을 이겨 냄으로써 긍정적인 감정을 경험할 수 있음을 이해한다.

3. 수업 내용

활동	절차
1. 준비 활동(3분)	1. 두 명의 학생을 지목해 눈싸움을 하도록 지시한다. 구체적으로 두 명의 학생은 마주 보고 서로의 눈을 바라보며, 먼저 눈을 감는 학생이 지게 된다. 2. 게임을 마친 후, 승리한 학생에게 게임을 이긴 방법과 눈을 감지 않고 오래 뜰 수 있었던 방법에 대해 질문한다. 3. 학생들이 끈기와 인내가 게임을 승리한 비결이라고 답하도록 유도한다.
2. 모둠 토론: 작은 악마의 속임수**(10분)** ▷ **교수자료** - [부록 13-13] 교수자용 참고 자료: '작은 악마의 속임수' 상황 - [부록 13-14] 모둠 활동지: 작은 악마의 속임수	**목표: 끈기와 인내의 중요성을 이해한다.** 1. 학생들을 작은 모둠으로 나누고 [부록 13-13]의 장면을 소개한다. 2. 전체 모둠에게 작은 악마 역할에 이입해서 학생들이 일주일 동안 학업을 소홀히 하도록 유혹할 전략들을 활동지([부록 13-14])에 적어 보도록 지시한다. 활동지에는 빈 말풍선이 4개 있지만, 이보다 더 많은 전략을 떠올린다면 빈 곳에 적어도 좋다. 3. 학생들에게 일상생활을 성찰해 보고 실제 상황과 가장 가까운 사례를 적어 보도록 지시한다. 3분 안에 가장 많은 방법을 적은 모둠이 우승한다. 4. 학생들에게 완성된 활동지를 칠판에 게시하고 간단히 요약해 보도록 지시한다. 5. 학생들에게 다음의 질문에 답변해 보도록 지시한다. • 이런 유혹들이 흔하게 발생하나요?

	• 이런 유혹에 어떻게 저항할 수 있을까요? • 유혹을 마주할지라도 지속적으로 목표를 달성하기 위해 노력해야 하는 이유는 무엇일까요? 6. 목표를 달성하는 과정에서 다양한 유혹을 마주할 수 있지만 인내와 끈기를 통해 이와 같은 작은 악마의 유혹에 저항할 수 있다는 점을 강조한다. 7. 교수자는 또한 유명인의 성공 사례를 활용해 학생들의 이해를 도울 수 있다. 이를 통해 인내와 끈기의 중요성을 강조한다.
3. 역할 놀이: 유혹에 저항하기**(14분)** ▷ **교수자료** - [부록 13-14] 모둠 활동지: 작은 악마의 속임수 - [부록 13-15] 역할 놀이 정보: 유혹에 저항하기	**목표: 인내와 끈기를 통한 목표 성취가 긍정적인 감정을 유도한다는 점을 이해한다.** 1. 완성된 활동지([부록 13-14])를 임의로 모둠에 배부한다. 각 모둠이 해당 모둠이 제출했던 활동지를 받지 않도록 주의한다. 2. 역할 놀이 정보[부록 13-15]를 배부한다. 전체 모둠에게 지침에 따라 장면을 연기해 보도록 지시한다. 3. 절반의 모둠은 유혹에 성공적으로 저항하는 내용의 짧은 역할 놀이를 진행하는 반면, 다른 절반의 모둠은 유혹에 저항하는 데 실패하는 내용을 연기한다. 4. 학생들이 유혹을 마주했던 자신의 과거의 경험을 떠올리고 이 경험을 대본을 적을 때 활용하도록 독려한다. 5. 학생들이 연기한 장면에 기반해 학생들이 유혹에 저항할 수 있었거나 또는 없었던 이유를 요약하고, 유혹에 성공적으로 저항하는 것이 기쁨을 유발할 수 있음을 강조한다.
4. 결론(1분)	다음의 결론을 학생들에게 전달한다. • 목표를 성취하는 데는 오랜 시간이 걸리며, 따라서 인내와 끈기가 요구된다. 모든 유혹을 물리친 이후에 성공을 이뤄 낼 수 있습니다. • 유혹에 성공적으로 저항하는 것은 긍정적인 감정을 유발합니다.
5. 마무리 활동(2분) ▷ **교수자료** - [부록 13-16] 성장 확인 질문	1. 성장 확인 질문을 공유하고 학생들이 소단원 활동을 돌아볼 수 있도록 유도한다. 2. 소단원 활동에 대한 학생들의 참여를 칭찬한다.

4. 세부 지도 사항

1) 준비 활동

• 시간 배분에 주의를 기울인다. 30초가 지나도 두 학생 모두 눈을 깜빡이지 않으면 게임을 종료하고, 두 학생 모두를 칭찬하고 우승자로 지정한다. 그 후 두 학생 중 한 학생을

지목해 소감을 질문한다.

2) 작은 악마의 속임수

- 교수자는 학생들의 필요와 관심사에 따라 장면의 주제를 변경할 수 있다. 예를 들어, 학급 간 퀴즈 대회는 단기간 동안의 훈련을 요구하는 노래 대회나 스포츠 행사로 대체될 수 있다.
- 만약 학생들이 활동지를 작성하며 '유혹'과 '사고'를 구분하기 어려워하는 경우, '사고'는 목표 성취를 방해하는 예상 밖의 피할 수 없는 사건을 의미하고, '유혹'은 매력적이지만 피할 수 있는 무언가를 의미한다고 설명한다. 학생들이 유혹의 예시를 적는 데 집중할 수 있도록 지도한다.
- 교수자는 활동지를 A3 용지에 인쇄해 학생들이 읽기 더 편하게 만들 수 있다.
- 교수자는 우승 모둠을 위한 선물이나 칭찬의 문구를 준비해 둘 수 있다.
- 논의를 진행하는 동안, '목표를 성취하기 위해서는 유혹을 마주할지라도 본래의 계획에 충실해야 한다'는 점에 주의를 기울인다. 유혹이 얼마나 매력적인지에 대한 논의가 깊어지지 않도록 주의한다.
- 유명인의 예시를 들 때, 단순히 그들의 성공에 대해 논의하기보다 그들이 목표를 이루기 위해 인내와 끈기를 갖고 열심히 노력했다는 점을 강조한다.

3) 유혹에 저항하기

- 장면을 연기할 때 학생들이 자체적으로 각 모둠 구성원의 역할을 정할 수 있도록 권장한다. 단, 학생들에게 시간 배분에 주의하고 내용이 너무 복잡해지지 않아야 함을 강조한다.
- 만약 시간이 부족하다면, 장면을 연기할 몇 모둠을 제비뽑기로 지정한다. 한 모둠이 유혹에 성공적으로 저항하는 연극을 공연한 후, 같은 주제를 할당받은 다른 세 모둠에게 다른 의견이 있는지 질문한다. 만약 그렇다면, 그 모둠에게 대표자를 지정해 의견을 발표하도록 하고, 그렇지 않다면 유혹을 물리치는 데 실패한 내용을 할당받은 한 모둠을 선택해 공연하도록 지시한다.
- 역할 놀이와 시나리오 작성 활동은 학생들이 적극적으로 참여하도록 동기 부여할 수

있고, 언어적 보상은 학생들의 만족감을 고양할 수 있다.

• 모둠 게임과 모둠 경험 공유를 통해, 교수자는 문제를 해결함에 있어 인내와 끈기의 중요성을 강조할 수 있다.

5. 보충 활동(선택 사항)

활동	내용	권장 사항
인내심 훈련	**목표: 인내심을 배운다.** 학생들에게 최소한 일주일에 한두 번은 할 만큼 좋아하지만 앞으로 줄여 나가고 싶은 활동을 골라 보도록 지시한다. 학생들에게 이 활동을 일주일 동안 포기함으로써 인내심을 끌어올리도록 지시한다. 만약 성공한다면, 이 학생들은 스스로에게 보상을 줄 수 있다. 예를 들어, 그들은 스스로에게 "나는 할 수 있어!" 또는"나 기분 너무 좋아!"라고 말할 수 있다.	학생들은 생활에 큰 영향을 미치지 않을 만한 활동을 선택해야 한다. 즉, 식사를 거르거나 숙제를 미루는 등의 활동을 선택해서는 안 된다.
버틸 수 있어	**목표: 끈기를 훈련한다.** 학생들에게 부모님을 기쁘게 할 수 있거나 한 번도 해보지 않은 활동(집안일 돕기 또는 아침에 가족 구성원들에게 인사하기 등)을 일주일 동안 매일 해 보도록 지시한다. 학생들에게 그때마다의 감정과 부모님의 반응을 일기로 적어 보도록 지시한다. 이를 통해 학생들은 끈기가 있다면 많은 것을 이룰 수 있으며 부모님과의 관계를 강화할 수 있다는 점을 이해할 수 있다.	

부록 13-13 교수자용 참고 자료: "작은 악마의 속임수" 상황

여러분은 중학교 2학년 학생입니다. 학교는 일주일 후에 학급 간 퀴즈 대회를 개최하기로 했습니다. 담임 선생님은 여러분에게 복습 계획을 세워 보라고 지시했습니다. 그러나 복습 주간 동안, 여러분은 재미있는 유튜브 영상, 인터넷 쇼핑, 게임 등의 많은 유혹에 휩쓸렸습니다. 여러분은 퀴즈의 내용을 충분히 복습하지 않았기 때문에 대회에서 질지도 모릅니다.

부록 13-14

모둠 활동지: 작은 악마의 속임수

모둠: ______________________________

부록 13-15 역할 놀이 정보: 유혹에 저항하기

모둠 구성원과 함께 '작은 악마의 속임수' 활동지에서 가장 떨쳐 내기 어려울 것 같은 유혹을 3~4개 선택합니다. 모둠 구성원 중 한 명을 주인공으로 선택하고 다른 구성원들은 유혹하는 사람이 됩니다.

유혹에 성공적으로 저항하기

- 2분 분량의 짧은 연극을 만드세요. 내용은 반드시 주인공이 유혹에 성공적으로 저항한 내용이어야 합니다.
- 주인공이 유혹에 저항한 방법과 유혹을 마주했을 때 느꼈던 감정을 행동과 대화를 통해 설명하세요.

유혹에 저항하는 데 실패하기

- 2분 분량의 짧은 연극을 만드세요. 내용은 반드시 주인공이 유혹에 저항하는 데 실패한 이유와 관련되어야 합니다.
- 주인공이 유혹에 저항하는 데 실패한 이유와 유혹을 마주했을 때 느꼈던 감정을 행동과 대화를 통해 설명하세요.

부록 13-16 성장 확인 질문

이름: ____________________ 반: ____________________ 날짜: ____________________

1. 수업 과제

1) 목표를 성취하기 위해 필요한 것은 무엇인가요?

2) 유혹에 저항할 수 있는 방법으로 무엇이 있을까요?

3) 유혹에 성공적으로 저항하고 나면 어떤 감정을 느끼게 될까요?

2. 숙제

1) 스스로 유혹에 잘 저항할 수 있다고 생각하나요?

2) 시험 기간이 끝난 후 노래방에서 친구들이 담배를 펴 보라고 유혹한다면, 여러분은 이 유혹을 받아들일까요?

3) 위 질문에 대한 답변의 이유는 무엇인가요?

소단원 4

현명한 변화를 만들자

1. 소단원 목적

목표를 이루는 과정에서 나타나는 장애물을 마주하고 그에 적절하게 대처하는 법을 배운다.

2. 학습 목표

① 목표를 이루는 과정에서 장애물이 존재할 수 있다는 점을 이해하고, 그를 긍정적인 태도로 마주하는 법을 배운다.
② 장애물을 마주했을 때 적절하게 전략을 수정하고, 목표를 향해 지속적으로 나아가는 법을 배운다.

3. 수업 내용

활동	절차
1. 준비 활동(3분)	1. 학생들에게 두 명씩 짝을 이루도록 지시한다. 짝을 이룬 둘 중 한 학생이 준비 활동에 참여한다. 준비 활동은 한쪽 다리로 서서 1분을 버티는 것이다. 2. 남은 학생은 활동에 참여한 짝이 잘 서 있는지 또는 넘어지는지 관찰한다. 만약 짝이 넘어진다면 자리에 앉으라고 말한다. 3. 마지막으로 서 있는 학생의 수를 센다. 4. 학생들에게 "준비 활동의 목적은 무엇일까요?"라고 질문한다. 5. 이후 자리에 앉아 있는 학생들에게 "넘어지기 시작했을 때 한쪽 다리로 계속 서 있을 수 있는 다른 방법에 대해 생각해 보았나요?"라고 질문한다. 학생들의 의견을 듣는 시간을 가진다. 6. 게임과 학생들의 의견에 기반해 소단원의 목적을 다음과 같이 전달한다. • 사람들은 목표를 이루기 위해 지속적으로 나아가야 합니다. 어떤 어려움이나 장애물을 만나게 된다면, 목표를 이룰 수 있는 다른 전략을 채택해야 합니다.

<table>
<tr><td>2. 모둠 게임: 현명하게 주사위 만들기(16분)

▷ 교수자료
- [부록 13-17] 교수자용 참고 자료: '현명하게 주사위 만들기' 활동 지침
- [부록 13-18] 학생용 참고 자료: 현명하게 주사위 만들기 활동 지침
- 종이, 가위, 풀, 자, 펜</td><td>목표: 장애물에 대처하는 방법을 경험한다.
1. 학생들을 작은 모둠으로 나눈다. 활동의 규칙과 관련된 다른 문제들을 학생들에게 설명한다([부록 13-17, 18]).
2. 학생들은 활동을 10분 내로 마무리해야 한다. 이후 각 모둠은 자신의 결과물을 보여 주고 설명하며, 투표가 진행된다.
3. 투표를 마친 후, 각 상의 수상자를 발표한다. 학생들에게 활동을 진행하는 동안의 경험에 대해 공유하도록 지시한다.
4. 학생들이 발표하는 동안, 다음의 내용을 질문한다.
• 필요한 도구를 받지 못한다는 사실을 알아챘을 때 어떻게 반응했나요?
• 어떤 행동을 취했나요?
• 전략을 어떻게 수정했나요?
5. 학생들에게 일상생활에서 유사한 상황이 있었는지 생각해 보도록 지시한다. 그때의 감정은 무엇이었으며 어떤 행동을 취했는지 질문한다.</td></tr>
<tr><td>3. 모둠 토론: 관점 바꿔 보기(4분)

▷ 교수자료
- [부록 13-20] 토론 자료: 관점 바꿔 보기</td><td>목표: 긍정적인 태도로 장애물을 마주하고 '전략의 수정'과 '목표의 수정'을 구분하는 법을 배운다.
1. 학생들에게 지난 소단원 활동의 '인내와 끈기'와 이번에 배운 '전략 수정' 간 내용의 차이에 대해 질문한다.
2. 토론 자료([부록 13-20])를 학생들에게 배부하고 학생들과 관련 내용에 대해 토론한다.
3. 학생들이 스스로 생각해 볼 수 있도록 시간을 준다. 이후 학생들에게 일상생활과 게임의 경험을 비교/대조해 보고 적절한 제안을 해 보도록 지시한다. 학생들과 함께 핵심 내용을 요약한다.
4. 학생들이 '목표의 수정'과 '전략의 수정'의 차이를 이해하도록 돕는다.
• 목표의 수정은 사전에 설정했던 목표를 바꾸는 것을 말합니다.
• 전략의 수정은 이전까지 전념해 왔던 목표를 이루기 위한 방법을 수정하는 것을 말합니다.</td></tr>
<tr><td>4. 결론(2분)</td><td>다음의 결론을 학생들에게 전달한다.
• 목표를 성취하는 과정에서 장애물은 항상 나타난다.
• 장애물을 마주했을 때 다른 사람을 비난하지 말고, 긍정적인 태도로 상황을 바라보고 적절하게 다른 실용적인 전략을 구상해야 한다.
• 새로운 계획을 세우는 것은 실패나 포기가 아니다. 오히려 상황에 대한 전략적인 반응이다.
• 새로운 계획을 세울 때 다른 사람들, 교사, 어른들의 조언을 구할 수 있다.</td></tr>
<tr><td>5. 마무리 활동(5분)

▷ 교수자료
- [부록 13-21] 성장 확인 질문</td><td>1. 성장 확인 질문을 공유하고 학생들이 소단원 활동을 돌아볼 수 있도록 유도한다.
2. 소단원 활동에 대한 학생들의 참여를 칭찬한다.</td></tr>
</table>

4. 세부 지도 사항

1) 준비 활동

- 교수자가 학생들에게 계속 서 있을 수 있던 방법을 질문할 때, 학생들은 단지 힘들지 않았거나 강한 다리를 가졌기 때문이라고 답변할 수 있다. 이 경우 학생들의 건강한 신체에 대해서 칭찬하고 학생들이 잘 서 있을 수 있던 이유는 서 있기 위해 열심히 끈기 있게 노력했기 때문임을 이해하도록 지도한다.
- 게임이 끝나면 학생들이 계속 서 있을 수 있는 데 도움이 되는 몇 가지 실용적 전략을 제안한다. 예를 들어, 다른 급우에게 잡아 달라고 부탁하거나 한 발로 서 있는 학생들끼리 서로를 붙잡아 주는 방법 등이 있다.
- 치마를 입은 여학생의 경우 활동에 참여하기 불편하다고 느낄 수 있다. 상황에 따라 체육복을 입도록 요구하거나 활동을 적절히 변경할 수 있다.

2) 현명하게 주사위 만들기

- 교수자는 개인의 능력, 모둠의 단합과 협력 정도에 따라 학생들에게 계획 수립, 정보 수집, 자료 찾기 등 서로 다른 과제를 할당할 수 있다. 여러 상황을 대비해 시간이 효율적으로 사용될 수 있도록 준비한다.
- 활동의 목적은 완벽한 결과물을 만드는 것이 아닌 학생들이 어떤 전략을 채택해야 하는지 생각할 수 있도록 돕는 것이다. 따라서 학생들에게 결과물의 외관에 주의를 기울이지 않아도 됨을 강조한다.
- 상황에 따라 교수자는 투표에서 우승한 모둠에게 줄 보상을 마련할 수 있다. 만약 시간이 부족하다면 교수자는 집계한 투표 결과를 나중에 발표하거나 우승 모둠을 직접 선정할 수 있다.
- 교수자는 학생들의 능력에 따라 활동의 난이도를 높일 수 있다([부록 13-17]).
- 만약 학생들이 가짜 돈을 사용해 다른 모둠의 도구를 구매할 수 있도록 허용하는 경우, 학생들에게 다른 모둠의 도구를 구매하는 데 너무 많은 시간을 소요해서는 안 되며, 그렇게 할 경우 과제를 완수하는 데 시간이 부족할 수 있음을 상기시킨다.

3) 관점 바꿔 보기

- 소단원 3과 이 활동 사이에 긴 공백이 있을 경우 교수자는 토론을 진행하기 전 소단원 3의 핵심 내용을 간단히 전달할 필요가 있다. 이는 학생들이 두 소단원 활동의 핵심 내용을 구분하는 데 도움이 된다.
- 학생의 능력을 고려해 반응한다. 만약 학생들의 능력이 뛰어나다면, 논의에 기반해 핵심 내용을 요약한다.

4) 결론

- 소단원 활동의 핵심은 학생들이 장애물을 마주했을 때 목표를 달성하는 방법은 바꿀지라도 목표는 바꾸지 않고 유지할 수 있다는 것을 배우도록 돕는 것이다. 만약 학생들이 목표를 바꿔야 하는 시기를 어떻게 알 수 있는지 질문한다면, 목표를 성급하게 변경하기보다는 목표를 달성하기 위해 다른 방법을 시도해 보는 것이 바람직하며 새로운 방법조차 목표를 이루는 데 도움이 되지 않는다면 목표를 변경할 수 있다고 말한다. 따라서 교수자는 학생들이 실용적이고 자신의 역량 범위에 있는 목표를 세울 뿐 아니라 일상생활에서도 '문제를 해결하고 목표를 이루기 위해 전략을 수정한다'는 믿음을 적용할 수 있도록 독려해야 한다.

5. 보충 활동(선택 사항)

활동	내용	권장 사항
대회	**목표: 학교에서 장애물을 마주했을 때 적절하게 전략을 수정한다.** 체육 시간이나 운동회 날에 대회를 개최한다. 대회가 진행되는 동안 각 팀은 목표를 설정하지만 목표를 이루는 데 도움이 될 수 있는 하나의 요인이 사라질 것이다. 학생들은 목표를 이루기 위해 적절하게 전략을 수정하는 방법을 배울 수 있다.	

부록 13-17 교수자용 참고 자료: “현명하게 주사위 만들기” 활동 지침

목표

목표를 향해 나아가는 과정에서 어려움이나 장애물을 마주했을 때 적절하게 전략과 방법을 수정하는 방법을 배운다.

절차

학생들에게 각 모둠은 제공된 두꺼운 도화지로 주사위를 만들어야 한다고 말한다. 주사위는 1부터 6까지 나타내는 점이 있는 정육면체 형태로 만들어야 한다.

각 모둠은 주사위를 만들기 위한 계획을 세우고 필요한 도구를 나열한다. 학생들은 목표와 절차를 미리 정할 수 있다.

시간 여유가 있다면, 몇몇 모둠을 지목해 절차를 설명하도록 지시하거나 전체 학생들에게 종이에 절차를 적도록 지시한다.

학생들에게 가위, 자, 풀, 펜 중 세 가지 도구만을 받을 수 있음을 알린다.

모둠은 부족한 도구와 다른 도구를 교환할 수 있지만 필요한 도구를 일방적으로 받을 수는 없다. 즉, 가위가 없는 모둠의 경우에는 교환을 통해 가위를 얻지 않는 한 가위를 사용할 수 없으며 종이를 자를 수 있는 다른 방법을 찾아야 한다. 활동의 목표는 원하는 방향으로 나아가는 과정에서 장애물을 마주했을 때 전략을 수정하는 것이다.

학생들은 10분 동안 과제를 완료해야 한다.

활동의 난이도

시간 여유가 있고 상황이 적절하다면, 학생들에게 가짜 돈([부록 13-19])을 사용해 다른 모둠으로부터 필요한 도구를 살 수 있도록 허가한다.

판매자와 구매자가 가격을 직접 정하며, 판매자는 판매를 거부할 수 있다. 도구가 판매되면 다시 구매해야 그 도구를 사용할 수 있다. 도구의 가격은 모둠 간 협상에 따라 달라질 수 있다.

도구를 거래할 때, 학생들은 자원을 어떻게 할당하고 잘 활용할지 고민해야 한다.

학생들이 자신만이 아니라 주변 상황에도 주의를 기울여야 함을 이해하도록 돕는다. 사람들은 다른 사람의 도움을 필요로 하며 모두 다른 사람을 도울 수 있는 능력을 가지고 있다. 모두가 원하는 것을 얻는 상황을 만들기 위해, 이기심을 버리고 합리적으로 가격을 정해야 한다.

칭찬과 투표

학생들은 활동을 마친 후 자신의 결과물을 다른 급우들에게 보여 주어야 한다.

투표지를 각 모둠에 배부한다. 학생들에게 ‘최고의 창의성 상’과 ‘최고의 단합 상’의 수상 팀을 뽑아 보도록 지시한다.

학생들에게 가짜 돈 사용을 허용한 경우, 교수자는 ‘가장 많은 가짜 돈 유지 상’ 등 다른 상을 만들 수도 있다.

부록 13-18 학생용 참고 자료: 현명하게 주사위 만들기

1. 각 모둠은 1부터 6까지 나타내는 점이 있는 정육면체 형태의 주사위를 만들어야 합니다.
2. 가위, 자, 풀, 펜 중 세 가지 도구만을 받을 수 있습니다.
3. 각 모둠은 가진 도구만을 가지고 주사위를 만들어야 합니다. 가지고 있는 도구를 창의적으로 활용해서 없는 도구를 대체할 전략을 세우세요. 대신, 개인적으로 가지고 있는 물건(개인 소유의 문구)은 사용할 수 없습니다.
4. 활동은 10분 이내에 마무리되어야 합니다.

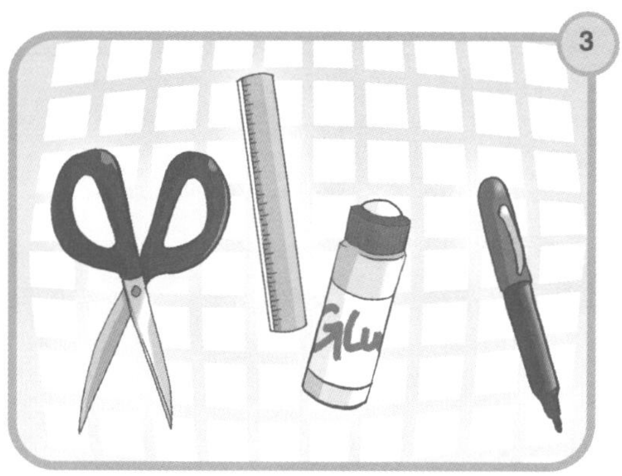

부록 13-19

준비물:
가짜 돈(활동 난이도를 높이기 위한 도구)

1000원

1000원

1000원

부록 13-20 토론 자료: 관점 바꿔 보기

1. 장애물을 마주했을 때 어떤 감정을 느꼈나요?

2. 장애물을 마주했을 때 어떤 행동을 해야 할까요? 지속적으로 나아가야 할까요, 포기해야 할까요?

3. 만약 목표를 향해 지속적으로 나아가기로 결정했다면, 무엇을 해야 할까요? 목표는 무엇인가요? 전략은 무엇인가요?

4. '목표의 수정'과 '전략의 수정'의 차이는 무엇인가요?

5. 어떤 상황에서 목표의 수정을 생각해 보아야 할까요? 어떤 상황에서 전략의 수정을 고민해 보아야 할까요?

6. 필요한 자원과 도움을 어디서 얻을 수 있을까요?

부록 13-21 성장 확인 질문

이름: ______________________ 반: ______________________ 날짜: ______________________

1. 수업 과제

1) 목표를 향해 나아가는 과정에서 장애물을 마주했을 때 무엇을 해야 할까요?

2) 목표의 수정이 실패를 의미할까요?

3) 위 질문에 대한 답변의 이유는 무엇인가요?

2. 숙제

1) 계획을 수정할 때, 목표의 수정과 전략의 수정 사이에는 어떤 차이가 있다고 생각하나요?

2) 목표를 수정하는 사례를 적어 주세요.

3) 전략을 수정하는 사례를 적어 주세요.

대단원 14

친사회적 참여

들어가며

기부 또는 자원봉사와 같은 공동체 활동에 참여하는 것은 친사회적 행동의 한 형태이다. 반면에 도둑질, 약물남용, 무단결석과 같은 파괴적이거나 비정상적인 반사회적 행동은 공동체 활동과 상반되는 것으로 간주된다. 공동체 활동에 참여하는 것은 친사회적 규범을 수용하고 친사회적 행동을 촉진할 뿐만 아니라 반사회적 행동에 대한 예방책이 될 수 있다.

연구에 따르면 성공적인 공동체 활동은 다른 사람을 돕고 사회에 기여하는 동시에 당사자 개인의 능력을 개발할 수 있는 기회를 제공함으로써 긍정적인 사회적 관계 형성을 촉진하는 것으로 나타났다. 따라서 청소년들이 기여할 수 있는 공동체 활동에는 어떤 것들이 있는지 탐색하고 이런 활동에 참여하도록 권장해야 한다.

Level 2 과정의 '친사회적 참여' 대단원은 학생들이 공동체 활동에 참여할 동기를 강화하고 다양한 공동체 활동에 참여한 결과를 평가하는 능력을 함양하는 데 중점을 둔다. 본 단원은 4개의 소단원으로 구성되어 있다. 소단원 1에서는 학생들이 공동체 활동에 참여해야 하는 이유를 이해하고, 공동체 활동이 다양한 사람들의 필요를 충족시킬 수 있다는 것을 깨닫도록 돕는다. 정부와 사회가 도움이 필요한 사람들을 위해 다양한 유형의 서비스와 계획을 시행하고 있다. 소단원 2에서는 학생들이 공동체 활동에 참여하는 다양한 동기와 요인에 대해 토론하고 파악할 기회를 제공한다. 소단원 3에서는 활동을 조직할 때 필요한 목적, 목표 및 실행 계획에 대해 가르치고, 학생들이 공동체 활동에 참여할 때 기대하는 바를 표현하도록 지도한다. 소단원 4에서는 활동이 목표를 달성했는지 평가하고, 활동의 단점을 검토하며 앞으로 개선할 수 있는 방안을 모색하는 것을 가르친다.

개관

소단원	소단원 목적	학습 목표
인생 퍼즐 (30분)	사회에서 공동체 활동 참여를 장려하는 이유를 이해한다.	1. 정부 및 지역 사회에서 도움이 필요한 사람들을 위해 제공하는 프로그램과 서비스를 파악한다. 2. 사회 구성원들이 다양한 필요를 가지고 있음을 이해한다.
공동체를 돕고 시야를 넓히기 (30분)	공동체 활동 참여에 영향을 미치는 다양한 동기와 요인을 이해한다.	공동체 활동에 참여하는 동기와 이러한 동기에 영향을 미치는 요인을 파악한다.
나를 위한 공동체, 공동체를 위한 나 (30분)	활동을 조직하는 절차에 대해 알아본다.	1. 목적 파악, 목표 설정, 실행 계획 등 활동을 구성하는 절차에 대해 배운다. 2. 공동체 활동에 참여하는 기대감을 표현한다.
자선 바자회 (30분)	활동의 성공 여부를 평가한다.	1. 활동이 목표를 달성했는지 평가한다. 2. 활동의 단점을 검토하고 향후 개선할 수 있는 방법을 모색한다.

이 대단원에 포함된 모든 활동지 및 파워포인트 슬라이드와 영상 자료 등은 학지사 홈페이지(www.hakjisa.co.kr)에서 내려받을 수 있습니다.

소단원 1

인생 퍼즐

1. 소단원 목적

사회에서 공동체 활동 참여를 장려하는 이유를 이해한다.

2. 학습 목표

① 정부 및 지역 사회에서 도움이 필요한 사람들을 위해 제공하는 프로그램과 서비스를 파악한다.

② 사회 구성원들이 다양한 필요를 가지고 있음을 이해한다.

3. 수업 내용

활동	절차
1. 준비 활동(3분) ▷ **교수자료** - [부록 14-1] 준비 자료: 인생 퍼즐 - 종이봉투	1. '인생 퍼즐' 이미지 4개([부록 14-1])를 2장씩 인쇄해 각각 16조각으로 자르고, 조각들을 8개 종이봉투에 넣는다(각 봉투에는 한 개의 '인생 퍼즐'에 해당하는 조각들이 들어 있어야 한다). 2. 학생들을 8개 모둠으로 나누고 각 모둠이 봉투를 하나씩 받는다. 3. 퍼즐을 먼저 완성하는 모둠이 승리한다.
2. 모둠 토론 및 학급 공유: 인생 퍼즐**(18분)** ▷ **교수자료** - [부록 14-2] 교수자용 참고 자료: 정부 및 지역 사회에서 노인에게 제공하는 지원 사항	**목표: 퍼즐 속 사람들의 다양한 필요를 이해한다.** 1. 학생들은 계속 모둠별로 활동에 참여한다. 2. 각 모둠에 A3 도화지 한 장과 색연필을 제공한다. 3. 학생들에게 완성된 퍼즐을 도화지에 8분 동안 붙이고, 퍼즐에 등장하는 사람들에게 정부와 지역 사회가 제공한 지원에 대해 토론하도록 한다. 4. 학생들에게 A3 도화지에 토론의 결론을 기록하도록 지도한다. 5. 학생들은 10분 동안 모둠별로 돌아가면서 결론을 발표한다. 6. 학생들의 결론을 요약하고 다음을 질문한다. • 4장의 퍼즐 속 노인들의 차이점은 무엇인가요? • 사회가 이 사람들의 필요를 이해하고 돌보고 있나요?

3. 결론(4분)	1. 학생들에게 다음의 질문을 한다. • 조부모와 함께 살거나 조부모와 친밀한 관계를 맺고 있는 사람이 있나요? • 그렇다면 조부모가 어떤 식으로든 여러분을 돌봐 주신 적 있나요? • 50년 후, 여러분이 나이가 들었을 때 다른 사람들이 여러분을 어떻게 대하길 바라나요? 2. 사회가 시민들의 공동체 활동 참여를 옹호하고 장려하는 이유에 대해 결론을 내린다. • 사람마다 필요한 것이 다를 수 있으며 사회 구성원 중에는 도움이 필요한 사람도 있고 도움을 줄 수 있는 사람도 있습니다.
4. 마무리 활동(5분) ▷ **교수자료** - [부록 14-3] 성장 확인 질문	1. 성장 확인 질문을 배포하고 학생들이 수업 내용과 스스로를 돌아볼 수 있도록 지도한다. 2. 수업 중 학생들의 참여도를 칭찬한다.

4. 세부 지도 사항

1) 준비 활동

• 교수자는 상황에 따라 절차를 다음과 같이 수정할 수 있다.
  – 처음에 완성된 네 장의 퍼즐을 보여 주면 학생들이 퍼즐의 전체 이미지를 파악하여 과제를 더 쉽게 수행할 수 있다.
  – 퍼즐을 32조각으로 잘라 작업의 난이도를 높인다.
  – 퍼즐을 완성하는 데 주어진 시간을 단축하여 과제의 난이도를 높이고 다음에 이어지는 '인생 퍼즐' 활동을 더 일찍 시작할 수 있다.

2) 인생 퍼즐

• 부록에 제시된 사진은 예시이며, 교수자가 주제에 맞는 사진을 자유롭게 사용할 수 있다.
• 퍼즐을 도화지에 붙이는 데 필요한 도구는 제공되지 않는다. 학생들은 스스로 해결 방법을 찾아야 한다.
• 학생은 다른 모둠의 학생으로부터 퍼즐을 붙이는 데 필요한 도구를 빌릴 수 있다. 이를

통해 학생들이 "누구나 언젠가 다른 사람의 도움이 필요하다."라는 것을 이해하는 데 도움이 될 수 있다.

- 교수자는 다음 사항에 주의해야 한다:
  - 학생들이 결론을 글로 표현하는 데 어려움을 겪는 경우, 종이에 그림을 그려서 표현하도록 한다.
  - 학생에게 교수자용 참고 자료([부록 14-2])의 사본을 제공하여 힌트를 줄 수 있다.
- 4장의 퍼즐 사진의 내용은 다음과 같다.
  - 거리에서 봉사활동을 하고 있는 노인들
  - 노인 가정을 방문하는 자원봉사자
  - 휠체어를 탄 노인의 이동을 돕는 젊은이
  - 젊은 자원봉사자들의 도움을 받고 있는 입원 노인들

3) 결론

- 강조 사항은 다음과 같다.
  - 활동의 장애물(예: 풀칠 도구 없이 퍼즐을 붙여야 하는 경우)은 누구나 언젠가는 다른 사람의 도움이 필요하다는 것을 반영한다.
  - 이러한 장애물은 도움을 통해 극복할 수 있다. 마찬가지로, 모두가 도움의 손길을 내밀면 어려움을 겪는 사람들의 삶이 개선될 수 있다. 동시에 도움을 주는 사람 역시 이점을 얻는다.
  - 기회를 제공하는 것도 다른 사람을 돕는 또 다른 방법이다. 작은 참여도 그들에게 큰 의미가 될 수 있으니 관대하게 대해야 한다.
  - 노인들이 항상 도움을 받기만 하는 것은 아니다. 많은 노인이 도움이 필요한 다른 사람들을 돕고 사회에 공헌하기 위해 자발적으로 봉사활동을 한다.
- 학생들이 노인과 함께 사는 것의 가치를 인식하도록 지도한다. 노인은 집안일을 하고, 집을 지키고, 아이들을 돌보는 역할을 할 수 있다. 노인이 가정을 돌보는 덕분에 다른 가족 구성원들은 걱정 없이 직장과 학교에 갈 수 있다. 이는 사회에 대한 기여이기도 하다.

5. 보충 활동(선택 사항)

활동	내용	권장 사항
학교 재설계	**목표: 신체적 장애가 있는 사람의 입장이 되어 그들의 필요를 이해한다.** 학생들은 신체 장애가 있는 학생들이 학교에 다닐 수 있도록 학교 시설에서 개선할 부분을 찾고 학교 측에 건의하는 프로젝트 과제를 수행한다. 과제 결과는 학급에서 발표할 수 있다.	학생들은 신체 장애가 있는 사람들에게 필요한 시설과 개선 사항을 목록화하고 본인들이 제안하는 개선 사항이 가장 적합한 이유를 설명할 수 있다.

부록 14-1 준비 자료: 인생 퍼즐

교수자는 사진 4장에 대해 2장씩 복사본을 만들어야 합니다(총 8장).

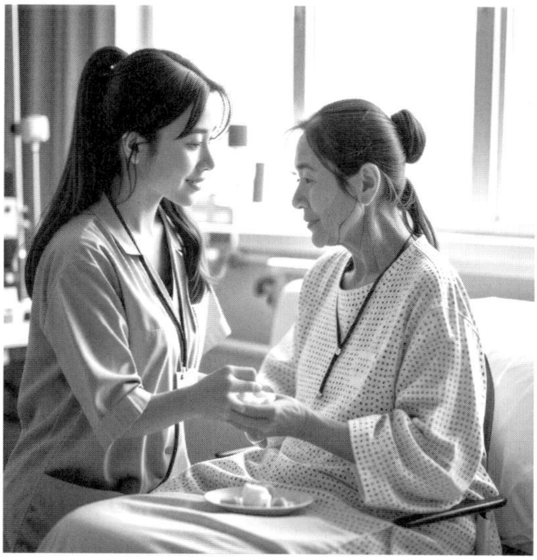

부록 14-2 교수자용 참고 자료: 정부 및 지역 사회에서 노인에게 제공하는 지원 사항

노인 맞춤 돌봄 서비스

일상생활 영위가 어려운 취약노인에게 적절한 돌봄 서비스를 제공하여 안정적인 노후생활을 보장하고 노인의 건강 유지 및 악화 예방을 위한 정책입니다. 각 대상자의 돌봄 욕구와 필요 정도에 따라 맞춤화된 서비스가 이루어집니다. 전화나 방문을 통해 노인의 안전과 안부를 확인하고 식사 관리와 청소 관리와 같은 가사 지원도 포함됩니다. 이 외에도 보건 교육 및 건강 교육, 우울 예방 프로그램, 인지 활동 프로그램에 참여할 수 있습니다.

치매 검진 사업

치매의 위험이 높은 만 60세 이상 어르신을 대상으로 치매 조기검진을 실시하여 치매 환자를 조기에 발견하고 관리하기 위한 사업입니다. 이는 치매 환자와 그 가족들의 삶의 질을 높이는 데도 도움이 될 수 있습니다. 보건소에서 만 60세 이상 모든 노인에게 치매 선별 검사를 실시하고 그중 인지 기능이 저하된 노인을 대상으로 지정 병원에서 추가 검사를 실시합니다. 발견된 치매 환자에게는 관련 정보와 서비스를 연계하여 제공하고 치매 위험이 높은 노인에 대해서는 지속적인 치매 예방 교육과 홍보를 실시합니다.

노인 일자리 및 사회 활동 지원 사업

노인이 활기차고 건강한 노후생활을 영위할 수 있도록 공익활동, 일자리, 재능나눔 등 다양한 사회활동을 지원하여 노인복지 향상에 기여하기 위한 지원 활동입니다. 보육 시설 봉사, 취약 노인 안부 확인, 공공 행정 업무 지원, 실버 카페 매장 운영, 영화관 보조원 등 다양한 유형과 기관에서 사회 활동에 참여할 수 있습니다.

노인 여가 복지 지원지원 사업

노인 여가 복지 시설에는 노인 복지관, 경로당, 노인 교실 등이 해당합니다. 노인의 교양 및 취미 생활에 대한 각종 정보와 서비스를 제공하고 지역 노인들이 자율적으로 친목을 도모하고 취미 활동을 할 수 있는 장소를 제공합니다. 또한 건강 증진 및 질병 예방과 관련한 학습 프로그램을 진행하기도 합니다.

(출처: 보건복지부)

부록 14-3 성장 확인 질문

이름: ______________ 반: ______________ 날짜: ______________

1. 수업 과제

1) 자원봉사에 참여해 본 적이 있나요? 자원봉사에 참여하는 것은 많은 이점이 있습니다.

2) 수업 중 모둠 토론에서 나온 노인들의 필요 4가지는 무엇인가요?

3) "가족 중에 노인이 있다는 것은 우리 가족에게 보물이 있다는 것이다."라는 말은 무슨 의미일까요?

2. 숙제

1) 누군가 도움을 필요로 하면 어떻게 하겠나요?

2) 여러분이 다른 사람의 도움을 필요로 할 때 어떻게 하겠나요?

3) 가족이나 친구가 아닌 다른 사람을 도운 경험이 있다면 설명해 주세요.

소단원 2

공동체를 돕고 시야를 넓히기

1. 소단원 목적

공동체 활동 참여에 영향을 미치는 다양한 동기와 요인을 이해한다.

2. 학습 목표

공동체 활동에 참여하는 동기와 이러한 동기에 영향을 미치는 요인을 파악한다.

3. 수업 내용

활동	절차
1. 준비 활동(5분) **▷ 교수자료** - [부록 14-4] 모둠 활동지: 공동체 활동 참여	1. 학생들을 작은 모둠으로 나눈다. 2. 모둠 활동지([부록 14-4])를 배부한다. 활동지에는 공동체 활동 참여에 영향을 미치는 많은 요인이 제시되어 있다. 그중 일부는 긍정적이지만 일부는 부정적이다. 3. 학생들에게 공동체 활동 참여를 장려할 수 있는 긍정적인 요인을 찾아서 해당 항목에 체크 표시를 하도록 한다. 4. 모둠별로 체크한 항목에 대해 공유하고, 교수자는 이에 대해 짧게 피드백한다.
2. 모둠 창작 활동: 자선을 위한 협동심**(15분)** **▷ 교수자료** - [부록 14-5] 음성 자료: 자선을 위한 협동심 - [부록 14-6] 교수자용 참고 자료: 자선을 위한 협동심 대본	**목표: 공동체 활동에 참여하는 동기와 그러한 동기에 영향을 미치는 요인에 대해 생각해 본다.** 1. 준비 활동 때 구성된 모둠을 유지한다. 2. 음성 자료를 재생하기 전에 학생들에게 이야기와 요점을 간략하게 설명한다. 핵심은 공동체 활동에 참여하는 동기와 그러한 동기에 영향을 미치는 요인에 대해 생각해 보는 것이다. 이는 다음에 이어지는 역할 놀이를 준비하는 데 도움이 될 수 있다. 3. '자선을 위한 협동심' 음성 자료([부록 14-5])를 재생한다. 4. 학생들에게 내가 효주라면 공동체 활동에 더 참여하고 싶은지, 그 이유는 무엇인지 물어본다. 그리고 모둠원들과 상의를 통해 효주의 최종 결정을 보여 주는 역할 놀이를 짧게 구성하도록 한다. 학생들은 이야기에 등장인물을 추가할 수 있다. 5. 각 모둠에게 5분의 준비 시간을 주고 1분 동안 역할 놀이를 선보이게 한다.

3. 결론(5분) ▷ **교수자료** - [부록 14-7] 교수자용 참고 자료: 공동체 활동 참여에 영향을 미치는 요인	1. 주제와 관련된 주요 사항을 긍정적인 측면과 부정적인 측면 모두에서 요약한다. 2. 공동체 활동에 참여하는 다양한 동기와 관련 요인을 구분하는 것은 활동을 조직하는 데 중요함을 강조한다.
4. 마무리 활동(5분) ▷ **교수자료** - [부록 14-9] 성장 확인 질문	1. 성장 확인 질문을 배포하고 학생들이 수업 내용과 스스로를 돌아볼 수 있도록 지도한다. 2. 수업 중 학생들의 참여도를 칭찬한다.

4. 세부 지도 사항

1) 준비 활동

- 상황에 따라 게임의 난이도를 조정한다. 예를 들어,
  - 시간 제한을 조정할 수 있다.
  - 학생들은 공동체 활동 참여에 영향을 미치는 가장 중요한 세 가지 요인을 고르고 자신의 선택을 정당화해야 한다.

2) 자선을 위한 협동심

- 모둠 토론을 시작하기 전에 학생들에게 몇 가지 힌트를 제공한다. 토론이 순조롭게 진행되도록 토론 중에 조언을 제공할 수 있다.
- '자선을 위한 협동심 대본'([부록 14-6])을 모둠에 배포하여 참고할 수 있도록 한다.
- 학생들이 역할 놀이를 선보이는 동안 칠판에 요점을 메모하여 토론과 결론을 위한 주요 사항을 정리한다.

3) 결론

- 학생의 의견을 종합한 후 상황에 따라 교수자의 관점을 추가한다.

- 협동심을 기르는 것은 이 단원의 학습 목표 중 하나가 아니지만 상황에 따라 협동심을 위한 활동을 할 수 있다.
  - 학생들에게 협동심을 기르는 방법을 이야기하고 역할 놀이를 준비하고 발표하는 과정에서 협동심에 영향을 미친 요인이 있다면 공유하도록 장려한다.
  - 학생들이 역할 놀이를 준비하고 발표하는 과정에서 강한 협동심을 발휘한 그 자체로 가치가 있음을 부각한다.
- 학급 전체가 다 같이 박수를 치면서 학생들이 서로 감사를 표현하도록 독려한다. 매우 창의적이거나 열심히 참여한 모둠에게는 특별상을 수여할 수 있다.

5. 보충 활동(선택 사항)

활동	내용	권장 사항
'공동체의 핵심' 설문지	**목표: 학생들이 공동체 활동 참여를 좋아하는 정도와 협동심 체감 정도를 파악하고 이것이 공동체 활동 참여에 어떤 영향을 미치는지 이해한다.** 학생들에게 '공동체의 핵심' 설문지([부록 14-8])를 작성하도록 요청한다.	교수자는 설문지를 제출한 학생에게 감사 인사를 전할 수 있다. 설문지를 수거한 직후에 제안이나 격려의 말을 할 수 있다. 학생들이 참고할 수 있는 공동체 활동에 대한 유용한 정보나 자료가 있다면 큰 도움이 된다.

부록 14-4 모둠 활동지: 공동체 활동 참여

다음은 공동체 활동 참여에 영향을 미칠 수 있는 다양한 요인들입니다. 이 중 일부는 공동체 활동 참여에 긍정적이지만 일부는 부정적입니다. 모둠별 토론을 통해 참여를 장려할 수 있는 긍정적인 요인을 선택하여 체크해 주세요.

	이전의 활동에 대한 부정적인 경험
	학교 밖에서 새로운 지식과 기술을 배우고자 하는 동기
	친구들의 영향
	새로운 것에 대한 도전을 주저하는 태도
	좋은 기회를 놓칠까 걱정하는 마음
	새로운 친구를 사귀는 것을 좋아하는 성격
	스스로에 대한 도전을 즐기는 성격
	사회에 대한 소속감 부족
	내성적인 성격
	모든 사람은 평등하다는 신념
	상부상조를 장려하는 태도
	여러 활동에 참여할 수 있는 여건

부록 14-6 교수자용 참고 자료: 자선을 위한 협동심 대본

다음은 학교에서 두 여학생, 영지와 효주가 나눈 대화입니다.

영지: 안녕, 효주야! 나랑 같이 자선 걷기 대회에 참가할래?

효주: 무슨 걷기? 뭐 때문에? 자선? 난 안 할래!

영지: 산간 지역 아이들을 위한 자선 걷기 대회로, 학교를 짓고 아이들의 학비를 지원하는 기금을 마련하기 위한 행사야. 정말 좋은 취지로 하는 거야.

효주: 내가 상관할 문제가 아니잖아. 나도 그들을 모르고 그 사람들도 나를 모르니까. 그리고 날씨가 너무 더워서 땀을 흘리고 싶지 않아!

영지: 가자, 효주야. 멀리 떨어져 살고 서로 모르는 사이지만 우린 모두 한국 사람이잖아! 우리는 다행히도 공부하기 쉬운 환경이지만 산속은 완전히 다른 이야기야. 그곳에는 교통이 열악해서 학교를 다니기 어려운 아이들도 있고 학교 환경도 매우 열악해서 우리의 도움이 필요해! 내 말을 들어 봐. 모든 사람은 평등하고, 그들도 똑같이 공부할 권리가 있다고 생각해.

효주: (조급하게) 알았어, 알았어, 알았어. 우리가 운이 좋은 거 알아. 넌 선생님처럼 평등과 권리에 대해 이야기하고 있잖아. 좋은 말인 것 같긴 하지만 공감은 잘 안 돼. 그러니까 같이 걷는 건 안 하지만, 우린 친구 사이니까 돈을 모아 후원할게.

영지: 안 돼, 나 혼자서는 못해. 이건 협동심이 중요한 행사라 4명이 한 팀을 이뤄서 걸어야 하고, 그렇지 않으면 신청조차 할 수 없어. 못 믿겠으면 수찬이랑 재형이에게 물어봐. 안녕, 수찬아. 재형아! 이리 와 봐.

음성 해설: 영지와 효주의 반 친구인 수찬과 재형이 그들에게 다가와 대화에 참여합니다.

수찬: 무슨 일이야?

영지: 효주는 우리와 함께하지 않을 거래!

수찬: 뭘 안 하려고?

영지: 자선 걷기 대회!

수찬: 오, 안 돼! 규칙에 따르면 최소 4명이 팀을 구성해야 하는데, 이번에는 몇 가지 활동을 통해 협동심 테스트를 할 예정이라 예전과 조금 다를 것 같단 말이야!

효주: 협동심? 농담해? 협동심을 어디서 찾을 수 있어? 우리가 모일 때마다 말다툼하고 결국 서로를 헐뜯고 있잖아!

재형: 그건 사실이 아니야. 얼마 전에 있었던 축구 경기 기억하지? 우리는 함께 정말 열심히 연습했고 결국 경기에서 이겼어.

수찬: 그래. 아무도 우리가 이길 거라고 생각하지 않았어. 하지만 우리는 모두 매우 적극적이었고 방과 후, 심지어 휴일에도 매일 열심히 연습했어. 그리고 우리는 경기를 멋지게 이겼지.

영지: 응, 맞아. 나도 치어리더로 거기 있었어. 팀에 속해 있지 않아서 아쉽지만, 같은 팀이었다면 경기장에 뛰어들어 그들과 함께했을 거야.

수찬: 맞아. 효주야, 팀을 구성해서 자선을 위해 걷고 협동심이 무엇인지 경험해 보자.

재형: 좋아! 다 같이 간다면 나도 갈게.

영지: 그래서, 효주는? 같이 하자, 어서. 다들 이거 신청하고 있어.

효주: (머뭇거리며) 흠, 생각해 볼게…….

부록 14-7

교수자용 참고 자료: 공동체 활동 참여에 영향을 미치는 요인

	공동체 활동 참여에 영향을 미치는 요인	
	긍정적 요인	부정적 요인
배움과 경험	학교 밖에서 지식을 습득할 수 있는 기회 / 참여를 통해 사회에 대해 더 많은 것을 배우기 / 도전하고, 잠재력을 최대한 발휘할 기회 / 자기 수양	탐색을 꺼림 / 배움에 관심이 없음
개인적 특성	봉사 정신 / 외향적 / 열정적이고 낙천적 / 도전을 좋아함 / 자신감 / 적극성	내성적 / 비관적 / 연약함 / 힘든 일 회피 / 자신감 부족 / 소극적 / 비사교적
사회적 관계	새로운 친구 사귀는 것을 좋아함 / 또래의 영향을 받음	새로운 친구를 사귀는 것을 두려워함 / 또래의 영향을 받음
가치관	평등에 대한 신념 / 친절함	결과 중심주의 / 지나치게 실용적 / 냉담함
감정	만족감 / 성취감	좌절감
사회 공헌	사회를 위한 배려 / 상호 도움 / 소수자, 약자 돕기 / 환경 소중히 여기기 / 시민 의식 함양	사회에 대한 소속감이 별로 없거나 아예 없음 / 다른 사회 구성원을 전혀 신경 쓰지 않음
기타	시간이 충분함	너무 바쁨 / 과거 불행한 경험으로 인한 포기

참고: 공동체 활동에 참여함으로써 얻을 수 있는 이점은 양방향적이고 상호 작용적입니다. 사회에 공헌할 뿐만 아니라 청소년들이 새로운 지식과 경험을 쌓을 수 있어 개인의 성장에도 큰 도움이 됩니다.

〈참고 문헌〉

Catalano, R. F., Berglund, M. L., Ryan, J. A. M., Lonczak, H. S., & Hawkins, J. D. (2004). Positive youth development in the United States: Research findings on evaluations of positive youth development programs. *The Annals of the American Academy of Political and Social Science, 591*, 98-124.

부록 14-8

보충 활동: "공동체의 핵심" 설문지

이름: ______________________

다음 질문들에 대해 어떻게 생각하는지 표시해 보세요.

질문	동의 (✓)	중립 (O)	동의하지 않음(X)
1. 공동체 활동은 매우 의미 있는 일이라고 생각한다.			
2. 도움이 필요한 사람들을 돕는 것을 좋아한다.			
3. 나는 도전에 직면하고 어려움을 극복하는 것을 좋아한다.			
4. 자신감이 있다.			
5. 학교 밖에서도 배울 가치가 있고 잠재력을 최대한 발휘할 수 있는 기회가 많다고 생각한다.			
6. 새로운 것을 시도하는 것을 좋아하고 다양한 것에 호기심이 많다.			
7. 공동체 활동에 참여하는 것은 많은 희생을 필요로 하지 않는다.			
8. 나와 내 친구들은 공동체 활동에 참여하는 것을 즐긴다.			
9. 새로운 친구를 사귀는 것을 좋아한다.			
10. 공동체 활동에 참여하면 만족감과 인정 받는다는 느낌이 든다.			
11. 나는 소외된 계층을 돕고 환경을 소중히 여기는 등 사회에 대한 배려를 실천한다.			
12. 나는 다른 사람들과 함께 일하고 목표를 달성하는 것을 좋아한다.			
13. 나는 공동체 활동에 참여할 때 다른 사람들을 기꺼이 신뢰하고 받아들인다.			
14. 나는 단합이 강력한 힘을 가졌다고 믿는다.			
15. 나는 집단(예: 학교)에 소속감을 가지고 있다.			
16. 나는 다른 사람을 존중할 의향이 있으며, 나도 존중받기를 바란다.			
17. 단체 활동을 통해 다른 사람들과 잘 어울리는 방법을 배울 수 있다.			
18. 나는 사교적인 사람이다.			
19. 서로 협력하는 것이 사회, 학교, 가정에서 더 나은 환경을 조성하는 데 도움이 된다고 생각한다.			

[결과]

"공동체의 핵심" 유형(대부분 "동의")

귀하는 다른 사람을 돕기를 좋아하고 공동체 활동에 긍정적인 태도를 보이는 낙천적인 사람입니다. 이미 다양한 종류의 공동체 활동에 참여해 왔거나, 더 많은 참여를 통해 개인적인 성장과 삶에 '활력'을 더하고 싶을 수도 있습니다.

"유동적인 미결정" 유형(대부분 "중립")

자신의 방향에 대해 잘 모르거나 그 의미를 완전히 이해하지 못한 상태입니다. 앞으로는 주변 사물을 관찰하는 데 더 많은 시간을 할애하고 공동체 활동에 참여하여 자신에게 어떤 느낌과 의미로 다가오는지 파악할 수 있습니다. 또한 친구들과 함께 공동체 활동에 참여하면서 서로를 격려하고 함께 성장할 수 있습니다.

"변화 필요" 유형(대부분 "동의하지 않음")

좀 더 열린 생각과 마음으로 삶을 살아 보는 건 어떨까요? 첫걸음을 내딛는다면 세상과 자신의 변화를 느낄 수 있을 것입니다.

부록 14-9 성장 확인 질문

이름: ______________________ 반: ______________________ 날짜: ______________________

1. 수업 과제

1) 공동체 활동 참여에 영향을 미치는 요인은 무엇인가요?

2) 청소년들이 공동체 활동에 참여함으로써 무엇을 배울 수 있나요?

2. 숙제

1) 공동체 활동 참여를 장려하는 요인 세 가지를 적어 주세요.

2) 공동체 활동 참여를 방해하는 요인 세 가지를 적어 주세요.

3) 청소년들이 지역과 사회를 위해 조직할 수 있는 공동체 활동에는 어떤 것이 있을까요?

소단원 3

나를 위한 공동체, 공동체를 위한 나

1. 소단원 목적

활동을 조직하는 절차에 대해 알아본다.

2. 학습 목표

① 목적 파악, 목표 설정, 실행 계획 등 활동을 구성하는 절차에 대해 배운다.

② 공동체 활동에 참여하는 기대감을 표현한다.

3. 수업 내용

활동	절차
1. 준비 활동(2분)	1. 학생들에게 목적과 목표의 정의를 설명한다(세부 지도 사항 참조). 활동의 목적과 목표가 어떻게 연관되어 있는지 예시를 들어 설명한다. 2. 학생들에게 목적과 목표의 차이점을 예시를 들어 설명해 보도록 한다.
2. 공동체 게임: 공동체 카드 게임**(20분)** ▷ **교수자료** - [부록 14-10] 교수자용 참고 자료 "공동체 카드 게임" 추천 답변 - [부록 14-11] 준비 자료: "공동체 카드 게임" 카드	**목표: 활동 목적 파악, 목표 설정, 실행 계획 등 활동을 조직하는 절차에 대해 배우고, 해당 활동에 참여하는 것에 대한 기대를 표현한다.** 1. 학생들을 4개 모둠으로 나누고 각 모둠에 카드 한 세트([부록 14-11])씩을 배부한다. 표를 한 칸씩 오려 총 35장의 카드를 준비한다. 각 세트 안에서 카드의 순서를 섞어서 배부하도록 한다. 활동 참여에 대한 다양한 목적, 실행 계획 및 기대치가 있으며 기대 카드는 빈칸으로 남겨져 있다. 2. 게임에서 사용하는 공동체 활동은 5가지로 "공동체 방문" "재활용" "이웃 돌보기" "자선 걷기" "학교 공개의 날"이 있다. 3. 게임 규칙 • 각 모둠은 칠판에 카드를 붙일 대표자를 선정한다. • 교수자가 공동체 활동을 한 가지 선정하여 학생들에게 알려 준다. • 교수자가 선정한 활동에 맞춰 모둠별로 활동에 맞는 목적, 목표, 실행 계획 카드를 찾는다. 또한 활동에 맞게 기대되는 결과 카드를 작성한다. 대표자는 이 카드들을 칠판에 붙인다.

	• 활동의 모든 카드를 가장 먼저 칠판에 붙이는 모둠이 승리하고 점수를 얻는다. • 칠판에 붙여진 카드를 제거하고 동일한 단계를 반복하여 다음 라운드를 시작한다. 4. 마지막 5분 동안 학생들과 기대 카드 내용에 대해 토론한다.
3. 결론(3분)	1. 다음 내용을 중점적으로 전달한다. • 카드 게임에서 학생들은 다양한 활동의 목적, 목표, 실행 계획을 구분할 수 있고 해당 활동에 참여할 때 기대하는 바를 표현할 수 있다. • 활동의 목적, 목표, 실행 계획을 구분하는 것은 활동이 기대에 부합하는지 평가하는 데 도움을 주고 향후 참여 동기에 영향을 미칠 수 있다. 2. 학생들이 자신의 기대에 부응할 수 있는 다양한 공동체 활동에 참여하도록 권장한다.
4. 마무리 활동(5분) ▷ **교수자료** - [부록 14-13] 성장 확인 질문	1. 성장 확인 질문을 배포하고 학생들이 수업 내용과 스스로를 돌아볼 수 있도록 지도한다. 2. 수업 중 학생들의 참여도를 칭찬한다.

4. 세부 지도 사항

1) 준비 활동

• 목적과 목표의 차이점

– 목적: 희망하는 결과, 거시적이고 장기적인 관점

– 목표: 명확하고 측정 가능하며 수행해야 할 작업에 대한 미시적 관점, 활동의 성공 여부를 평가하는 기준

2) 공동체 카드 게임

• 교수자는 A3 용지에 "공동체 카드 게임" 카드([부록 14-11])를 출력한다.

• 게임을 시작하기 전에 교수자는 카드에 대해 간단히 설명하여 학생들이 카드 내용을 대략적으로 파악할 수 있도록 해야 한다.

• 게임 중 교수자는 다음 사항에 유의해야 한다.

– 각 목적 카드, 목표 카드, 기대 카드는 한 번씩만 사용할 수 있다. 실행 계획 카드는

관련 부서 연락, 자원 봉사자 모집, 일정 계획, 업무 할당, 홍보, 자료 준비 등의 내용으로 필요한 만큼 사용할 수 있다.

- 각 활동의 기대 카드는 공란이므로 학생이 직접 작성해야 한다.
- 교수자용 참고 자료([부록 14-10])에서는 예시 목록만 제공한다. 학생들은 다른 답변을 제시할 수 있으며 교수자는 이러한 답변의 적절성을 판단해야 한다.

• 게임 난이도를 높이기 위해 학생에게 기대 카드를 한 장 더 작성하도록 요청할 수 있다.

• 공동체 활동 참여에 대한 기대는 두 가지 측면으로 바라볼 수 있다.
  - 사회를 위한 기여
  - 학생 개인적 성장

• 게임이 끝나면 교수자는 카드 게임을 예로 들어 활동을 구성하는 절차와 목적과 목표를 구분하는 방법을 설명할 수 있다. 카드 내용이 단순하기 때문에 교수자는 상황에 따라 학생에게 세부 사항을 자세히 설명할 필요가 있다.

• 학생들의 흥미를 유발하기 위해 게임 우승자에게 작은 상품을 증정한다.

• 상황에 따라 교수자는 공동체 활동에 직접 참여했던 학생에게 경험 공유를 요청할 수 있다.

• 교수자는 공동체 활동에 참여하는 것과 이런 활동이 기대치에 부응할 수 있는지에 대한 학생들의 관점에 응답하고 공동체 활동에 참여할 기회를 함께 모색할 수 있다.

3) 결론

• 공동체 활동은 학생의 개인적 성장에도 도움이 되므로 학생들이 공동체 활동에 참여하도록 장려한다. 공동체 활동에 참여함으로써 학생들은 다른 사람에게 도움을 줄 뿐만 아니라 소중한 경험을 얻을 수 있다. 예를 들어, 성적이 우수한 학생이 다른 학생을 가르치는 경우, 성적이 우수한 학생 역시 발표 능력을 향상시킬 기회를 얻게 된다.

5. 보충 활동(선택 사항)

활동	내용	권장 사항
공동체 활동 탐색	**목표: 학생의 선호도에 따라 학교 안팎의 공동체 활동에 대한 정보를 수집한다.** 학생들은 학교 안팎에서 자신이 좋아하는 공동체 활동에 대한 정보를 수집하고 공유한다.	활동지([부록 14-12])로 내용을 보완하여 학생들이 수집한 정보와 함께 제시할 수 있다. 가능한 공간이 있는 경우, 이러한 정보를 학생들이 참고할 수 있도록 교실에 보관할 수 있다.

부록 14-10 교수자용 참고 자료: "공동체 카드 게임" 추천 답변

활동	목적	목표	실행 계획
공동체 방문(예: 노인, 환자, 어린이, 장애인)	노약자 집단에게 관심을 기울입니다.	지역 내 독거노인을 방문합니다.	1. 관련 기관에 문의 2. 일정 계획하기 3. 활동 홍보하기 4. 자원봉사자 모집
재활용(종이, 캔, 헌 옷)	환경에 대한 인식을 높입니다.	지정된 위치에 재활용 쓰레기통을 배치하고 일정량의 물품을 수거하여 재활용합니다.	1. 활동 홍보하기 2. 특정 위치에 재활용 쓰레기통 배치 3. 재활용 기관에 문의
이웃 배려 캠페인	이웃 간에 서로 돕는 문화를 장려합니다.	행사 기간 동안 특정 위치에 포스터를 게시합니다.	1. 관련 기관에 문의 2. 자원봉사자 모집 3. 포스터 디자인 4. 특정 기간과 장소에 포스터 부착
자선 걷기 대회	자선 프로젝트를 위한 기금을 모금합니다.	목표 금액을 달성합니다.	1. 활동 홍보하기 2. 자선 기금 모금 3. 걷기 경로 계획 4. 포스터 디자인
학교 공개의 날	학부모와 지역 주민들에게 학교를 소개합니다.	학교 공개의 날을 개최하여 학교를 알립니다.	1. 참가자에게 작업 할당 2. 활동 홍보하기 3. 포스터 디자인 4. 일정 계획하기 5. 학교 꾸미기

부록 14-11 준비 자료: "공동체 카드 게임" 카드

활동 공동체 방문 (예: 노인, 환자, 어린이, 장애인)	**활동** 재활용 (종이, 캔, 헌 옷)	**활동** 이웃 배려 캠페인	**활동** 자선 걷기 대회	**활동** 학교 공개의 날
목적 노약자 집단에게 관심을 기울입니다.	**목적** 환경에 대한 인식을 높입니다.	**목적** 이웃 간에 서로 돕는 문화를 장려합니다.	**목적** 자선 프로젝트를 위한 기금을 모금합니다.	**목적** 학부모와 지역 주민들에게 학교를 소개합니다.
목표 지역 내 독거노인을 방문합니다.	**목표** 지정된 위치에 재활용 쓰레기통을 배치하고 일정량의 물품을 수거하여 재활용합니다.	**목표** 행사 기간 동안 특정 위치에 포스터를 게시합니다.	**목표** 목표 금액을 달성합니다.	**목표** 학교 공개의 날을 개최하여 학교를 알립니다.
실행 계획 자원봉사자 모집	**실행 계획** 참가자에게 작업 할당	**실행 계획** 활동을 위한 기금 모금	**실행 계획** 활동에 필요한 자료 준비	**실행 계획** 학교 꾸미기
실행 계획 일정 계획하기	**실행 계획** 특정 위치에 재활용 쓰레기통 배치	**실행 계획** 자선 기금 모금	**실행 계획** 활동 홍보하기	**실행 계획** 걷기 경로 계획
실행 계획 관련 기관에 문의	**실행 계획** 포스터 디자인	**실행 계획** 특정 기간과 장소에 포스터 부착	**실행 계획** 활동 흐름 설정	**실행 계획** 재활용 기관에 문의
기대되는 결과	**기대되는 결과**	**기대되는 결과**	**기대되는 결과**	**기대되는 결과**

부록 14-12

보충 활동: "공동체 활동 탐색" 활동지

이름: ____________________

활동:

목적:

목표:

실행 계획:

기대:

부록 14-13 성장 확인 질문

이름: ____________________ 반: ____________________ 날짜: ____________________

1. 수업 과제

1) 목표의 의미는 무엇인가요?

2) 목적의 의미는 무엇인가요?

3) 다음 문장을 '목표'와 '목적'을 이용해 완성해 보세요.
__________ 은/는 __________ 의 성취를 이끕니다.

2. 숙제

1) 활동을 조직할 때 목적, 목표, 실행 계획을 세워야 하는 이유는 무엇인가요?

2) 다음 활동을 계획하고 목적, 목표, 실행 계획을 세워 주세요.

활동	활동 목적	활동 목표	실행 계획
공동체 방문(노인, 환자, 어린이 또는 신체 장애인)			1) 2) 3) 4)

이 공동체 활동에서 기대할 수 있는 사항은 무엇인가요?

1) 참가자

①

②

2) 활동 대상

①

②

소단원 4

자선 바자회

1. 소단원 목적

활동의 성공 여부를 평가한다.

2. 학습 목표

① 활동이 목표를 달성했는지 평가한다.

② 활동의 단점을 검토하고 향후 개선할 수 있는 방법을 모색한다.

3. 수업 내용

활동	절차
1. 준비 활동(5분) ▷ **교수자료** - [부록 14-14] 영상 자료: 자선 바자회 - [부록 14-15] 교수자용 참고 자료: "자선 바자회" 내용	1. 학생들에게 단원의 목표와 요점, 예상 결과에 대해 간략하게 설명한다. 2. 영상 자료 "자선 바자회"([부록 14-14])를 재생한다. 동영상을 재생하기 전에 학생들에게 이야기의 주제에 대해 간략하게 설명한다. 3. 동영상이 끝나면 학생들에게 "영상 속 활동이 성공적이었다고 생각하나요?"라고 질문한다.
2. 역할 놀이 및 모둠 토론: 학생의 방과 후 활동 평가 그룹**(15분)** ▷ **교수자료** - [부록 14-14] 영상 자료: 자선 바자회 - [부록 14-15] 교수자용 참고 자료: "자선 바자회" 내용	**목표: 활동의 효과를 평가하고 개선할 방법을 모색한다.** 1. 토론을 위해 학생들을 작은 모둠으로 나눈다. 각 모둠에 모둠 활동지([부록 14-18])와 학생용 참고 자료 두 세트([부록 14-16, 부록 14-17])를 제공한다. 2. "최고의 주방" 회의록은 자선 빵 바자회 활동을 위한 계획 회의([부록 14-16])와 활동 후 평가 회의([부록 14-17])로 이루어져 있다. 3. 학생들의 임무는 [부록 14-14]의 영상과 [부록 14-16], [부록 14-17] 회의록을 토대로 자선 빵 바자회 활동을 평가하는 것임을 알려 준다.

- [부록 14-16] 학생용 참고 자료: 최고의 주방(1) - [부록 14-17] 학생용 참고 자료: 최고의 주방(2) - [부록 14-18] 모둠 활동지: 자선 빵 바자회 평가 - [부록 14-19] 교수자용 참고 자료: 자선 빵 바자회 평가 예시 답안	4. 학생들에게 모둠 활동지([부록 14-18])에 자선 빵 바자회의 효과를 평가하고 활동지 질문에 따라 활동을 개선할 방법을 제안하는 내용을 활동지에 적도록 지도한다. 5. 각 모둠에게 결과를 발표하고 결론을 도출하도록 요청한다.
3. 결론(5분)	1. 학생들에게 다음 질문을 한다. • 동영상을 시청한 후 활동이 성공적이었다고 생각하나요? 성공하거나 실패했다고 생각한다면 그 이유는 무엇인가요? • 회의록([부록 14-17])을 검토한 후 활동이 성공적이었다고 생각하나요? 2. 다음 내용을 중점적으로 전달한다. • 활동의 성공 여부는 (1) 목적과 목표를 달성했는지 여부, (2) 장기적으로 효과적인지 여부, (3) 개선 사항이 있는지 여부에 따라 달라진다. • 종합적인 평가에서는 시도한 것과 달성한 것을 인지하고 개선 사항을 파악하는 것이 중요하다. 활동이 성공적이었더라도 항상 개선의 여지가 있으며 경험을 통해 배우고 발전할 수 있다.
4. 마무리 활동(5분) ▷ **교수자료** - [부록 14-21] 성장 확인 질문	1. 성장 확인 질문을 배포하고 학생들이 수업 내용과 스스로를 돌아볼 수 있도록 지도한다. 2. 수업 중 학생들의 참여도를 칭찬한다.

4. 세부 지도 사항

1) 준비 활동

- 모둠 토론은 동영상 내용을 중심으로 진행되므로 학생들에게 동영상을 시청할 때 집중하도록 상기시킨다.
- 교수자는 동영상을 재생하기 전에 활동지([부록 14-18])를 배포하여 학생들이 주의 사항을 파악하도록 할 수 있다.
- 동영상이 끝난 후 질의 시간에는 간단하게 답변하고 학생들이 제기한 질문은 다음 활동을 소개하는 역할을 할 수 있다.

2) 학생의 방과후 활동 검토 그룹

- 학생이 활동지 작성에 필요한 사항을 이해할 수 있도록 교수자는 활동지 내용을 설명해야 한다. 학생은 '목적'과 '목표'를 구분하는 데 어려움을 겪을 수 있다. 따라서 교수자는 소단원 3의 세부 지도 사항을 참조할 수 있다.
- 교수자는 모둠 토론을 학급 토론으로 대체하고 활동지 질문으로 토론을 시작할 수 있다.
- 교수자는 시간에 따라 모둠에서 결과의 전부 또는 일부를 발표하도록 요청할 수 있다.

3) 결론

- 교수자는 활동의 목적과 목표를 평가하는 절차와 활동 개선 방안을 파악하는 방법을 예시를 들어 설명할 수 있다.
- 교수자는 학생의 제안을 예시로 제시함으로써 생동감 있게 설명할 수 있다.
- 활동의 요점과 절차를 요약하여 학생들이 전체적인 그림을 파악할 수 있도록 한다.

5. 보충 활동(선택 사항)

활동	내용	권장 사항
학급 연합 활동 조직–쓰레기 재활용	**목표: 학급 연합 활동을 조직하여 활동을 조직하는 전체 과정을 경험하고 목적, 목표, 평가 방법을 설정한다.** 〈주제: 쓰레기 재활용〉 1. 음료수 캔, 페트병, 폐지 등을 수거한다. 2. 목적을 설정한다(예: 학생들의 환경 의식을 높이기 위해, 재활용 공장에 재활용 쓰레기를 판매하려고 수거하는 사람들의 마음을 체험하기 위해). 3. 수거할 쓰레기의 양, 시간 제한 등 목표를 설정한다. 4. 실행: 참여자 모집, 수거 절차, 수집 후 보관 및 처리 방법 5. 목적과 목표가 달성되었는지 평가할 방법을 설정한다. 6. 부족한 점을 검토하고 활동을 개선할 방안을 논의한다.	• 활동의 주요 목표는 학생들이 활동을 평가하는 방법을 배우는 것이다. 따라서 활동을 복잡하게 만들 필요는 없다. 필요한 경우 추가 지침을 제공할 수 있다. • 활동지([부록 14-20])를 사용하여 학생들이 이 활동에 대해 생각하고 토론하도록 유도할 수 있다. 활동의 목적과 목표를 설정할 때는 평가 방법도 함께 포함되어야 한다. • 이 활동을 실행할 수 없는 경우, 교수자가 활동 계획에 대한 논의를 기반으로 간단한 제안서를 작성할 수 있다. 이때 6번 항목의 '단점 및 개선 방안 논의'를 '예상되는 어려움 및 비상 대책'으로 변경할 수 있다.

부록 14-15 교수자용 참고 자료: "자선 바자회" 내용

학생 D: 멋지다! 이 정도의 도움이라면 점심시간까지 판매할 케이크를 충분히 준비할 수 있을 거야!

학생 C: 응, 그러면 자선을 위한 돈을 엄청나게 벌 수 있겠지! 한 가지 아쉬운 점은 전체적인 참여율은 좋지만, 신청자 일부는 결국 결석했다는 거야!

시현: 케이크 아이싱을 시작할 준비가 됐는데 남는 아이싱 컵이 있어?

학생 C: 하나도 안 남았어? 어떻게 해야 하지?

학생 A: 잠깐만, 잠깐만. 민기야, 시현에게 아이싱 컵 좀 나눠 줄래?

민기: 응, 물론이지.

학생 C: 미안하지만, 케이크를 장식하는 대신 완성된 케이크를 테이프와 리본으로 포장해 줄래? 점심시간까지 끝내야 해.

학생 E: 그래, 나는 꾸미기를 신청하긴 했지만 해 볼게.

〈잠시 후〉

학생 E: 안 돼, 망쳤어. 너무 이상해서 아무도 이걸 사지 않을 것 같아!

학생 F: 야, 그거 조심했어야지! 바닥에 떨어뜨린 것처럼 보이는 케이크를 누가 사겠어!

학생 E: 미안해.

학생 B: 얘들아, 진정해. 내가 도와줄게. 아이싱이 찌그러지지 않도록 조심해.

학생 E: 설명 들으니까 알겠다. 고마워.

학생 B: 응, 괜찮아. 다음에 모르는 게 있으면 그냥 물어봐.

학생 E: 알겠어, 고마워.

부록 14-16 학생용 참고 자료: 최고의 주방(1)

날짜: 5월 6일

시간: 오전 9시

장소: 강당

참석자: 학생 A(회장), 학생 B, 학생 C, 학생 D(총무), 학생 F

교사 참석: 최 선생님

---

1. 활동 장소

회장은 학교 정문, 매점 근처, 학교 매점 등에서 자선 빵 바자회를 진행할 수 있다고 말했습니다. 이 공간에서는 판매를 수월하게 준비할 수 있습니다. 학생들은 빵을 준비하기 위해 학교 주방과 요리 교실을 사용해야 합니다.

2. 활동 이유

회장은 이번 자선 판매 프로젝트의 취지가 장애 아동 센터를 위한 기부금을 마련하고, 학생들이 요리 기술을 연습하는 것이라고 말했습니다.

학생 B는 이 프로젝트가 학생들이 요리 기술을 연습하고 배우는 데 도움이 될 것이라는 회장의 의견에 동의했습니다.

학생 C는 이 프로젝트가 학생들 사이에서 어려운 이웃을 돕는 문화를 확산하는 데 도움이 될 것이라고 생각했습니다.

3. 케이크 종류 및 판매량

학생 C는 활동 당일에 500~600개의 케이크를 판매할 수 있을 것으로 예상하며, 최소 다섯 가지 종류의 케이크를 준비해야 한다고 제안했습니다.

토론 끝에 참석자들은 다섯 가지 종류의 케이크를 만들 수 있다는 데 동의했고, 구성원들은 제시된 개수의 케이크를 만들 수 있었습니다. 학생 B와 C는 재료 구매를 담당했습니다. 학생 D는 케이크를 만들기 위한 적절한 장비와 공간이 있는지 확인했습니다.

4. 자금

계산 결과, 학생들은 프로젝트에 필요한 자재를 구입하는 데 80~100만 원의 자금이 필요하다고 판단했습니다.

회장은 교내에서 기금을 모금할 수 있다고 제안했지만 학교의 승인이 필요했습니다. 학생들은 일부 학생들이 프로젝트 자원봉사자로 참여할 의향이 있을 것으로 예상해서 프로젝트 승인 후에 자원봉사자를 모집하기 위한 홍보 캠페인을 시작할 예정이었습니다. 또한 기금 사용 기록도 학교와 학생들에게 공개해야 했습니다.

최 선생님은 학생들 외에 교직원과 학부모도 모금에 참여할 수 있도록 확대할 것을 제안했습니다. 학생 F는 교직원과 학부모를 참여시키기 위한 계획을 세우는 일을 맡았습니다.

5. 봉사자 모집

논의 끝에 이 프로젝트에는 약 30명의 봉사자가 필요하다는 데 전원 합의했습니다.

학생 B는 학교 곳곳에 포스터를 붙이고 참가자를 모집하는 일을 담당했습니다.

6. 회의는 오전 11시 15분에 끝났습니다.

7. 다음 회의는 7월 16일로 예정되어 있습니다.

부록 14-17 학생용 참고 자료: 최고의 주방(2)

날짜: 7월 16일

시간: 오전 9시

장소: 강당

참석자: 학생 A(회장), 학생 B, 학생 C, 학생 D(총무), 학생 F

교사 참석: 최 선생님

---

1. 보고

회장은 이 프로젝트가 학생들의 전폭적인 지지를 받았으며, 자선 빵 바자회 활동은 큰 성공을 거두었다고 보고했습니다.

학생 C는 결석한 학생도 있었지만 예상보다 많은 35명의 학생이 참가했다고 말했습니다. 많은 사람이 도와준 덕분에 준비한 케이크가 금방 동이 났다고 합니다.

학생 C는 모금이 매우 성공적이었으며 자선단체를 위해 총 500만 원을 모금했다고 보고했습니다.

2. 평가

학생 B는 케이크를 만들거나 장식하는 방법을 모르는 학생들이 있어 그 과정에서 일부 케이크가 망가졌다고 말했습니다.

회장은 봉사자가 예상보다 많아서 케이크를 만들고 장식할 도구와 공간이 충분하지 않았다고 보고했습니다. 일부 봉사자들은 작업 도구나 공간을 기다려야 했습니다. 다행히도 학생 C가 즉시 참가자를 부스 장식과 판매 준비 역할로 배정했습니다.

학생 C는 대부분의 학생들이 활동을 즐거워했고, 모든 작업 과정에서 인력이 충분했다고 생각했습니다. 하지만 도구를 넉넉히 준비하지 못한 것은 그들의 잘못이었습니다. 이번 경험을 통해 앞으로 더 잘 준비하겠다고 다짐했습니다.

모든 구성원은 이 프로젝트가 큰 성공을 거두었고 많은 학생들의 지지를 받았다고 평가했습니다.

최 선생님은 이번 프로젝트가 성공적으로 진행되었고 참가자들에게 소중한 경험이 되었다고 결론지었지만, 몇 가지 단점과 개선할 점도 발견했습니다. 행사를 더 자세히 평가할 필요가 있습니다.

3. 기타

회장은 케이크의 품질에 대한 의견이 있는지 물었습니다. 그 결과 세 가지 종류의 케이크가 가장 인기가 많아 금방 동이 났고, 나머지 두 종류의 케이크는 남았다는 답변이 나왔습니다.

학생 B는 대부분의 케이크가 잘 만들어졌다고 평가했습니다. 유일한 문제는 케이크를 신선하게 유지하기가 어려웠고 부스가 주방에서 약간 멀리 떨어져 있다는 것이었습니다. 케이크 양이 많았던 탓에 타이머가 제대로 설정되지 않아 약 40개의 케이크를 태웠습니다.

학생 C는 이 활동이 도움이 필요한 사람들을 돕는 문화를 정말 장려하는지에 대해 의문을 제기했습니다. 프로젝트를 기획한 학생들은 대체로 학생들이 활동 목적보다 케이크의 맛에 더 신경을 썼고, 일부 학생들은 이것이 자선 판매라는 사실을 모를 수도 있다는 데 동의했습니다.

학생들은 또한 향후 자선 판매 활동을 실시할 때 학생들에게 판매의 목적을 알리기 위해 더 많은 홍보를 해야 한다고 제안했습니다.

4. 회의는 오전 11시 15분에 끝났습니다.

5. 다음 회의는 8월 16일로 예정되어 있습니다.

부록 14-18 모둠 활동지: 자선 빵 바자회 평가

모둠: ______________________

활동 목적:

____

활동 목표:

____

목표 달성 방법:

① ____

② ____

③ ____

평가:

1. 목표가 달성되었다고 생각하나요?
   ① 활동의 어떤 부분이 목표를 달성했나요? 이유는 무엇인가요?
   ② 활동 목표 달성에 방해가 되는 요소는 무엇인가요?

2. 활동 성공 여부를 어떻게 평가할 수 있나요?

____

3. 모둠에서 새로운 평가 방법에 대해 논의해 주세요.

① ____

② ____

4. 활동의 단점이 있었다면 무엇이었나요? 활동을 어떻게 개선할 수 있을까요?

① ____

② ____

부록 14-19 교수자용 참고 자료: "자선 빵 바자회 평가" 예시 답안

활동 목적: 장애 아동 센터를 위한 기금 마련

활동 목표: 판매용 케이크 500개를 준비하고 케이크 판매로 기금 마련하기, 학생들에게 요리 및 음식 준비 기술을 연습할 기회 제공하기, 도움이 필요한 사람들을 돌보는 문화를 장려하기

목표 달성 방법:

① 활동 계획 세우기

② 활동에 필요한 장비, 장소, 재료, 인력 준비하기

③ 활동을 지원할 참가자(학생, 교직원, 학부모 포함) 약 30명 모집하기

④ 케이크 조리 절차를 정하고 작업에 필요한 사람을 할당하기

평가:

1. 목표가 달성되었다고 생각하나요?

① 활동의 어떤 부분이 목표를 달성했나요? 이유는 무엇인가요?

이 활동은 교사와 학생들의 전폭적인 지지를 받았으며 케이크 판매는 매우 성공적이었습니다. 준비 분량의 약 80%의 케이크가 판매되었습니다. 이 활동으로 총 500만 원이 모금되었습니다. 30명 이상의 봉사자가 참여했습니다.

② 활동 목표 달성에 방해가 되는 요소는 무엇인가요?

활동을 조직하는 능력과 팀워크가 아쉬웠습니다. 또한 음식을 요리하는 활동 자체가 많은 학생에게 매력적이었고 실제로도 케이크가 맛있었지만 활동의 진짜 목적이 가려졌을 가능성이 있습니다.

2. 활동 성공 여부를 어떻게 평가할 수 있나요?

① 케이크의 품질이 훌륭하고 맛있었습니다.

② 학교 내 만족도 설문을 진행합니다.

3. 활동의 단점이 있었다면 무엇이었나요? 활동을 어떻게 개선할 수 있을까요?

① 봉사자로 신청했지만 결석한 학생이 있어서 다른 봉사자에게 일부 작업을 맡겨야 했습니다. 봉사자들에게 더 많은 설명을 제공해야 합니다.

② 봉사자 수가 예상보다 많았고 이에 대한 준비가 미흡하여 일부 작업 도구가 부족했습니다. 이 때문에 일부 봉사자는 장비나 도구를 기다려야 했습니다.

③ 일부 봉사자는 요리, 장식, 판매에 대한 경험이나 연습이 부족했습니다. 활동 전에 봉사자를 대상으로 교육을 실시하여 담당한 업무와 역할의 중요성을 알려 줄 수 있습니다.

④ 많은 학생이 해당 활동이 모금 활동이라는 점을 알지 못했습니다. 활동 목적에 대해 더 많은 홍보를 할 수 있습니다.

부록 14-20 보충 활동: 활동 평가지

이름: ____________________

활동 목적:

____

활동 목표:

____

목표 달성 방법:

① ____

② ____

③ ____

평가:

1. 목표가 달성되었다고 생각하나요?
   ① 활동의 어떤 부분이 목표를 달성했나요? 이유는 무엇인가요?
   ② 활동 목표 달성에 방해가 되는 요소는 무엇인가요?

2. 활동 성공 여부를 어떻게 평가할 수 있나요?

____

3. 활동의 단점이 있었다면 무엇이었나요? 활동을 어떻게 개선할 수 있을까요?
   ① ____
   ② ____

4. 예상되는 어려움과 비상 대책을 생각해 보세요.

____

부록 14-21 성장 확인 질문

이름: ____________________ 반: ____________________ 날짜: ____________________

1. 수업 과제

1) 동영상 "자선 바자회" 속 활동에서 어느 부분이 잘 수행되었나요?

2) 동영상 "자선 바자회" 속 활동에서 개선이 필요한 부분은 무엇인가요?

3) 활동의 성공 여부를 판단할 때 어떤 요인들을 고려해야 하나요?

2. 숙제

1) 자원봉사 활동에 참여한 후에 활동을 평가하는 것에는 어떤 장점이 있나요?

Validated PYD programs are scarce in Asian societies. As such, the Project P.A.T.H.S. is a responsive and innovative program aiming at enhancing the well-being and purpose of junior high school students through positive education programs.

The P.A.T.H.S. Project is innovative in several ways. First, this is a pioneer large-scale positive youth development program in Hong Kong addressing the mental health needs of high school students (Grade 7 to Grade 12). In view of the growing youth mental health problems in Hong Kong, this is a needy and timely response. Second, it highlights the potential and strengths of young people based on the positive youth development (PYD) approach. The P.A.T.H.S. programs are the products of a paradigm shift-looking at the strengths of adolescents and believing that every young person will shine and thrive.

Third, it highlights the importance of positive education utilizing experiential learning pedagogies. Its adoption of an experiential education approach is also novel in Asian contexts where didactic teaching and teacher-centred teaching are strongly emphasized. The P.A.T.H.S. programs also show new and creative approaches to education: focus on reflective and collaborative learning, student-centred teaching and learning, systematic teacher training, and development of e-learning materials.

Fourth, the vision of the P.A.T.H.S. project is to enhance student well-being as well as holistic development. The focus on non-cognitive skills and 21st Century skills obviously disrupts the prevailing belief that academic excellence is the sole criterion for youth thriving which is the hallmark of education in Asia. The programs help young people develop psychosocial skills, knowledge, and reflections to shape society for the better. Besides, instead of focusing narrowly on youth problem behavior, our project upholds a holistic perspective to promote holistic youth development through 15 positive youth development constructs, such as bonding, resilience, and social competence. Hence, the P.A.T.H.S. programs are future-oriented focusing on the promotion of 21stCenturyskillstopreparestuden tsforthe"VUCA"(volatile,uncertain,complexandambiguous)world.Besides, the programs also enhance the knowledge and skills of the teachers and promote their reflective practice, hence contributing to the advancement of education.

Fifth, we focus on evidence-based PYD programs based on multi-method evaluation and promote scholarship of teaching and learning through publications. Unlike other prevention programs without evaluations, we employed systematic evaluation strategies (e.g., quantitative and qualitative evaluation, focus group interviews) to assess effectiveness and improve subsequent implementation. We have also adopted a scholarship of teaching and learning (SoTL) approach. We have 1,164 publications for the project). The publications can be divided into different categories, including 445 peer-reviewed journal articles, 182 books and special issues, 384 book chapters, and 153 conference papers. Work and impacts of our projects have also been published in newspaper and magazine articles, governmental official documents, and other scholars' review work. The P.A.T.H.S. program in Hong Kong has been identified by a paper as an evidence-based program published in Lancet.

Sixth, the P.A.T.H.S. programs are sustainable over time (including the COVID-19 pandemic period) and across contexts. We have transplanted and adapted the Hong Kong program, including the development of Tin Ka Ping P.A.T.H.S. program and a rural version of the P.A.T.H.S. program. Besides, to promote the well-being of university students, we have also developed a credit-bearing subject on leadership education using positive youth development constructs. We are currently developing the primary school version of the P.A.T.H.S. program with the hope that primary school students can benefit from the developed curriculum.

Finally, the reach of the P.A.T.H.S. programs is extensive, serving 674,637 and 1,035,042 student-times in Hong Kong and elsewhere, respectively. Over 11,000 teachers, social workers and allied professionals have been trained, which addresses the weaknesses of other training programs and promotes its high impact and sustainability. In Hong Kong (2005-present), more than 320 schools and 284,400 students (with 601,198 man-times) participated in the project from 2005 to 2018. From September 2019 till now, despite the Social Event in Hong Kong and the pandemic, the program has benefitted many students (216,671 students online and 89,732 students offline) and 3,921teachers. The research team has also collected evaluation data from more than 14,600 students and 85 teachers since 2019/20 academic year. Obviously, the reach of the program since the pandemic is enormous (306,403 students and 3,921teachers). The project has attracted huge earmarked grants (Hong Kong P.A.T.H.S. Project around US$97 million; Tin Ka Ping P.A.T.H.S. around US$1.8M) that signifies its perceived social impact by the donors.

There are several social impacts of the project. First, it enriches the toolbox on youth well-being promotion programs in Hong Kong. Outside Hong Kong, UNICEF has developed the Sri Lanka version and tested it in Sri Lanka. We are now developing the Spanish version of the program in Argentina as well as the Malaysian version in Malaysia. Besides, the rural, university and primary school versions are tools that can be used by teachers and allied professionals to enhance the mental health of children, adolescents and emerging adulthood.

Second, the P.A.T.H.S. programs enhance psychosocial competence and well-being in more than 1 million students. There are several lines of evidence supporting the effectiveness of the P.A.T.H.S. programs. First, objective outcome evaluation showed that students displayed better psychosocial competences such as resilience, emotional competence, self-efficacy and positive identity after joining the program. Second, subjective outcome evaluation showed that a majority of teachers and students perceived that the programs were able to enhance the psychosocial competencies of the students. Third, qualitative evaluation via interviews and focus groups showed that students agreed that they acquired more soft skills and improved their psychosocial competencies after joining the program. Fourth, students shared in their diaries that they gained much in psychosocial competence, self-understanding and interpersonal skills. Obviously, enhancement of psychosocial competencies would help to improve employability because employers are recruiting employees who are good in soft skills. The university version of the program (i.e., Tomorrow's Leaders) also leads to improved learning outcomes and employability.

Third, the P.A.T.H.S. programs enhanced professional and psychosocial competencies of more than 11,000 teachers through training and program implementation. It is noteworthy that the program is highly beneficial to teachers because teaching in differentAsiansocieties is commonly didactic in nature and teacher lack the positive attitudes and skills to teach positive youth development programs. Experiential learning is also not a common pedagogy in Asia. Through teacher training, the programs enhance the competence and wellbeing of teachers.

Finally, we are transforming high school mental health education by adoption and promotion of programs with positive education and experiential learning pedagogies. The program introduces and provides alternative modes of mental health programs that are more student-centred and interactive in nature. We believe the Project P.A.T.H.S. can save lives of many young people.

We are very pleased to conduct this collaborative research project involving the Hong Kong Polytechnic University and Korea University. Under the leadership of Professor Sun W. Park, we have completed the first step of translating and adapting the related curriculum materials. We earnest hope that the Korean version of the P.A.T.H.S. program can serve as a timely and constructive response to the growing adolescent mental health needs in Korea.

The Project PATHS: Past, Present and Future
Daniel T.L. Shek and Diya Dou
The Hong Kong Polytechnic University

저자 소개

〈대표 저자〉

- Daniel T. L. Shek (Principal Investigator)

(BSocSc, PhD, FHKPsS, BBS, JP)

Department of Applied Social Sciences The Hong Kong Polytechnic University

- Hing Keung Ma (Senior Co-principal Investigator)

(BSc, DipEd, MA, PhD, FHKPsS)

Department of Education Studies Hong Kong Baptist University

Tak Yan Lee (Co-principal Investigator)

(BSSc, MSW, PhD, RSW)

Department of Applied Social Studies City University of Hong Kong

Ching Man Lam (Co-principal Investigator)

(BSSc, MSW, PhD, RSW)

Department of Social Work The Chinese University of Hong Kong

Sandra K. M. Tsang (Co-principal Investigator)

(BSocSc, MSocSc, PhD, FHKPsS, C.Psychol. BPS, RSW, AFHKPCA, JP)

Department of Social Work and Social Administration The University of Hong Kong

Eadaoin K. P. Hui (Co-principal Investigator)

(BSocSc, C.Ed, MSc, PhD, FHKPS, C.Psychol. BPS, AFHKPCA, Cert.CounsellorHKPCA)

Faculty of Education The University of Hong Kong

Andrew M. H. Siu (Co-principal Investigator)

(PDOT, MSc, MSc, MCounselling, PhD)

Department of Rehabilitation Sciences The Hong Kong Polytechnic University

Patrick S. Y. Lau (Co-principal Investigator)

(BSc, DipEd, MA(Ed), PhD)

Department of Educational Psychology The Chinese University of Hong Kong

Ben M. F. Law (Co-principal Investigator)

(BSW, MPhil, PhD, RSW)

Department of Social Work and Social Administration The University of Hong Kong

Rachel C. F. Sun (Co-principal Investigator)

(BSocSc, PhD)

Faculty of Education The University of Hong Kong

역자 소개

박예린(Yerin Park)

시카고대학교 인간발달학과 박사 후 연구원이다. 청소년 및 청년기의 건강한 사회심리적 발달에 대해 연구하고 있다. 특히 교육환경이 정체성 발달에 미치는 영향에 관심을 두고 있다.

김소의(Soeui Kim)

고려대학교 심리학부 석사과정생이다. 한국인의 정체성 형성과 이것이 웰빙에 미치는 영향에 관심을 두고 있다.

김혜민(Hyemin Kim)

고려대학교 심리학부 석사과정생이다. 성격심리학을 연구하며 개인의 정체성 형성과 조직 내 리더 정체성에 관한 연구를 진행하고 있다.

장상원(Sangwon Jang)

고려대학교 심리학부 박사과정생이다. 육군 장교로서 장병들의 건강한 군 생활에 영향을 미치는 회복탄력성과 정체성에 관심이 있다.

문 현(Hyun Moon)

텍사스 오스틴 대학교 박사과정에 재학 중이다. 주관적 노화와 다양한 맥락적 요인의 상호작용이 중·노년기 건강과 웰빙에 미치는 영향을 연구하고 있다.

박선웅(Sunwoong Park)

고려대학교 심리학부 교수이다. 성격심리학자로서 사람들 사이에 존재하는 심리적인 개인차가 개인의 삶과 조직에 미치는 영향을 연구하고 있다. 특히 정체성 형성이라는 개인차에 관심이 많다. 저서로는 『정체성의 심리학』(21세기북스, 2020)이 있다.

청소년 사회 정서발달 핸드북 Level 2

P.A.T.H.S. to Adulthood:
A Jockey Club Youth Enhancement Scheme Activity Handbook 2

2025년 6월 5일 1판 1쇄 인쇄
2025년 6월 15일 1판 1쇄 발행

지은이 • Daniel T. L. Shek 등 공저
옮긴이 • 박예린 · 김소의 · 김혜민 · 장상원 · 문현 · 박선웅
펴낸이 • 김진환
펴낸곳 • ㈜학지사
04031 서울특별시 마포구 양화로 15길 20 마인드월드빌딩
대표전화 • 02-330-5114 팩스 • 02-324-2345
등록번호 • 제313-2006-000265호

홈페이지 • http://www.hakjisa.co.kr
인스타그램 • https://www.instagram.com/hakjisabook

ISBN 978-89-997-3437-3 93370

정가 27,000원